Ulrich Horstmann

DIE WÄHRUNGS-REFORM KOMMT!

Über Versuche der Politiker den Euro zu retten, fehlgeleitete Finanzmärkte und wie Sie Ihr Vermögen trotzdem sichern

FinanzBuch Verlag

Bibliografische Information der Deutschen Nationalbibliothek
Die Deutsche Nationalbibliothek verzeichnet diese Publikation in der Deutschen Nationalbibliografie; detaillierte bibliografische Daten sind im Internet über **http://d-nb.de** abrufbar.

Für Fragen und Anregungen:
horstmann@finanzbuchverlag.de

2. Auflage 2011

Nymphenburger Straße 86
D-80636 München
Tel.: 089 651285-0
Fax: 089 652096

Lektorat: Marion Reuter
Satz: HRJ, Jürgen Echter, Landsberg am Lech
Korrektorat: Barbara Decker
Druck: CPI Ebner & Spiegel, Ulm

ISBN 978-3-89879-654-5

Ulrich Horstmann

Die Währungsreform kommt!

Den Sparern gewidmet, die die Schuldenlast für die »Euro-Rettung« tragen sollen.

Inhalt

Vorwort

Die Finanzkrise 2007 brachte das Weltfinanzsystem fast zum Einsturz. Politiker versuchten zunächst mehr oder weniger erfolgreich, die inländischen Systeme zu retten bzw. zu stabilisieren, und spannten – schließlich auch in der EU – riesige sogenannte (Banken- und Finanz-)Rettungsschirme. Dennoch scheint keine nachhaltige Besserung in Sicht, wie fast täglich der Presse zu entnehmen ist. Aus der Finanzkrise wurde eine Banken-, Wirtschafts-, Staatsschulden- und jetzt sogar zunehmend Euro-Krise. »Fällt« im Zuge dieser Krisen sogar der Euro? Und falls ja, wäre das so schlimm?

Eine komplizierte Angelegenheit – aber wirklich nur für Politiker und Finanzexperten? Nein. Jeder Bürger sollte, ja muss sich sehr intensiv mit der Thematik auseinandersetzen: Wenn er wohlhabend ist, hat er beim Scheitern des Euro viel zu verlieren. Aber nicht nur ältere, konservative und finanziell bessergestellte Bürger geht das Thema an. Gerade diejenigen, die noch Vermögen aufbauen wollen, müssten Interesse an einem werthaltigen und stabilen Geld haben. Für heutige Euro-Rettungsprogramme, deren Zustandekommen und Wirkung kaum mehr politisch wie wirtschaftlich zu vertreten sind, müssen aber vor allem die nächsten Generationen bezahlen.

Also gilt es, sich jetzt zu informieren über eine sich womöglich abzeichnende Währungsreform und darüber, ob und wie man sich im Hinblick auf die Euro-Krise bestmöglich schützen kann.

Neben einer historischen Einordnung der zurückliegenden Währungsreformen und der damit eng verbundenen »politischen Umstürze« gibt das Buch auch Antworten darauf, welche Szenarien bei einer sich verstärkenden Euro-Krise möglich sind: Wie kann der Einzelne sein Vermögen dann am besten konkret schützen? Aber auch: Wie kann/könnte das Vertrauen in die Währung wiederhergestellt werden?

Das Buch ist so angelegt, dass es allgemein verständlich ist, und ist damit nicht nur für vermeintliche Experten gedacht; diese sollten es – trotz des alles überspannenden Europagedankens – als Denkanstoß für eine dringend erforderliche Euro-Debatte sehen.

Über den Autor und seine Motive, dieses Buch zu schreiben

Der Verfasser, Jahrgang 1960, studierte zunächst Betriebswirtschaftslehre in Bochum, in der Nähe seiner Geburtsstadt Essen, danach in Trier mit finanzwirtschaftlichem Schwerpunkt und schloss an der Wirtschaftsuniversität Wien mit Promotion zum Dr. rer. soc. oec. ab. Seit 1989 ist Ulrich Horstmann in mehreren Finanzinstituten im Research tätig. Der Verfasser kann damit auf eine über 20-jährige Erfahrung in den Bereichen Volkswirtschaft und Unternehmensanalyse in verschiedenen Banken zurückblicken.

Ursache und Wirkung

Im Zuge der Eskalation der Finanzkrise 2007, die sich auch zu einer Euro-Krise weiterentwickelte, kam ich auf die Idee, dieses Buch zu schreiben. Besonders verärgerte mich das Statement der deutschen Kanzlerin Angela Merkel, dass die Griechenlandhilfe alternativlos sei, um die Stabilität des Euro nicht zu gefährden. Die zurzeit im Amt befindlichen Politiker verschweigen dabei, dass die Euro-Stabilitätsprobleme einerseits über Jahre durch das Fehlen realer, nachhaltiger Sanktionen für (Haushalts-)Sünder in der EU und andererseits bereits durch eine kaum bestehende politische Union – das notwendige Gegenstück zur Währungsunion – entstanden sind. Für die Geburtsfehler und die sich manifestierende Fehlkonstruktion müssen die Bürger in ihrer Rolle als Sparer und Steuerzahler wohl künftig aufkommen.

Das alles konnte einen Volkswirt und Unternehmensanalysten, aber auch Vater eines elfjährigen Sohnes nicht unbeteiligt lassen. Nach vielen Fachgesprächen entstand der Gedanke, diese vor allem historische »Hintergrundanalyse« zu Papier zu bringen.

Dass daraus schließlich ein Buch wurde, verdankt der Autor vielen Personen. Stellvertretend gilt mein Dank für die fachliche Unterstützung meinen früheren Kollegen, Philipp Wiedemann und Alexander Rummler, die insbesondere im Bereich der Geldanlage über ein profundes Wissen verfügen.

Auch das kritische Querlesen des Skripts in verschiedenen Phasen und von verschiedenen Seiten erwies sich als sehr hilfreich. Hier schulde ich vor allem der Lektorin Claudia Strauf Dank, sie machte wertvolle Verbesserungsvorschläge. Auch mein früherer Kollege Ralph Lutz erwies sich als hilfreicher kritischer Ratgeber. Darüber hinaus möchte ich meinem Vetter, Jürgen Weritz, danken für wertvolle Hinweise im Zusammenhang mit der historischen Aufarbeitung früherer Finanzkrisen. Dabei zeigte sich bei den Gesprächen eine wahre Fundgrube an Referenzen für die heutigen schwierigen Verhältnisse: In ähnlicher Form war »alles« schon durchexerziert worden, und die Folgen, soweit schon absehbar, waren häufig viel schlimmer als jetzt. Schuldenkrisen und Währungszusammenbrüche sind ein normaler Bestandteil der Wirtschafts- und Finanzgeschichte, auch das konnte ich im Rahmen vielfältiger Diskussionen lernen. Wir hatten das wohl alle etwas verdrängt, nachdem wir so lange stabile politische und wirtschaftliche Verhältnisse in Mitteleuropa genießen konnten.

Für Kritik und Anregungen danke ich auch meinem Kollegen Stefan Voß. Mit ihm erörterte ich ausführlich die verschiedenen Facetten der Euro-Krise und die kommende Währungsreform.

Ebenso danke ich meinem früheren Kollegen Dr. Thomas Rehermann, der inzwischen in den USA lebt. Er wies bereits vor der Einführung der Gemeinschaftswährung auf die Vorteile eines Wettbewerbs der Währungen auch in Europa hin, solange es dort einen Wettbewerb in der Wirtschafts-, Finanz-, Sozial- und Arbeitsmarktpolitik gibt. Er hat recht behalten. Auch die Finanzkrise sah er weit früher als andere voraus.

Mein Bruder Michael Horstmann steuerte einige unkonventionelle Investmentideen bei. Obwohl beruflich in einem ganz anderen Bereich tätig, erwies er sich immer wieder als kreativer Ratgeber gegen den Strom, aber auch als kritischer Kommentator der aktuellen Politik und des derzeitig häufig anzutreffenden Kampagnenjournalismus. Bislang hatte ich die Lernfähigkeit der Politik weniger infrage gestellt. Ich wurde auch durch die jüngsten Entwicklungen bei der Euro-Krise eines Besseren belehrt.

Danken möchte ich nicht zuletzt Professor Dr. Max Otte von der Fachhochschule Worms, der mich dazu inspirierte, das Versagen der Politiker im Verlauf der Euro-Krise näher zu analysieren.

Dem Verlag schulde ich Dank für das professionelle Lektorat durch Marion Reuter und die vielfach kreative Unterstützung durch die Editorin Fatima Cinar. Ihr und dem Verleger Christian Jund danke ich auch für die anregenden Diskussionen im Vorfeld der Buchveröffentlichung. Sie trugen dazu bei, dass ich den bislang noch nicht in der breiten öffentlichen Diskussion stehenden Zusammenhang von Euro-Krise und Währungsreform stärker herausarbeitete.

1. Was geht mich das an? Warum der Zerfall des Euro und die kommende Währungsreform auch für Nichtökonomen ein Thema ist

»Er bricht mit der bürgerlichen Tradition, dass zur politischen Mitte auch eine innere Mitte gehört, also Gelassenheit, Contenance. Der Wutbürger buht, schreit, hasst. Er ist konservativ, wohlhabend und nicht mehr jung. Früher war er staatstragend, jetzt ist er zutiefst empört über die Politiker. Er zeigt sich bei Veranstaltungen mit Thilo Sarrazin und bei Demonstrationen gegen das Bahnhofsprojekt Stuttgart 21.«

Dirk Kurbjuweit: »Der Wutbürger«[1]

Der Euro ist bislang noch kein Thema für den oben beschriebenen sogenannten »Wutbürger«. Wenn er wohlhabend ist, hat er beim Scheitern des Euro und der nächsten Währungsreform viel zu verlieren. Aber nicht nur ältere, konservative und finanziell bessergestellte Bürger geht das Thema an. Gerade diejenigen, die noch Vermögen aufbauen wollen, müssten Interesse an einem werthaltigen und stabilen Geld haben. Für Euro-Rettungsprogramme, die sie eigentlich nicht – politisch aber letztlich doch – zu vertreten haben, werden sie später u. a. deutlich höhere Steuern zahlen.

Ob die Wut der Bürger bei Reizthemen wie »Stuttgart 21« oder jetzt aktuell zum Atomausstieg berechtigt ist oder nicht, interessiert hier nicht, es geht ausschließlich um das mögliche Scheitern des politischen Projekts Euro. Und damit um sehr viel, nämlich das getäuschte Vertrauen in eine

[1] In: *Der Spiegel*, 11.10.2010, S. 26.

stabile, zukunftsgerichtete Finanz- und Wirtschaftspolitik sowie um einen entsprechenden GAU, wie zum Beispiel (fehlendes) Geld zur Stabilisierung des Euro, das die bisher vorstellbaren Dimensionen sprengen könnte. Die »Rettung« des Euro übertrifft bei einem »Weiter so!« womöglich die Kosten der Wiedervereinigung, wenn die Hilfen für marode EU-Defizitstaaten ohne Reformen sogar noch ausgeweitet werden.

In den 1990er-Jahren startete das Experiment der Währungsunion, nachdem die von der Bundesbank vertretene »Krönungstheorie«, eine tiefere politische Integration Europas vor oder zumindest parallel mit einer Währungsunion, aufgegeben worden war. Warnende Stimmen gab es genug, jetzt ist die Stabilität des Euro durch die Querelen rund um Griechenland, Irland und Portugal nachhaltig gefährdet. Europa droht politisch und ökonomisch neu zu zersplittern. Und die Finanzkrise löste zudem parallel einen Ansehens- und Vertrauensverlust für Politiker und Bankmanager aus. Was den deutschen Finanzmarkt anging, konnte nur durch die öffentliche Garantie der Sicherheit der Bankkonten im Oktober 2008 eine finanzielle Kernschmelze verhindert werden (legendäre Presseerklärung von Kanzlerin Angela Merkel und Bundesfinanzminister Peer Steinbrück am 05.10.2008). Die Finanzkrise deckte auch schonungslos die bereits bestehenden Schwächen im Euro-Raum auf und führte zur Euro-Krise im Verlauf des Jahres 2010. Kanzlerin Merkel bezeichnete schließlich die Griechenlandhilfe als alternativlos, um die Stabilität des Euro nicht zu gefährden. Politiker verschweigen, dass die Euro-Stabilitätsprobleme durch fehlende Sanktionen für Sünder in der EU und das Fehlen einer Politischen Union – das notwendige Gegenstück zur Währungsunion – entstanden. Es fehlt nach wie vor ein international abgestimmtes Konzept, um die Finanzrisiken zu begrenzen. Der Euro-Raum ist destabilisiert, und viele EU-Staaten sind zunehmend überschuldet. Die verantwortlichen Politiker beschönigen dies, um von eigenen Fehlern abzulenken. Staaten wie Griechenland, Portugal und Spanien betreiben, salopp formuliert, Konkursverschleppung. Politiker, die marode Banken mit Staatsmitteln retteten, hoffen auf bessere Zeiten. Die Lektionen aus der Geschichte, in deren Verlauf die Sparer bereits nach dem Ersten sowie dem Zweiten Weltkrieg durch eine unsolide Finanz- und Geldpolitik ihr Geld weitgehend verloren, wurden nicht gelernt – zumindest sieht es derzeit so aus. Für die bereits angesprochene Fehlkonstruktion des Euro, die der Ursprung der aktuellen Krise ist, werden die Sparer und die Steuerzahler aufkommen müssen.

Währungsreformen können »sanierend«, »konstituierend« oder »manipulierend« sein[2]. Wenn allgemein von einer Währungsreform gesprochen wird, ist in der Regel die mit besonders hohen Vermögensverlusten für die Bürger verbundene sanierende Variante gemeint. Die Gefahr einer sanierenden Währungsreform mit einschneidenden Veränderungen im monetären und fiskalischen Bereich konkretisiert sich immer mehr. Die Einführung des Euro selbst war bereits eine konstituierende Währungsreform, das heißt, sie erfolgte zur Schaffung einer neuen Einheitswährung in einem größeren Gebiet mit mehreren Staaten. Durch das Außerkraftsetzen des Stabilitätspaktes durch die Politiker ab dem Jahr 2003 und den Zugriff auf die Europäische Zentralbank mit dem Ankauf von Ramschanleihen maroder Euro-Staaten erleben wir zunehmend eine manipulierende Währungsreform.

Währungsreform	Region/Land	Zeit	Erläuterung
»sanierend«	Deutschland	1948	Neuanfang mit der Deutschen Mark nach Überschuldung des Deutschen Reiches mit weitgehender Enteignung der Sparguthaben.
»konstituierend«	Deutschland	1871	Einführung einer neuen Währung mit der Reichsgründung.
»manipulierend«	USA	1973	Auflösung des Festkurssystems, das in Bretton Woods 1944 vereinbart wurde. Bislang war der US-Dollar die bis 1971 goldgedeckte Leitwährung. Danach erfolgte eine schleichende Manipulation, indem die US-Notenbank (Federal Reserve System bzw. Fed) verstärkt konjunkturell steuernd eingriff.

Beispiele für sanierende, konstituierende und manipulierende Währungsreformen

[2] Vgl. Christa Bähr: Ansätze zu einer Theorie der Währungsreform, S. 12 f.

Die Glaubwürdigkeit der ursprünglich aus guten Gründen vereinbarten Regeln hat durch die wiederholten Verstöße Schaden genommen. Infolge der ausufernden Verschuldung, die die Staaten weginflationieren möchten, wird der Gemeinschaftswährung von der Bevölkerung das Vertrauen immer mehr entzogen. Dann hilft nur noch eine sanierende Währungsreform, wie die Bürger sie zuletzt 1948 in Deutschland erlebten. Nach dem in diesem Buch vorgestellten Währungsreformszenario könnte das Geldvermögen der Deutschen bereits im Jahr 2015 erneut teilenteignet werden.

Eine besorgniserregende Perspektive, denn bereits mehrfach haben in der jüngsten Geschichte inländische Sparer ihr Vermögen eingebüßt. Die mehrfachen Zwangsmaßnahmen zur Entschuldung des Staatshaushaltes hinterließen bis heute in Deutschland traumatische Erinnerungen. Nach Überschuldung und Hyperinflation blieben nach der Währungsreform 1923 nur 10 Prozent des Geldvermögens übrig. Bei der nächsten Währungsreform, die bereits 25 Jahre später kam, war für die Sparer erneut nur noch wenig Geld vorhanden, nach einer Schätzung nur 6,5 Prozent bis 10 Prozent.[3]

Vermeiden Sie vor diesem Hintergrund größere Vermögensverluste. Bleiben Sie unabhängig, und folgen Sie nicht ungeprüft den Ratschlägen ihrer oft provisionsgierigen Bank!

Dies als Einstieg in die Thematik und erste Antwort auf die Ausgangsfrage.

Und gleich ein erstes Fazit vorweg bzw. ein weiterer Rat: An der Börse wird nicht geklingelt, bevor die Kurse in den Keller fallen! Entsprechend dieser Börsenweisheit sollten Sie rechtzeitig Ihr Vermögen absichern, bevor sich die Euro-Krise noch dramatisch(er) ausweitet und eine neue Währungsreform nicht mehr zu vermeiden ist.

[3] Carl-Ludwig Holtfrerich: Vortrag »Deflation, Inflation, Währungsreform« am 04.10.2010 in München, S. 24.

TEIL 1:

Überblick über bisherige Währungsreformen und neuere Irrwege

2. Die Anfälligkeit von Währungssystemen in der Historie

»Um die bürgerliche Gesellschaft zu zerstören, muss man ihr Geldwesen verwüsten.«

Wladimir I. Lenin, kommunistischer Politiker (1870–1924)

Überspitzt formuliert ähneln auch heutige Staatssysteme früheren Raubgesellschaften, nur mit moderneren Instrumenten und besseren Möglichkeiten der Verschleierung. Frühe Börsenunternehmen entstanden als Wagnisgesellschaften, die zum Beispiel den Monopolhandel mit der Südsee oder dem Mississipi (um 1720) vorsahen. Sie wurden politisch gefördert. Im Fall des französischen Regenten, des Herzogs Philipp von Orleans, in besonderem Maße und sehr beharrlich. Das Land war fast bankrott. Kreative Ideen waren gefragt, allerdings brach das neu eingeführte Papiergeldsystem im Zuge des Vertrauensschwunds zusammen, denn zunehmend erkannten die Bürger, dass die vermehrt ausgegebenen Geldscheine entsprechend wertloser wurden. Der französische Philosoph und Zeitzeuge Voltaire (1694–1778) kritisierte die damalige Feudalherrschaft und urteilte ernüchtert: »Papiergeld kehrt früher oder später zu seinem inneren Wert zurück – null.«

Die Finanzgeschichte ist voller Beispiele, dass Papiergeld für die Beutezugs- und Kriegsfinanzierung eingesetzt wurde. Letztendlich ging es dabei um eine Wette auf einen Sieg: Ging der Raubzug gut, konnten die Schulden zurückgezahlt werden, wenn die Regierenden nicht jedes Maß verloren und die sich nach einem militärischen Sieg bietende Konsolidierungschance nutzten. Während die Herrscher Papiergeld druckten, nutzen Spekulanten bereits seit Jahrhunderten mit staatlicher Unterstützung das Wertpapiergeschäft. So fand die Wagnisfinanzierung der See-Expeditionen und die Erschließung der Kolonien bereits mit der Gefahr des Schwindels über die Börse statt. Infolge der mangelnden Redlichkeit der Akteure spottete die Bevölkerung zunehmend. Bei ihr stand zum Beispiel das Kürzel VOC (Vereenigde Oost-Indische Compagnie) für »Vergaan Onder Corruptie« oder übersetzt für den Untergang/Ruin durch Korruption. Die Vereinigte Ostindische Kompanie, ein Zusammenschluss niederländischer Kaufmannsgesellschaften zur Verringerung der Konkurrenz, hatte somit ihren neuen Namen in der Bevölkerung gefunden (die VOC gilt übrigens als erste Aktie der Welt, sie wurde bereits 1606 emittiert). Die Expansionsbestrebungen in den Überseegebieten und der damit einhergehende Streit der Europäer um die Vorherrschaft verschlechterten die Staatsfinanzen.

Ein besonders negatives Beispiel lieferte König Philipp II. von Spanien, der 1557, 1575 und 1596 gegenüber seinen Gläubigern den Staatsbankrott erklärte. Die Gläubigerfamilien Fugger und Welser wurden davon hart getroffen und später wirtschaftlich weitgehend bedeutungslos. Nur »wo die Kaufleute selbst regierten, wie im Genua des 16. Jahrhunderts und im Amsterdam des frühen 17. Jahrhunderts«[4] waren Versuche, ein Kreditwesen zu entwickeln, erfolgreich.

> »Allgemein herrschte die Auffassung, den Kaufleuten könne man Geld anvertrauen, den Königen jedoch nicht. Wenn diese die wirtschaftliche Macht und die politische Gewalt in ihren Händen vereinten, nutzten sie dies allzu oft, um entweder Münzen zu verfälschen oder sich die Reichtümer ihrer Untertanen anzueignen.«[5]

Die Geldgeschichte bietet einen ernüchternden Anschauungsunterricht über Schuldenkrisen und Währungszusammenbrüche. Häufig standen sie in Verbindung mit Kriegen und politischen Umbrüchen. Vor allem, wenn die aggressive beuteorientierte Politik scheiterte, war die Währung ruiniert, da die abenteuerfreudigen Kriegsherren »auf Pump« lebten.

---

[4] Martin van Creveld: Aufstieg und Untergang des Staates, S. 256, zitiert in: Roland Baader: Geld, Gott und Gottspieler, S. 41.

[5] Ebenda.

Wenn die eigenen Soldaten nicht mehr bezahlt werden konnten, fanden die Eroberungszüge ein Ende.

Auch nach Friedrich August von Hayek ist die Geschichte des staatlichen Geldes, von kleinen Ausnahmen abgesehen, eine Geschichte voller Lug und Betrug. Deutschland wurde von der Geldentwertung und später durch den Dreißigjährigen Krieg (1618–1648) verheert. Die Reichsmünzordnung von 1559 hatte den lokalen Münzherren die Ausgabe von Landesmünzen mit einem geringeren Silbergehalt und damit eine Münzverschlechterung ermöglicht. Dies wirkte sich kriegsverlängernd aus; dabei wurden im Dreißigjährigen Krieg immer kreativere Lösungen zur anhaltenden Finanzierung immer größerer Truppen aufgezeigt. Im Jahr 1622, also vier Jahre nach Beginn des Dreißigjährigen Krieges, lag die Inflationsrate in Deutschland bei 140,6 Prozent. In Frankreich betrug sie im gleichen Jahr 121,3 Prozent. Dies waren in beiden Ländern die höchsten Inflationsraten von 1500 bis 1799.[6] Die spätere Kolonialisierungspolitik durch die Europäer kann beschönigend als eine frühe Globalisierung interpretiert werden: Aufgrund der Ausbeutung und Versklavung der unterworfenen Gebiete handelte es sich vorrangig um konkurrierende nationale Eroberungsfeldzüge. Dabei waren die Briten auch bei der Finanzierung der weltweiten Expansion besonders erfolgreich. Der Grundstein für die Welt- und Kolonialherrschaft war gelegt. Die ab 1815 eingetretene Phase der Vorherrschaft wird auch als Pax Britannica bezeichnet.[7]

Münzen wurden zunehmend durch Papiergeld abgelöst. Edelmetalle, zunächst Gold und Silber, später nur noch Gold, dienten in der Zeit des Goldstandards als Deckungsmittel für die jeweiligen Währungen. Ab der Reichsgründung 1871 war der Goldstandard auch in Deutschland das dominierende Währungssystem. Die Golddeckung der Mark wurde während des Ersten Weltkrieges aufgehoben. Bald danach setzte eine groß angelegte Werbekampagne ein, die den Verkauf von Gold an die Reichsbank aus patriotischen Gründen propagierte. Viele Bürger erklärten stolz

[6] Carmen M. Reinhart/Kenneth S. Rogoff: Dieses Mal ist alles anders, S. 269.
[7] Vgl. Paul Kennedy: Aufstieg und Fall der großen Mächte, S. 536.

auch noch viele Jahre später nach Abgabe ihrer Edelmetalle an den Staat: »Gold gab ich für Eisen.«

Der Goldbesitz war zwar offiziell noch nicht verboten, aber wem das Wohl des Kaiserreiches am Herzen lag, hatte seine Goldmünzen »gefälligst« abzugeben. Nach der Aufhebung der Golddeckung stieg der Bargeldumlauf von 13 Mrd. Mark auf 60 Mrd. Mark.[8] Für die Zeichnung von Kriegsanleihen wurde ebenfalls die »Propaganda-Maschinerie« in Gang gesetzt. Nach der Finanzierung des Krieges durch Anwerfen der Notenpresse waren in der Folgezeit Reparationen an die früheren Kriegsgegner zu zahlen. Die danach einsetzende Hyperinflation zerrüttete die wirtschaftlichen Verhältnisse des Landes in den frühen 1920er-Jahren. Während die Bürger ihr Geld verloren, war der Staat seine Schulden los. Dies wirkte sich ungünstig auf die Moral aus. Das Gerechtigkeitsgefühl der Anleihenbesitzer, die fast alles verloren, und der Sparer wurde erschüttert. Bis zum Jahr 1924/25 blieben nur 10 Prozent des Geldes übrig. Vorausgegangen war eine gigantische Staatsverschuldung durch den Weltkrieg. So betrug die Schuldenquote (Schulden zu BSP) 1919 130 Prozent (und 1946 sogar 774 Prozent).[9] Das Kaiserreich hatte für den Krieg 150 Mrd. Reichsmark aufgewendet. Von dem vollständig fremdfinanzierten Krieg betrafen rund 100 Mrd. Anleihen. Der Erste Weltkrieg führte nicht nur, aber vor allem in Deutschland, zur Zerrüttung der Staatsfinanzen. Anleihenzeichner und Sparer waren die Verlierer der Hyperinflation. Mit dem schnellen und hektischen Konsum durch die Geldentwertung sanken das Zukunftsvertrauen und die Moral in der breiten Bevölkerung. Die Umverteilung verstärkte die Unzufriedenheit. So konnten sich informierte und vermögende Bürger durch den Kauf von Sachwerten besser schützen. Banken und diejenigen, die das Inflationsgeld zuerst erhielten, waren in der Lage, das Geld besser zu nutzen und noch zu unveränderten Preisen zu kaufen.[10] Die deutsche Rentenversicherung verlor bereits 1921 durch die Geldentwertung weitgehend ihr Vermögen. Das Vertrauen in die wirtschaftliche Zukunft des Landes erreichte einen Nullpunkt. Dies schuf auch den Nährboden für die spätere politische Radikalisierung. Nach dem Kriegsdesaster des Ersten Weltkrie-

[8] Siehe *Spiegel Geschichte* Nr. 4, 2009, S. 109.

[9] Carl-Ludwig Holtfrerich: Vortrag »Deflation, Inflation, Währungsreform« am 04.10.2010 in München, S. 24.

[10] Cantillon-Effekt, vgl. Thorsten Polleit/Michael von Prollius: Geldreform, S. 37 f.

ges und den folgenden Vermögensverlusten hatten nationalistische und sozialistische Ideen sowie Vertreter eines starken Staates neuen Zulauf. Die Selbstheilungskräfte der Gesellschaft waren durch die Verarmung der Bürger und eine schlechtere Rentenzukunftssicherung geschwächt.

Auch der Zweite Weltkrieg führte zur Zerrüttung der Staatsfinanzen. Die Rüstungskäufe und die keynesianisch geprägten Bauaktivitäten zogen eine maßlose Überschuldung nach sich. Nach dem Zweiten Weltkrieg verlor die Reichsmark schnell an Wert, der Zerfall des schuldenfinanzierten und diskreditierten Regimes hatte den Niedergang des offiziellen Zahlungsmittels zur Folge. Sparer verloren über 90 Prozent ihres Vermögens.[11] Bis zur Währungsreform 1948 war der Schwarzhandel sehr verbreitet. Er wurde begünstigt durch Rationierungen in Form zum Beispiel von Lebensmittelmarken; auch der Diebstahl von Kartoffeln und Kohle bestimmten den Alltag der oft hungernden Stadtbevölkerung. Besonders beliebt als Tauschgut waren Zigaretten, sie übernahmen zeitweise sogar die Geldfunktion. Eine Zigarette entsprach einem Wert von ungefähr 10 Reichsmark, und die sogenannte Zigarettenwährung bewährte sich dank ihrer hohen Akzeptanz. Amerikanische Zigaretten waren für viele »das Maß aller Dinge«.[12] So ungewöhnlich war das nicht. Tabak hatte bei der Stabilisierung des Tauschhandels und der Wirtschaft bereits weit früher eine Rolle gespielt. So waren im US-Bundesstaat Maryland beispielsweise die Banknoten bis zu 200 Jahre lang durch Tabak gedeckt (auch der US-Bundesstaat Virginia band das Geld an Tabak).[13] Vermutlich war nach dem Zweiten Weltkrieg in Deutschland infolge der staatlichen Repressionen (»Gold gab ich für Eisen«) Gold kaum mehr vorhanden, sodass sich das im Vergleich zu Gold nur begrenzt haltbare Warengeld in der Mangelwirtschaft durchsetzen konnte. 1948 hatte die Zigarette dann als Ankerwährung ausgedient. Mit einem Wechselkurs von 100 Reichsmark (ungefähr zehn Zigaretten, siehe oben) zu 6,50 DM konnte das alte Geld im Zuge der Währungsreform umgetauscht werden. Erst am 16.01.1950 wurden die seit 1939 bestehenden Lebensmittelrationierungen wieder aufgehoben.

---

11 Siehe Carl-Ludwig Holtfrerich: Vortrag »Deflation, Inflation, Währungsreform« am 04.10.2010 in München, S. 24 oder Thorsten Polleit/Michael von Prollius: Geldreform, S. 177.

12 Christoph Maria Merki: Die amerikanische Zigarette, S. 57–82.

13 Siehe John K. Galbraith: Eine kurze Geschichte der Spekulation, S. 69.

	Währung	Währungsreformtyp	Unabhängige Notenbank	Golddeckung	Stabilität
1871–1923	Goldmark	konstituierend (nach der Reichsgründung), manipulierend nach Beginn des Ersten Weltkrieges 1914	Nein	Ja (bis 1914)	Hoch (bis 1914), mit der Kriegsfinanzierung sinkende Stabilität, die nach dem Ersten Weltkrieg in eine Hyperinflation überging
1923/24	Rentenmark	sanierend	Nein	Nein	Hoch
1924–1948	Reichsmark	konstituierend durch Ersetzen der Rentenmark, zunehmend manipulierend im Vorfeld des Zweiten Weltkrieges	Ja (bis 1937)	Nein	Abnehmende Stabilität durch die Kriegsfinanzierung im Zuge des Zweiten Weltkrieges
1948–2001	Deutsche Mark (Ost-Mark, Mark der DDR 1948–1990)	sanierend	Bank deutscher Länder, Deutsche Bundesbank: Ja (Deutsche Notenbank der DDR: Nein)	Nein, bis 1973 jedoch Bretton-Woods-Festkurssystem mit Goldeinlösepflicht der USA von Dollardevisen	Westdeutschland ab 1948 und Deutschland ab 1990: Hoch (DDR 1948–1990: Niedrig)
ab 2002	Euro	konstituierend, nach Regelverstößen ab 2003 zunehmend manipulierend	Ja	Nein	Bis zur Finanzkrise hohe Stabilität, Stabilitätsrisiken durch nicht mehr finanzierbare Euro-Rettungsprogramme

Inländisches Geld: Der Euro ist die fünfte Währung in Deutschland seit 1871

Ältere Mitbürger hatten daher auch die Einführung des Euro besonders kritisch gesehen, die nichts anderes als eine konstituierende Währungsreform wie im Zuge der Reichsgründung 1871 darstellte. Für die Bürger schuf die sanierende Währungsreform 1948 mit der Einführung der Deutschen Mark neues Vertrauen. Die damalige Furcht vor Geldentwertung ist auch aus heutiger Sicht nachvollziehbar. Vertrauen kann von der Politik nicht verordnet werden. Während zum Beispiel die US-Bürger ohne derartige Währungsturbulenzen einigermaßen stabil mit ihrem Geld planen konnten, mussten die Europäer, und dabei vor allem die Deutschen, mit vielen Umbrüchen zurechtkommen. Zählt man die manipulierenden Währungsreformen im Zuge der beiden Weltkriege mit, erlebten die Bürger hierzulande von 1871 bis 1948 sechs Reformen bei vier verschiedenen Währungssystemen (Goldmark, Rentenmark, Reichsmark, Deutsche Mark). Der Glaube auch an den Staat wurde nachhaltig erschüttert. Von den Verantwortlichen in der Politik wurde in den 1950er- und 1960er-Jahren daher vor allem Stabilitätssicherung erwartet. Nicht von ungefähr lautete der Slogan im erfolgreichen Adenauer-Wahlkampf 1957 »Keine Experimente«.

Auch die Rolle des »sorgenden Staates« war vor dem Hintergrund der jüngsten Geschichte zunehmend umstritten, wobei die staatlichen Wohltaten im Gegensatz zu heute oft nur einen kleinen Kreis betrafen und lediglich eine reine Überlebenshilfe mit der Sicherung eines Daches über dem Kopf und einer Nahrungsgewährung darstellten. Nach der langen Phase staatlicher Bevormundung, diszipliniert durch Behördenkontrolle und Bezugsscheinsysteme (zum Beispiel von Essensmarken), orientierten sich viele Bürger neu, zumeist entsprechend dem neuen Vorbild- und Siegerstaat USA. Die Liberalisierungsschritte unter Ludwig Erhard wirkten vielfach als Befreiung von alten Fesseln. Kollektive Zwangssysteme stießen im Westen auf Ablehnung (das »Dritte Reich« und der Kommunismus in der UdSSR hatten viele Gemeinsamkeiten)[14].

Röpke und von Hayek gelten neben Eucken und Müller-Armack als geistige Väter der sozialen Marktwirtschaft unter Ludwig Erhard, die die Nach-

[14] Siehe Günter Rohrmoser: Zur geistig-ethischen Erneuerung, S. 32.

kriegszeit in Westdeutschland ab dem Jahr 1949 prägte. Die Bezeichnung »Soziale Marktwirtschaft« geht zurück auf Alfred Müller-Armack, der in diesem Leitbild Elemente des deutschen Neoliberalismus (Kombination aus Ordoliberalismus und soziologischem Liberalismus) und der von Nell-Breuning geprägten Christlichen Soziallehre verband. Ob Erhard angesichts der politischen Interventionen, dem Verbandslobbyismus und der Gier des Fiskus dem heutigen Staat das Etikett »Soziale Marktwirtschaft« noch verleihen würde, sollte der Leser selbst beantworten.

Versagt die marktwirtschaftliche Ordnungspolitik, nimmt die Destabilisierung zu. Die Anfälligkeit von Währungssystemen steht in einem engen Kontext zu schwerwiegenden politischen Fehlentscheidungen. So tragen wahltaktische Aspekte oder die Gier von Machthabern zu einer zunehmenden Verschuldung bei. Der Raubzug bzw. Krieg sollte von den Besiegten finanziert werden. Hinterher wurden die Staaten die Schulden häufig nicht mehr los. Vor allem neue Regierungen möchten für die Altschulden nicht mehr aufkommen (Beispiel: Sowjetunion nach dem Ersten Weltkrieg, die die Schulden des Zaren nicht übernahm, siehe unten).

Hochrüstung vor dem Ersten Weltkrieg (ca. ab 1900)	Einführung neuer Steuern und steigendes Misstrauen in Europa.
Erster Weltkrieg/Staatsanleihenfinanzierung (1914–1918)	Trotz der Anleihenfinanzierung, die eine Wette auf das Kriegsergebnis war, war das Deutsche Reich völlig überschuldet. Der Erste Weltkrieg gilt als »Urkatastrophe des 20. Jahrhunderts«.
Weigerung, die Schulden aus der Zarenzeit zu zahlen (1918)	Die neue Sowjetregierung bediente die Schulden des Russischen Reiches nicht mehr.
Hyperinflation (1923)	Folge des Ersten Weltkriegs in Deutschland.
Zweiter Weltkrieg/Holocaust (1939–1945)	Entrechtung und Ermordung der europäischen Juden, Ausplünderung der eroberten Gebiete zur Finanzierung des schon bei Kriegsbeginn bankrotten Deutschen Reiches.
Wiedervereinigung (1989/1990)	Von der Bevölkerung angestrebt, aber politisch schlecht umgesetzt, u. a. fragwürdige steuerliche Förderungspolitik und hohe Schulden.

Euroeinführung (1999–2002)	Politisches Projekt, aber statt Europa zusammenzuführen, wirkt der Euro durch Stabilitätsmängel und Schuldenprobleme einzelner Staaten derzeit eher spaltend.
Finanzkrise (2007)	Ist sie bereits entschärft oder waren die bisherigen Ereignisse nur Vorbeben?

Beispiele für politische Fehlentscheidungen und Katastrophen in den letzten 100 Jahren

Zur laufenden Finanzkrise ist eine abschließende Einschätzung noch zu früh. Es ist völlig unklar, ob die bisherigen Ereignisse nur Vorbeben vor weiteren größeren Staatsbankrotten waren oder ob nach und nach eine Beruhigung der immer noch angespannten Situation auf den Finanzmärkten möglich ist.

Historisch betrachtet sind Kriege und Währungszusammenbrüche kein seltenes Phänomen, fast schon ein Normalfall, der zumindest die deutsche Nachkriegsgeschichte ab 1945 als ein »goldenes Zeitalter« erscheinen lässt. Die früheren DDR-Bürger hatten als Teil des Ostblocks nicht die gleichen Entfaltungsmöglichkeiten wie die Westbürger, bis sie »zur Deutschen Mark überliefen«. 1990 erfolgte für sie eine sanierende Währungsreform mit einem nicht marktadäquaten Umtauschkurs. Mit dieser Manipulation kaufte sich Helmut Kohl, so eine häufig genannte Interpretation, die notwendigen Stimmen zur Sicherung seiner politischen Mehrheit in den neuen Bundesländern. Kurzfristig war die Freude bei den Neubürgern groß. Der politisch festgelegte Wechselkurs wirkte sich mit weiteren hausgemachten Fehlern, zum Beispiel der zu schnellen Lohnangleichung und Subventionsmitnahmeeffekten ohne entsprechende Investitionen, in den neuen Ländern ungünstig aus. Diese Verzerrungen durch die interventionistische Wirtschaftspolitik führten zum Abbau von Betriebsstätten sowie Arbeits- und Identitätsverlust bei den Neubürgern. Die riesigen Anschubfinanzierungen erwiesen sich als Milliardengrab, vor allem nach dem Zusammenbruch des Handels mit den früheren Ostblockstaaten.

Der Nichtökonom Kohl sprach dennoch unverdrossen von »blühenden Landschaften in wenigen Jahren«. Letztlich ist eine strukturelle Angleichung der Wirtschaftssysteme nach jetzt 20 Jahren noch nicht vollständig erreicht. Der damals noch nicht absehbare Erfolg der SED-Nachfolgepartei »Die Linke« und die Abwanderungen aus dem Beitrittsgebiet waren zudem – zu keinem Zeitpunkt politisch wie gesellschaftlich aufgearbeitete – Reflexe der enttäuschten Hoffnungen, als das noch größere Projekt der Abschaffung der Deutschen Mark nach dem 1998 vollzogenen rotgrünen Regierungswechsel angegangen wurde, allerdings auch stets von Helmut Kohl und der Partei Erhards begleitet. Im Zuge der Euro-Einführung ab dem Jahr 1999 erfolgte also eine konstituierende Währungsreform, durch die die D-Mark abgelöst wurde.

Mit der Etablierung des Euro und der Schaffung der Europäischen Zentralbank (EZB) wurde gleichzeitig die vormals selbstverständliche »kritisch-objektive« Begleitung des politischen Handelns, gar mit Widerworten, durch die autonom agierende Bundesbank abgeschafft; sie wurde de facto vergemeinschaftet.[15] Der Hintergrund: Der Erfolg der D-Mark wurde zu ihrem Problem. Die stabilitätsorientierte Bundesbank wurde als geldpolitischer Herrscher in Europa angesehen und löste bei den europäischen Nachbarn Argwohn aus, der sich im Zuge der Wiedervereinigung noch verschärfte. Mit den zunehmenden Schuldenkrisen im Euro-Raum werden ganz aktuell, und offensichtlich »außerhalb« Deutschlands entsprechend gewünscht, die letzten Stabilitätsbastionen, die von der Bundesbank auf die EZB übertragen wurden und noch übrig geblieben waren, nun geschliffen – mit der weiteren Folge, dass mit dem Ankauf von Ramschanleihen der Rubikon überschritten wurde, sodass die Phase einer manipulierenden Währungsreform bereits eingeleitet ist.

Wenn der Interventionismus dann scheitert, wird dies dem freien Marktsystem angelastet und als Begründung für weitere Korrekturen herangezogen.[16] Die Folge sind noch höhere Schulden und eine steigende Steuer- und Abgabenlast. Damit kaufen sich die Regierenden Zeit, und dabei wird das Volksvermögen weiter veruntreut.

---

15 Vgl. Daniel D. Eckert: Weltkrieg der Währungen, S. 158.
16 Vgl. Thorsten Polleit/Michael von Prollius: Geldreform, S. 127 f.

Fazit: Blasenphänomene und politisches Versagen lassen sich historisch weit zurückverfolgen. Die Maßlosigkeit von Staaten zeigt sich durch ausufernde Schulden, die hohe Steuern und Abgaben nach sich ziehen. Währungsreformen schaffen für Politiker eine elegante Möglichkeit, die »Reset-Taste« zu drücken.

3. Staatsbankrotte und Währungsreformen sind nicht aussergewöhnlich, und warum die jetzige Krise (vorerst) nicht zu Ende geht

»Der Staatshaushalt muss ausgeglichen sein. Die öffentlichen Schulden müssen verringert werden. Die Arroganz der Behörden muss gemäßigt und kontrolliert werden. Die Zahlungen an ausländische Regierungen müssen reduziert werden, wenn der Staat nicht bankrottgehen will.«

Marcus Tullius Cicero (106 v. Chr.–43 v. Chr.)

In den Zeiten des Goldstandards konnte eine lange Phase wirtschaftlicher Stabilität erzielt werden. In den 100 Jahren von 1815 bis 1914 schwankte das Preisniveau in Großbritannien kaum. Die Geldwertstabilität ist für eine freiheitliche und funktionierende Gesellschaft unerlässlich. Krisen gehören nur dann zum Kapitalismus, wenn der Ordnungsrahmen eine Instabilität begünstigt. John Maynard Keynes schrieb bereits 1920: »Es gibt kein feineres und kein sichereres Mittel, die bestehenden Grundlagen der Gesellschaft umzustürzen, als die Vernichtung der Währung.«[17]

Eine von der Finanzpolitik unabhängige Geldpolitik ist nach Friedrich August von Hayek nur möglich, wenn die Staatsausgaben verhältnismäßig gering sind. Die Inflationsbekämpfung dient auch dem Ziel, den Trend zu einer immer stärkeren staatlichen Lenkung aufzubrechen, denn mit

[17] In: John M. Keynes: Die wirtschaftlichen Folgen des Friedensvertrages.

steigender Inflation nimmt der Verschuldungsspielraum und damit die Macht der Politiker zu. Die hohen Schulden in den Ländern des Euro-Raums gefährden die Unabhängigkeit der EZB, die bereits Ramschanleihen ankauft. Die Euro-Krise schafft aber auch eine Chance für eine nachhaltige Stabilisierung durch eine neue Währungsreform, denn die Krise des Euro macht eine Sanierung der Staatshaushalte unvermeidlich. Die Abwärtsdynamik ist bei dem bestehenden System durch die Überschuldung nicht mehr zu stoppen, es bleibt nur der Neuanfang. Zu empfehlen ist vor diesem Hintergrund die Lektüre von Hyman Minskys Krisenerklärungsmodell, das im Zuge der jüngsten Verwerfungen an den Märkten neue Anhänger gewonnen hat:

Minsky beschrieb die Phase von 1946 bis 1965 als eine Phase relativer Ruhe und die Zeit ab 1966 als eine turbulente Periode. Die Banken begannen danach, ihre Risiken zu erhöhen, die in Phasen des Aufschwungs weiter gesteigert wurden. Seinem Krisenerklärungsmodell liegt die Instabilität des Finanzsektors zugrunde. Um die Schäden für die Volkswirtschaft zu begrenzen, sind kleinere und mittelständische Banken besser. Weltumspannende Großbanken wirkten im Sinne der kreativen Zerstörung Schumpeters destabilisierend und lösten die jüngsten staatlichen Interventionen zur Rettung des Finanzsystems aus.[18]

Hierdurch können auch die Staaten in den Bankrott getrieben werden. Der öffentliche Ordnungsrahmen sollte nicht krisenverstärkend sein. Als gutes Vorbild für seine Bürger und die Unternehmen ist der Staat zum Maßhalten berufen und sollte durch sein Regelwerk die Schuldenaufnahme, die Vermögenspreisblasen fördert, auch nicht bei den Bürgern begünstigen. Ciceros oben genannte Ratschläge sind daher zeitlos aktuell. Vorzeigbar ist diesbezüglich ausgerechnet die EU, denn im Gegensatz zu den Staatshaushalten muss der EU-Haushalt immer ausgeglichen sein. Die EU darf keine Schulden machen und nur so viel Geld ausgeben, wie sie hat. Dies hat sich gut bewährt, ansonsten wäre die EU vielleicht sogar überschuldungsbedingt abgewickelt worden oder hätte sich durch mehrere Rettungsprogramme schleppen müssen wie derzeit zur Erhaltung des Euro.

[18] Siehe Stefan Voß über Hyman P. Minsky, Fachhochschule Hannover, Arbeitspapier 03-2011.

Nach Ansicht von Ludwig Erhard gehört zu einem freien und gemeinsamen Markt, »gleich wie früher bei der Goldwährung, nicht Reichtum und Stärke, sondern nur die bescheidene Einsicht, dass auch ein Staat, ebenso wenig wie ein Volk, über ›seine Verhältnisse‹ leben kann.« [19]

Grundsätzlich besteht die Gefahr, dass durch eine ausufernde Staatsschuld Elend und Katastrophen ausgelöst werden. Diese historisch überlieferte konservative Sichtweise[20] wurde in den modernen Staaten, nicht zuletzt durch eine Daueranwendung der für die kurze Frist konzipierten keynesianischen Krisenbekämpfungskonzepte, mit einer Zusatznachfrage des Staates, die die Staatsschulden ausweitete, infrage gestellt. In dem Gesetz zur Förderung der Stabilität und des Wachstums der Wirtschaft aus dem Jahr 1967 standen die Ziele

- Preisniveaustabilität,
- hoher Beschäftigungsstand,
- außenwirtschaftliches Gleichgewicht bei
- angemessenem und stetigem Wirtschaftswachstum

im Vordergrund.

Das Ziel finanziell stabiler Haushalte verfehlten die Politiker. Bereits ab einem Anteil der Staatsschulden von 90 Prozent am Bruttoinlandsprodukt bricht nach Carmen Reinhart und Kenneth Rogoff[21] das Wachstum weg, eine dreistellige Staatsschuldenquote ist ein Hinweis auf hohe Zinszahlungsverpflichtungen und einen zunehmend unumkehrbaren Weg in die Schuldenfalle. Die richtige Dosierung der Lehren von Keynes hätte lauten müssen: In Ausnahmefällen darf man, aber nicht immer.

Durch den ständigen Interventionismus wurde die Gefahr von Staatsbankrotten und Währungsreformen weiter erhöht, die ohnehin in der Rückbetrachtung nicht außergewöhnlich sind. Nach den Bankrotterklärungen konnten sich Staaten erneut stabilisieren, das Hinauszögern ist für

---

19 Ludwig Erhard: Wohlstand für alle, S. 298.
20 Siehe John K. Galbraith: Der große Crash 1929, S. 223.
21 Carmen M. Reinhart/Kenneth S. Rogoff: »Growth in a Time of Debt«, in: *American Economic Review*, Mai 2010.

alle Beteiligten, auch für die Hilfe gewährenden ausländischen Staaten, oft belastender. Die Geschichte liefert eine große Anzahl von Währungsreformen, bei einigen Staaten gehören sie anscheinend zu einem festen Repertoire der Politik, das auch kurzfristig eingesetzt (werden) wird.

Land	Datum	Budgetdefizit-abbau?	Hilfe von außen?	Reform-erfolg?
Argentinien	14.06.1985	Ja	IWF, Baker-Plan	Nur begrenzt
	Juli 1989	Vorübergehend	Ja, IWF- und Weltbankkredite	Vorübergehend
	März 1991	Ja	Ja, IWF-Kredit	Nachhaltiger Erfolg
	Jan. 2002	Ja	Ja, IWF	Ja
Belgien,	06.10.1944	Nein	Nein	Nein
Bolivien	29.08.1985	Ja	zu vernachlässigen	Ja
Brasilien	27.02.1986	Unzureichend	zu vernachlässigen	Vorübergehend
	16.03.1990	Ja	Ja, IWF-Kredit	
	01.07.1994	Ja	zu vernachlässigen	Ja
Chile	Herbst 1973	Ja	Nein	Begrenzt
China	August 1948	Nein	Nein	Misserfolg
Deutschland	20.11.1923	Ja	Dawes-Anleihe ein Jahr später	Ja
	21.06.1948	Ja	Ja (Marshall-Plan)	Ja
	01.07.1990	Überführung des Haushaltes der früheren DDR in das gesamtdeutsche Budget	Ja, innerdeutsche Transfers	Ja (umstritten)

Estland	20.06.1992	Ja	Ja, IWF	Ja
Griechenland	11.11.1944	Nur geringfügig	Ja	Misserfolg
	21.01.1946	Ja	Ja	Schnelle Stabilisierung
	23.04.2010: Hilfeansuchen als Vorstufe einer Währungsreform?	Vorgesehen	IWF	Noch offen
Israel	01.07.1985	Ja	Ja, USA	Ja
Mexiko	ab Dez. 1987	Ja	Ja, Schuldenabkommen	Ja
Österreich	ab Herbst 1922	Ja	Ja	Ja
Peru	ab August 1990	Ja	Ja, IWF- und Weltbankkredite	Begrenzt
Polen	Ankündigung 11.01.1924	Ja	Nein	Vorübergehend
	01.01.1990	Vorübergehend	Ja, Zahlungsbilanzhilfe, verringerte Schuldendienstverpflichtung	Vorübergehend
Sowjetunion	Febr. 1924	Ja	Nein	Ja
Taiwan	15.06.1949	Ja	Ja	Ja
Ungarn	Febr. 1924	Ja	Ja	Ja
	01.08.1946	Ja	Ja	Ja, bis zur Einführung der Planwirtschaft

Charakteristika von Währungsreformen

Quelle: Christa Bähr: Ansätze zu einer Theorie der Währungsreform, Köln 1994, S. 187 ff.

Von Währungsreformen und Staatsbankrotten waren insbesondere südamerikanische und europäische Staaten betroffen. Besondere Auffälligkeiten hinsichtlich der Häufigkeit der Währungszusammenbrüche zeigen sich bei dem noch in den 1950er-Jahren wohlhabenden Staat Argentinien sowie in Brasilien seit den 1980er-Jahren.

In den 1980er-Jahren geriet die Inflation in Argentinien außer Kontrolle und ging in eine Hyperinflation über. Nach drei Währungsreformen 1985, 1989 und 1991 waren in den 1990er-Jahren Stabilisierungserfolge zu verzeichnen. Mit der Rezession 1998 und der wieder steigenden Staatsverschuldung unter der Menem-Regierung waren ein erneuter Staatsbankrott und eine anschließende Währungsreform unvermeidlich (2002).

Ebenfalls unter Hyperinflation leidend, musste Brasilien drei Währungsreformen in den Jahren 1986, 1990 und 1994 verkraften. Seitdem konnte Brasilien die chronisch hohe Inflation nach und nach absenken. Die Inflation ging sogar in den 1990er-Jahren auf unter 2 Prozent im Jahresdurchschnitt zurück bei einem gleichzeitig hohen Wirtschaftswachstum. Erstmals verfügten auch die ärmeren Brasilianer wieder über ein steigendes Realeinkommen. Im Rahmen der erneuten Währungskrise im Januar 1999 erfolgte einer starke Abwertung um 50 Prozent. Die Wirtschaftskrise wurde erst im Jahr 2003 überwunden. Nach den früheren Währungsturbulenzen und den erfolgten Reformen gelten Argentinien und Brasilien dank einer stabilitätsbewussteren Politik bis auf Weiteres als saniert und nicht mehr als Problemfälle für die Gläubigerstaaten und -banken.

In Europa gehören neben Deutschland auch Griechenland, Polen und Ungarn zu Staaten mit mehr als zwei Währungsreformen in der jüngeren Geschichte.

Deutschland hat dabei eine durchaus auffällige Vorgeschichte durch seine Währungskrisen und Staatsbankrotte. Lange Zeit galt Deutschland als der instabilste Teil Europas, auch politisch. Wahrscheinlich durch diese vielfältigen Staats-, Schulden- und Währungskrisen, nicht zuletzt nach dem Untergang der DDR, ist die inländische Bevölkerung im internationalen Vergleich besonders stabilitätsorientiert. Das oben beschriebene Drücken auf die »Reset-Taste« bezüglich politischer Umbrüche hat sich für die Bürger finanziell oft nicht ausgezahlt. Die inländischen politischen

Führer und Diktatoren haben schlecht gewirtschaftet – ganz abgesehen von den immensen politischen Fehlern. Denn die gewählten Volksvertreter hielten oft nicht, was sie versprachen. Im Gegenteil: Die Historie und das Stabilitätsbedürfnis der Bevölkerung hindern die Politiker nicht daran, immer neu zu sündigen.

Griechenlands Finanz-Waterloo hat ganz Europa und die sich für den Euro zuständig fühlenden Politiker – insbesondere die der Ursprungswährungsunion – im letzten Jahr aufgeschreckt. Dieses Mal blieb eine Währungsreform dank der Rettungsmaßnahmen aus, anders als 1944, als im Zuge der hohen Staatsverschuldung einhergehend mit einer Hyperinflation eine Währungsreform durchgeführt wurde. Eine notwendige begleitende Fiskalreform wurde – damals wie heute – nicht durchgeführt. Die Begrenzung der Kreditaufnahme bei der Zentralbank auf 2 Mrd. Drachmen wurde nicht befolgt, sodass bereits 1946 eine erneute sanierende Währungsreform erforderlich und das Land danach unter ausländische Kuratel gestellt wurde. So gehörten dem neuen fünfköpfigen Währungsausschuss, der nur einstimmig eine Geldmengenerhöhung durchführen konnte, je ein britisches und ein amerikanisches Mitglied an. Mit dem neuen Währungsausschuss und der Fiskalreform wurde eine schnelle Stabilisierung erzielt.[22] Befürchtungen, dass Länder wie Griechenland, Belgien, Italien, Irland, Portugal oder auch Spanien noch nicht »reif« für eine Währungsunion sind und zu einer »Zerreißprobe« mit einer sozialen Abfederung durch reichere Länder werden, gab es immer wieder. So lag 1991 der Finanzierungssaldo des öffentlichen Haushalts Griechenlands noch bei –17,9 Prozent des Bruttoinlandsprodukts (BIP) bei einem erlaubten Maximalwert für die Wirtschafts- und Währungsunion von –3 Prozent.[23] Der erneute Staatsbankrott Griechenlands blieb aus, es wurde im Euro-Raum aufgenommen und bislang aufgefangen.

Polen führte nach einer hohen Staatsverschuldung in Verbindung mit einer Hyperinflation 1924 eine sanierende Währungsreform durch. Zu den Reformen gehörte die Schaffung einer neuen unabhängigen Zentralbank

[22] Vgl. Christa Bähr: Ansätze zu einer Theorie der Währungsreform, S. 194 f.
[23] Siehe Norbert Kloten/Ulrich Grosch: Europäische Wirtschafts- und Währungsunion, S. 179.

und die Begrenzung der Kreditvergabe an den Staat. Hohe Schulden und eine Hyperinflation waren auch maßgeblich für die polnische Währungsreform 1990. Nach ersten Schuldenabbaumaßnahmen, u. a. durch das Verbot von Notenbankkrediten an den Staat, blieb der Reformerfolg begrenzt.[24] Inzwischen zählt Polen dank marktwirtschaftsfreundlicher Reformen sowie einer niedrigen Staatsverschuldung von unter 50 Prozent (Schulden/BIP im Jahr 2009) und einem hohen Wirtschaftswachstum im europäischen Vergleich eher zu den stabileren Ländern.

Auch das frühere Ostblockland Ungarn kann bereits auf zwei Währungsreformen im letzten Jahrhundert zurückblicken. 1924 erfolgte eine sanierende Währungsreform im Nachgang zu einer Überschuldung mit Hyperinflation. Die Schaffung einer unabhängigen Zentralbank und das weitgehende Verbot der Kreditvergabe an den Staat erwiesen sich als erfolgreiche Stabilisierungsmaßnahmen. Die Währungsreform 1946, also kurz nach dem Zweiten Weltkrieg, mit der die hohe Staatsverschuldung gesenkt und die Hyperinflation überwunden werden sollte, verpuffte wirkungslos. Bereits 1947 wurde dann nach der Machtübernahme der Kommunisten eine Zentralverwaltungswirtschaft eingeführt,[25] die das Land erst mit dem Aufbrechen des Eisernen Vorhangs ab 1989 wieder überwinden konnte. 2007 wurde Ungarn, inzwischen ein demokratischer Staat und EU-Mitglied, von der Finanzkrise stark getroffen, denn der Markt für ungarische Staatsanleihen brach weg. Im Jahr 2008 gab der Internationale Währungsfonds (IWF) nach einer Hilfsanfrage bekannt, Ungarn mit einem Rettungspaket zu unterstützen, um dessen Staatsbankrott zu verhindern. Ungarn bleibt ein Wackelkandidat, der wie Griechenland und andere Schuldenstaaten des Euro-Raums wahrscheinlich bereits kurzfristig, d. h. innerhalb von Monaten, an einer Währungsreform nicht vorbeikommt.

Neben Südamerika und Europa stand auch Asien im Bann von Staatsbankrotten und Währungsreformen. Das in der weit zurückliegenden Geschichte sehr mächtige China stieg in der Neuzeit ab. 1948 kam es zu ei-

---

[24] Vgl. Christa Bähr: Ansätze zu einer Theorie der Währungsreform, S. 197 f.

[25] Vgl. Christa Bähr: Ansätze zu einer Theorie der Währungsreform, S. 199 f.

ner Währungsreform, 1949 zur Gründung der Volksrepublik China. Im Gegensatz zu Taiwan (Republik China), das 1949 eine Währungsreform durchführte, wurde damals keine Stabilisierung erreicht. Die Monetisierung des Budgetdefizits wurde beibehalten, und der Inflationsprozess explodierte.[26] China wurde insbesondere unter der Herrschaft von Mao völlig heruntergewirtschaftet. Brutale Repressalien gegenüber dem eigenen Volk, zum Beispiel während der Kulturrevolution, gaben dem Riesenreich den Rest. Erst Deng Xiaoping leitete die notwendigen Reformen zur Gesundung des Landes ein.

Bereits die kleine Auswahl von Staatsbankrotten und Währungsreformen zeigt, dass ein erfolgreicher Neustart nicht automatisch gelingt, sondern ausreichende Sicherungen vor neuem Fehlverhalten erfordert. Ein Neuanfang mit einer Währungsreform ist nur dann die bessere Lösung, wenn man sich danach als Staat wirklich der klassischen Tugend der Sparsamkeit und des ausgeglichenen Haushaltes verpflichtet fühlt. Nach C. M. Reinhart und K. Rogoff kann es Jahre dauern, bis eine Stabilisierung erreicht wird. So steigen im modernen Zeitalter die realen Staatsschulden in den drei Jahren nach einer Krise im Schnitt um 86 Prozent an.[27] Dennoch wird von Staaten bei einer Auslandsschuldenkrise bereits bei geringeren Gesamtschulden von unter 60 Prozent am Bruttoinlandsprodukt erklärt, dass die Schulden nicht zurückgezahlt werden (mehr als die Hälfte der Zahlungsausfälle von 1970 bis 2008 erfolgte bei einem Verschuldungsgrad von unter 60 Prozent am BIP[28]). Hier zählt die Bereitschaft und nicht die Fähigkeit der Regierung, die Schulden zurückzuzahlen. Da das Vertrauen der Märkte bei einem derartigen Verhalten des Staates sinkt und die Bonität für die künftige Refinanzierung eine große Rolle spielt, ist die Schärfung des Stabilitätsbewusstseins ausschlaggebend. Hier hilft nur ein Schuldenverbot oder zumindest eine verlässliche Schuldenbremse. Für den Tagespolitiker ist es allzu bequem, die Probleme in die Zukunft zu verschieben und die Kinder und Enkel für den subventionierten Mehrkonsum seiner Wähler bezahlen zu lassen. Umso dringlicher ist ein Schuldenverbot und die Fokussierung auf die Geldwertstabilisierung. Nach

[26] Vgl. Christa Bähr: Ansätze zu einer Theorie der Währungsreform, S. 192.
[27] Carmen M. Reinhart/Kenneth S. Rogoff, Dieses Mal ist alles anders, S. 219 f.
[28] Carmen M. Reinhart/Kenneth S. Rogoff: Dieses Mal ist alles anders, S. 107.

den Währungsreformen, die meist mit Hilfen aus dem Ausland verbunden waren, zeigten sich in der Mehrzahl der Fälle Stabilisierungserfolge.

Die Krise zeigte die zweifelhafte Rolle des Staates als schneller Helfer in der Finanznot. In den USA verwischte sich die Grenze zwischen der Legislative (Finanzpolitik) und der Fed. Weil krisenverursachende Großbanken noch Geld – vom Steuerzahler über die Fed – hinterhergereicht bekommen, muss der Steuerzahler langfristig die Subvention des Finanzsystems durch die Fed bezahlen.[29] Auch die EZB entwickelt sich zunehmend in die gleiche Richtung. Der Staat ist zunächst Helfer. In guten Jahren bot er seinen Bürgern umfassende Leistungen über seine Politiker, die wiedergewählt werden wollen, an. Besonders klar und zutreffend hat Paul Kirchhof diese Zusammenhänge in seinem Buch »Das Gesetz der Hydra« beschrieben.

Nur, irgendwann – wie jetzt aktuell gegeben – ist der Staat mit zunehmenden Finanzierungsengpässen kein Helfer mehr. Die Rettung vor dem eigenen Untergang steht im Vordergrund, und ausgerechnet den Bürgern müssen bzw. müssten dann die »Daumenschrauben« angezogen werden. Der Staat wird dann selbst zu einer Gefahr für die Bürger, die die Geister, die sie riefen, nicht mehr loswerden. Zumeist allein politisch bedingt wird durch großzügige Rettungsversprechen an Banken, Unternehmen und auch noch andere Staaten (in der EU) das moralische Risiko verstärkt. Irgendwann kann der Staat auch nicht mehr als der letzte Versicherer auftreten. Am Ende ist eine Währungsreform dann – in der Tat – alternativlos. Erstaunlich ist, dass die steuerlich belasteten Bürger vor diesem Hintergrund immer noch Staatsanleihen kaufen. Der Staat ist immer weniger zahlungsfähig, wenn die unbeirrbare Schuldenmechanik am Werk ist. Das Rad lässt sich dann ab einem bestimmten Punkt nicht mehr zurückdrehen, spätestens dann, wenn – wie derzeit in Griechenland – zu befürchten ist, dass die Zinsen nicht mehr gezahlt werden können. Auch der Staat ist dann zu einem Ponzi-Finanzierer [30] im Sinne von Minsky ge-

[29] Siehe Nouriel Roubini/Stephen Mihm: Das Ende der Weltwirtschaft, S. 211 ff.

[30] Der Begriff geht auf den amerikanischen Betrüger Charles Ponzi (1882–1949) zurück. Ponzi-Finanzierer im Sinne von Minsky sind Schuldner, die weder ihre Kredite tilgen noch die Zinsen bezahlen können und zwecks Bezahlung ihrer Schulden auf eine Wertsteigerung ihrer Vermögenswerte spekulieren.

worden. Das Rating verschlechtert sich, wodurch die Finanzierungskosten steigen. Auch bereits vor der Euro-Krise gab es genug Warnsignale, die ein Gegensteuern erforderlich gemacht hätten:

1.	Die M3-Entwicklung für die USA wird seit dem 23.03.2006 nicht mehr mitgeteilt. Die M3-Geldmenge ist eine zentrale Steuerungsgröße für die Geldpolitik. Eine Begründung für diesen Schritt lieferte die Fed nicht.
2.	Ankauf von Staatsanleihen, zunächst durch die Fed, dann auch von der Bank of England und der EZB. Bisher galt das Verbot der Staatsfinanzierung als völlig unakzeptabel, da es die Unabhängigkeit der Notenbanken beschädigt.
3.	Kräftige Kreditausweitung der Banken in den letzten Jahren.
4.	Bilanztricksereien und Eigenkapitalvernichtung bei den Banken: Verschleierung der riskanten Verbriefungsgeschäfte durch Nichterfassen in der Bilanz.
5.	»Vorbeben« New Economy im Jahr 2000 und die Finanzkrise 2007.
6.	Ständiges erfolgreiches Intervenieren der Fed bei früheren kleineren Krisen verführte zu einer zu großen Sorglosigkeit: zum Kapitalismus gehören Konkurse.[31]

Warnzeichen, die nicht ausreichend beachtet wurden

Die alarmierenden Nachrichten haben in der Politik anscheinend zu keinem Umdenken geführt. Krisenlösende und -verhindernde Reformen fehlen bislang (im Zuge der Großen Depression in den 1930er-Jahren wurde in den USA der Bankensektor zum Beispiel durch den Glass-Steagall Act reformiert), dabei ist es kein Geheimnis mehr: Die Staatsverschuldung in den USA und Japan wird in den nächsten Jahren weiter steigen und so die »globale« Destabilisierung verstärken. So wird es Staatsbankrotte im Vorfeld der kommenden Währungsreformen in Euro-Raum-Staaten geben, und die GIIPS-Staaten, also Griechenland, Irland, Italien, Portugal und Spanien, werden dabei die Ersten sein, die an einer Umschuldung und Währungsreform nicht vorbeikommen. Die Insolvenz Griechenlands und die Dauerkrise der irischen Banken sowie die Zuspitzung der finanziellen Probleme Portugals sind warnende Beispiele. Deutschland scheint davon zwar aus jetziger Sicht noch Jahre entfernt zu sein. Durch die Haftung für die Schulden im Euro-Raum wird aber eine schnelle Abwärtsspirale in Gang gesetzt. Das Umfeld

31 Nouriel Roubini/Stephan Mihm: das Ende der Weltwirtschaft, S. 211.

ist daher fragil, Deutschland könnte dadurch finanziell schneller abrutschen, als bislang unterstellt. Bereits der Bundesrechnungshof rügte, dass die Euro-Rettung noch teurer werden könnte als gedacht. So ist die deutsche Bareinlage mit 22 Mrd. Euro angeblich zu knapp bemessen. Im schlimmsten, aber zunehmend wahrscheinlicheren Fall neuer finanzieller Probleme von Euro-Teilnehmerstaaten müsste die deutsche Regierung Kapital nachschießen, auch wenn sie selbst es gar nicht will.[32] Nach der Kritik des Bundesrechnungshofes schlugen mehrere Politiker Alarm, so zum Beispiel Frank Schäffler (FDP); für ihn ist der Europäische Stabilisierungsmechanismus (ESM) bzw. der Euro-Rettungsschirm »ein tiefer Eingriff in das Budgetrecht des Parlaments und verändert das Primärrecht in Europa«, »das sei ohne eine verfassungsändernde Mehrheit im Bundestag nicht möglich«[33].

Es ist zwar gewagt, muss aber einmal ausgesprochen werden, dass die Gefahr einer Zahlungsunfähigkeit Deutschlands besteht. Der internationale »Kredit« durch die wirtschaftliche Leistungsfähigkeit ist bislang dabei immer noch hoch und täuscht deshalb über die Gefahren hinweg.

Die früher hochgelobten Japaner liefern ein abschreckendes Beispiel: Nach 20 Jahren Deflation und anhaltenden Bemühungen, die Schuldenfalle zu verlassen, nehmen die Defizite (Schulden/BIP: Verschuldungsrelation zum Bruttoinlandsprodukt) jetzt noch beängstigend zu. Die hoch verschuldeten Japaner schneiden bei der Schulden/BIP-Relation besonders schlecht ab, auch deutlich ungünstiger als Griechenland. Aus Hyman Minskys Modell wurde traurige Realität. Die Staaten wurden teilweise selbst zu Ponzi-Finanzierern.

So konnten es sich die Amerikaner lange ungestraft erlauben, über ihre Verhältnisse zu leben und vor allem bei den Chinesen und den Deutschen Schulden aufzunehmen, deren Rückzahlung jetzt gefährdet erscheint. Die Fälligkeiten, die zum Teil sogar über das Jahr 2050 in erheblichem Ausmaß hinausreichen, zeigen, inwieweit die nächste und übernächste Generation für Schulden geradestehen muss. Wenn es überhaupt dazu kommt. Durch die

32 Peter Müller/Christoph Schult: »Rechnungshof zerlegt Merkels Euro-Plan«, in: *Spiegel Online*, 12.04.2011.
33 »Merkels Euro-Plan rüttelt an der Verfassung«, in: *Handelsblatt Online*, 13.04.2011.

hohe Schuldenlast könnte nämlich bereits kurzfristig eine sanierende Währungsreform als die beste und schnellste Lösung in Betracht gezogen werden.

Nach einer ungeschönten Ursachenanalyse wären dann auch Reformen leichter umsetzbar. Dazu gehört die Erkenntnis, dass das Finanzsystem nicht erneut eine existenzielle Bedrohung für die Volkswirtschaften darstellen darf. Lange Zeit wurde von Politikern und Wirtschaftsvertretern die Steuerbarkeit von Wirtschaft suggeriert und übersehen, dass insbesondere die Finanzmärkte zunehmend extrem riskant sind. Das Volumen der Finanzderivate, die Warren Buffett als »finanzielle Massenvernichtungswaffen« bezeichnete, stieg sprunghaft an. Im April 2000 veröffentlichte David X. Li, damals Mitarbeiter der Investmentbank JP Morgan, eine neue Formel für das Spekulieren mit Derivaten, die sich im Nachhinein als fehlerhaft und extrem problematisch für die Finanzmärkte erwies. Ende 2001 gab es Kreditausfall-Versicherungspolicen (»Credit Default Swaps«) mit einer Versicherungssumme von insgesamt 920 Mrd. US-Dollar. Bis Ende 2007 hatte sich dieser Wert Berichten zufolge auf astronomische 62.000 Mrd. US-Dollar gesteigert – ungefähr das Fünffache der jährlichen Wirtschaftsleistung der Vereinigten Staaten. Das Finanzmonster, wenn man es wie der frühere Bundespräsident Köhler so nennen will, wurde immer größer und bedrohlicher. Auch in den USA selbst, die Max Otte das »Imperium der Schulden« nennt, stiegen die Risiken ins Uferlose. Sie betrugen zuletzt mehr als das Vierfache der Wirtschaftsleistung des Landes.[34]

Allenfalls mit politischem Reparatur-Aktionismus wird versucht, in einem chaotischen Finanzsystem das Vertrauen wiederherzustellen, das weitgehend verloren ging. Die Gefahr besteht, dass die finanzielle Stabilisierung gar nicht mehr gelingen kann. In Deutschland musste bereits die vor der Wahl zugesagte Steuerentlastung aufgeschoben werden. Bei einer erneuten Verschärfung der Krise könnte der Staat in einem lange nicht für möglich gehaltenen Ausmaß das Leben der Bürger verändern. Die häufig mit Krisen einhergehenden (Hyper-)Inflationen zerstören die Moral, da nur reicheren Mitbürgern die Flucht in Sachwerte möglich ist.[35] Das Fiat-Kre-

---

[34] Max Otte: Der Crash kommt, S. 85.

[35] Siehe auch Thorsten Polleit/Michael von Prollius: Geldreform, S. 158.

ditgeldsystem (Fiatgeld wird Geld durch Erklärung von gesetzgebenden Organen, dazu gehören damit auch der Euro und der US-Dollar) wäre dann mit dem Zusammenbruch des Vertrauens dem Untergang nahe.

Krisenverstärkende Probleme ergeben sich derzeit auch durch die noch nicht im Ansatz abzuschätzende Naturkatastrophe in Japan sowie durch politische Eruptionen, wie die Aufstände in Nordafrika und im Nahen Osten. Allein diese Letzteren zwar im höchsten Maße notwendigen »demokratischen Korrekturen« führen zwangsläufig zumindest für Jahre – schon allein, weil nicht klar ist, wer den Diktatoren folgt – zu politischer Destabilisierung mit einer zunehmend unsicheren Energieversorgung. James Howard Kunstler sieht die Energieknappheit als zentrales Problem und ist der Ansicht, dass die 200 Jahre alte moderne Zivilisation durch eine weltweite Energieknappheit in die Knie gezwungen werden kann.[36]

Nach einer seit vier Jahren bestehenden Finanzkrise kann noch keine Rede davon sein, dass jetzt ein Ende in Sicht wäre. Durch die schwere Rezession werden sich die Staatsschulden erhöhen, und die Defizite sollten zur Stabilisierung des Vertrauens wieder reduziert werden. Das kann jedoch lange dauern. Entweder droht das Japan-Szenario einer langjährigen Deflation bei stagnierender Wirtschaft – dieser Zustand dauert immerhin schon rund 20 Jahre, oder die Schulden werden durch Inflation aufgefangen. Dies wäre das weniger düstere Szenario, es ist jedoch fraglich, ob es so kommt, wie es vielfach zur Lösung der Krise erwünscht ist. Wo sollten die Inflationsimpulse herkommen, wenn die Wirtschaft durch Kreditklemme, mangelnde Kapazitätsauslastungen und anhaltende Nachfragezurückhaltung durch »Notsparen« gebremst wird? Eine damit einhergehende zunehmende Arbeitslosigkeit schafft zudem mehr Unzufriedenheit und führt zu ernsten politischen Spannungen, wie sich derzeit in Südeuropa zeigt. Ein noch weiter verstärktes Sparen beschleunigt in einem solchen Umfeld den Niedergang des Staates und seiner Wirtschaft. Es wurde bereits viel Geld in das marode Finanzsystem gepumpt. Für (keynesianische) Beschäftigungsprogram-

[36] James H. Kunstler: »The Long Emergency«, redigierter Auszug aus der Zeitschrift *New Statesman*, 01.08.2005, vgl. auch www.kunstler com/blog

me, die ohnehin ordnungspolitisch fragwürdig sind, fehlen die finanziellen Mittel. Eine weitere Verschuldung wird an den Märkten nicht toleriert und führt zu steigenden Zinsen.

Nach und nach ist aus einer kleinen Krise eine große Krise mit entsprechend höheren Risiken geworden. Auch international nehmen die Spannungen zu, wenn nicht doch noch in Kooperation mit den führenden Staaten gegengesteuert wird. Schöne Politikerreden mit psychologischen Aufmunterungen helfen angesichts des Verschuldungsniveaus nicht weiter, genauso wenig wie ein Wegschauen von der Last der anstehenden Probleme, die einer Lösung bedürfen, zum Beispiel durch ein Schuldenmoratorium oder mithilfe von Währungsreformen. Die unerbittliche Verschuldungsmechanik ist bereits am Werk.

Jahr	Art der Krise	Reformschritte (Beispiele)
1873	Banken- und Börsencrash	Strengerer regulatorischer Rahmen (Aktiennovelle in Deutschland) und protektionistische Maßnahmen.
1907	Banken- und Börsencrash	Gründung der Fed in den USA.
1929	Weltwirtschaftskrise	Glass-Steagall Act zur Sicherung der Einlagen und Regulierung der Bankreserven, Wertpapiergesetz von 1933 zur Steigerung der Transparenz am Aktienmarkt, Regulierung des Wertpapierhandels durch die SEC.
1987	Börsencrash	Vereinheitlichung der Marktregeln, umstrittene Einführung von Handelsstopps.
2007	Finanzkrise, zweite große Kontraktion seit 1929 (nach Rogoff)	Bislang wurde die Finanzwelt zu exorbitanten Kosten für die Steuerzahler gerettet. Über die notwendigen Regulierungsschritte (Reform der Ratinginstitute, Basel III) besteht international Uneinigkeit. Halbherzige US-Finanzmarktreformen.
2010	Euro-Krise	Überarbeitung des Stabilitäts- und Wirtschaftspakts (SWP), Spannen von Rettungsschirmen, Übergang zu einer Transferunion, politische Instrumentalisierung der EZB (Einschränkung der Unabhängigkeit).

Konsequenzen aus den großen Krisen: mehr oder minder weitreichende Reformen

Die langfristig steigenden und nach wie vor hohen Kursvolatilitäten auf den Märkten schaffen neue Herausforderungen. Nach Wolfram Engels sind Krisen, Volatilitäten und Kapitalfehllenkungen Konsequenzen eines falsch organisierten Geldwesens. Die zunehmenden Preisschwankungen auf den Finanzmärkten schaffen Zusatzverdienstmöglichkeiten für die Finanzinstitute, da sie so leichter Kursabsicherungsprodukte bei den Kunden absetzen können (Beispiel: Verkauf von Put-Optionen, aber auch verstärkter Vertrieb von Edelmetall- und Rohstoffzertifikaten), die eine sichere Planungsbasis benötigen.

Trotz der aktuellen Negativnachrichten zur Schuldenkrise in Europa gibt es immer wieder die Chance auf einen guten Neubeginn, auch im Fall des Worst Case. Je größer die Krise, desto einschneidender die Reformen; nach 1929 wurde die Finanzarchitektur massiv verändert, ähnliche Schritte stehen derzeit nach der Finanzkrise 2007 noch aus, wodurch die Gefahr weiterer »Kollateralschäden« besteht. Echte Reformen sind erst dann zu erwarten, wenn es wirklich nicht mehr ohne sie weitergeht.[37] Ohne Währungsreformen in den nächsten Jahren werden die Schuldenprobleme nicht zu lösen sein.

Fazit: Staatsbankrotte sind nicht so außergewöhnlich, und die jetzige Finanzkrise sowie ihre Folgen im Hinblick auf die Rezession sind keinesfalls überwunden. Wann das Vertrauen der Marktteilnehmer – bei zudem unübersehbaren politischen wie wirtschaftlichen Turbulenzen – zurückkehrt, ist noch völlig unklar.

---

[37] Nouriel Roubini/Stephen Mihm: »Ohne Katastrophe kein Antrieb zu Reformen«, in: Das Ende der Weltwirtschaft, S. 247.

4. Nach der Finanzkrise wieder »business as usual«?

»Auch nach den ersten Erfahrungen mit der Finanzkrise muss man sagen, dass der Wille der politischen Klasse, zum »business as usual« zurückzukehren, sehr stark ist.«

Kathrin Röggla[38]

»Es gibt nichts Neues, außer dem, was vergessen wurde.«

Rose Bertin (1747–1813), französische Modistin, Hoflieferantin von Marie-Antoinette[39]

Der Versuch, zur vermeintlichen Normalität zurückzukehren, ist für die direkt Beteiligten besonders bequem. Personelle Konsequenzen werden nur in Einzelfällen gezogen, das »Systemversagen« anonymisiert auch konkretes Fehlverhalten. Da die Bürger die Zusammenhänge nicht immer verstehen (können) und oft andere Themen vor Wahlen eine Rolle spielen wie zuletzt bei den Landtagswahlen, wird die notwendige Reformagenda für das Finanzsystem zu einer Angelegenheit der Experten und gerät in die Mühlen politischer Abläufe hinter den Kulissen. Die derzeitige Finanz- und Wirtschaftskrise ließ eine Reihe von Banken nur durch die staatlichen Hilfen überleben.

Trotz umfassender Lobbytätigkeit hat sich das Gravitationszentrum der Macht zumindest zeitweise zugunsten des Staates verschoben. Ob das

[38] In: Informationsblatt zum Theaterstück »worst case«, 2009, S. 3.
[39] In: Carmen M. Reinhart/Kenneth S. Rogoff: Dieses Mal ist alles anders, S. 377.

»Primat der Politik«, das auch Kanzlerin Merkel einforderte, sich dauerhaft gegen die Märkte durchsetzen kann, ist nach den historischen Erfahrungen zu bezweifeln. Wenn der Staat nach der Rettung der Finanzinstitute vor dem Kollaps dauerhaft als Risikoversicherer auftritt, nimmt er den Banken ihre Eigenständigkeit und damit ihre Haftung für die eigenen Risiken, wodurch weiteres Fehlverhalten gefördert werden könnte (Moral-Hazard-Problematik). Dies sei aber zunächst dahingestellt, denn trotz der erheblichen konzeptionellen Mängel des deutschen Bankensystems hat Deutschland diese Finanzkrise und Rezession nicht verursacht. Auslöser war die von den US-Politikern langjährig aus sozial- und wahlpolitischen Gründen forcierte laxe Immobilienfinanzierung in den USA und die Verbriefung der Schrottkredite (Subprime-Krise).

Um die zockenden Banken zu retten, ist auf dem Spielfeld schon viel Geld der Steuerzahler eingesetzt worden. Über Rettungsschirme werden marode Banken gestützt, deren stille Lasten zum Teil immer noch nicht ausreichend bekannt sind. Die Banken sind vorrangig an ihrer eigenen Rettung interessiert und möchten sich über die Notenbank günstig refinanzieren. Dies dient der finanziellen Stabilisierung, die noch Jahre brauchen wird. Angesichts der erheblichen stillen Lasten in den Bankbilanzen war die staatliche Eigenkapitalzufuhr bei gleichzeitig erhöhter Bilanztransparenz der richtige Weg, um eine Kreditklemme und das Japan-Szenario einer dauerhaften Deflation zu vermeiden – wenn dies mit dem glaubhaften Versprechen des Staates, nach der Überwindung der Finanzkrise als Investor auszusteigen, verknüpft ist. Problematisch ist es indes, wenn Banken komplett ohne Privatisierungsperspektive verstaatlicht werden (warnendes Beispiel: Hypo Real Estate) und der die Rahmenbedingungen setzende Staat die Verantwortung für die Finanzkrise allein bei bösen, meist ausländischen Spekulanten und gierigen Bankmanagern sucht.

Selbst wenn man dies anders sehen mag, so sollten die Bundespolitiker bezüglich ihrer Aufsicht bei bestimmten Instituten, zum Beispiel Hypo Real Estate und Kreditanstalt für Wiederaufbau, sowie die Landespolitiker im Hinblick auf die Landesbanken sich kritisch fragen lassen, ob sie jederzeit den Anforderungen ihres Amtes gerecht wurden. Stattdessen wird weiter politisiert, und es werden eventuell noch größere und schließlich noch systemrelevantere Banken geschaffen. Bereits jetzt hält die öffentliche Hand über ihre Landesbanken hinausgehend 100 Prozent (80 Prozent Bund, 20 Prozent Länder) an der Kreditanstalt für Wiederaufbau, 100 Prozent an der Hypo Real Estate (HRE) und 25 Prozent an der mit der Dresdner Bank fusionierten Commerzbank, der zweitgrößten inländischen Bank.

Wenn der Staat statt der Durchsetzung weltweit angemessener Regulierung die autonomen Spielräume der Banken weiter einschränkt und mit dem Risikoschirm das Haftungsprinzip aushebelt, wird das moralische Risiko vergrößert. Für die deutschen Steuerzahler wäre das keine gute Perspektive. Banken müssen das Geschäftsrisiko selber tragen und im Zweifel pleitegehen.

Mit einer Marktwirtschaft im Sinne von Ludwig Erhard hat das Staatsgebaren im Finanzsystem in Deutschland wenig zu tun, zumal die Kreditgewährung auch öffentlich mitgesteuert wird. So hat die Bundesregierung im Dezember 2009 zusätzlich Hans-Joachim Metternich, Chef der Investitions- und Strukturbank Rheinland-Pfalz, zum Kredit-Mediator ernannt. Der Kredit-Mediator soll in Zukunft vermitteln, wenn Unternehmen mit ihrer Hausbank Probleme haben. Viele Unternehmen klagten nämlich darüber, dass ihnen wegen der restriktiven Haltung der Banken der Zugang zu dringend benötigten Kreditmitteln erschwert werde. Statt angemessene Spielregeln für die Kreditwirtschaft zu schaffen, um u. a. auf deutlich mehr Eigenkapital und eine langfristigere Haftung der Manager zu setzen, setzte die Bundesregierung vor allem auf noch mehr Bürokratie und Kontrolle. Damit hatte schon Herbert Hoover wenig Erfolg, als er nach der Weltwirtschaftskrise in den USA die Regierungsbehörde Reconstruction Finance Corporation ins Leben rief, die Kredite an Banken und staatliche Einrichtungen mit Zahlungsschwierigkeiten vergab.[40] Das alles ähnelt dem deutschen Sonderfonds Finanzmarktstabilisierung SoFFin, der am 17.10.2008 im Rahmen des deutschen Finanzmarktstabilisierungsgesetzes beschlossen wurde. Das entsprechende Gesetz wurde dabei in einem Eilverfahren sowohl vom Bundestag als auch vom Bundesrat verabschiedet und noch am gleichen Tag vom Bundespräsidenten unter-

[40] Siehe Nouriel Roubini/Stephen Mihm: Das Ende der Weltwirtschaft; S. 82.

zeichnet. Der Fonds kann bis zu 400 Mrd. Euro an Garantien an die Banken leisten. Der mit drei Personen besetzte Leitungsausschuss bringt Entscheidungsvorlagen über Anträge auf Stabilisierungsmaßnahmen mit ein und soll gleichzeitig den Fonds verwalten und überwachen. Die staatliche Wirtschaftslenkung über die Finanzierung rüttelt an den Grundfesten des marktwirtschaftlichen Systems. Im Zweifel werden die dadurch entstehenden Schulden weiter sozialisiert. Bereits 1931 warnte der Reichskanzler Heinrich Brüning: »Wenn ein Staat für die private Wirtschaft so weitgehende Stützungen unternehmen muss, kommt im Volk die bange Frage auf: Ist das privatwirtschaftliche System überhaupt noch zu halten?« [41]

Wenn viel zu große Banken, die die Krise ohne staatliche Unterstützung nicht überlebt hätten, mithilfe der neuen staatlichen Eigner über Großkredite befinden, kann kaum mehr etwas produktives Neues entstehen. Die Politiker werden »intuitiv« großen Firmen helfen wollen, da dies ihrer vermeintlichen Stimmenmaximierung dient.

Innovative Kleinbetriebe mit wenigen Beschäftigen werden zwangsläufig durch diese strukturkonservierende Politik benachteiligt mit der Folge, dass die zumindest von der schwarz-gelben Bundesregierung gewollte marktwirtschaftliche Erneuerung blockiert wird, die nach Joseph Schumpeter auch in der kreativen Zerstörung überkommener Strukturen besteht.

Statt falsche Reaktionen und Rahmenbedingungen mit zum Beispiel nicht angemessenen kurzfristigen Anreizstrukturen für die Marktteilnehmer möglichst in internationaler Abstimmung zu überarbeiten, stehen die Politiker nach wie vor, insbesondere auf Bundesebene, nicht für ihr eigenes Versagen ein. Sie wollen wiedergewählt werden. Im Zweifel sind daher andere, zum Beispiel »böse«, meist ausländische Spekulanten und gierige Manager schuld. Dass die Politiker in Wahrheit überfordert oder gar schlicht unfähig waren, wird beiseitegeschoben.

Dabei hatten gerade die staatlich kontrollierten Banken besonders riskante Geschäfte betrieben. Hier häufen sich nach wie vor sogenannte Klum-

[41] Siehe Hermann Marcus: Die Macht der Mächtigen, S. 271.

penrisiken durch das Auftreten der öffentlichen Banken als Global Player im Ausland. Der Grund ist wohl ein recht simpler, aber in seiner Wirkung verheerender: Politiker sind schlechte Kontrolleure, denn es ist nicht ihr Geld, sondern nur das des Steuerzahlers. Es fehlt letztlich doch die kritische Überwachung wie durch größere Privatanleger, so wie dies in entwickelten Aktienmärkten der Fall ist. Stattdessen werden von den Politikern pauschal die »Banker« – insbesondere das »Feindbild« Josef Ackermann –, die Finanzinstitute und manchmal sogar bereits die Marktwirtschaft, die ohne adäquate Regelungen ohnehin nicht mehr funktionieren kann, für die Finanzkrise und die Rezession verantwortlich gemacht.

Es bleibt zu hoffen, dass sich durch strengere Regulierungen die Finanzmarktrisiken begrenzen lassen. Neuere Ergebnisse zu den »Basler Grundsätzen«, die seit 1997 das Maß der Dinge für gute Bankenaufsicht sind, zeigen, dass hier eher Skepsis angebracht ist. Forscher des Internationalen Währungsfonds (IWF) und der Weltbank stellten in einer Studie (A. Demirgüc-Kunt/E. Detragiache, Basel Core Principles and Bank Risk, IMF 03 2010) fest, dass die Regeln offenbar wirkungslos sind und Banken keineswegs sicherer machen. Um die Solidität der Banken zu messen, haben die Forscher die Bilanzen der Geldinstitute ausgewertet. Sie rechneten aus, wie stark der Gewinn eines Geldhauses einbrechen kann, bis das gesamte Eigenkapital einer Bank aufgezehrt ist. Je größer der Sicherheitspuffer, so der Gedanke, desto risikoärmer handelt die Bank. Ein Zusammenhang zwischen der Beachtung der Basler Grundsätze und der Solidität eines Geldhauses ist aber nicht zu finden. Einige Vorschriften sind womöglich sogar kontraproduktiv. Zudem melden die Forscher Zweifel an, dass der IWF und die Weltbank die Einhaltung der Basler Grundsätze in den Mitgliedsländern regelmäßig überprüfen. Diese Evaluationen sind sehr teuer.[42]

Um die Spielräume und das moralische Risiko für die Banken zu begrenzen, wären die einfache Anforderung einer höheren Eigenkapitalunterlegung von zum Beispiel 25 Prozent und die Auflage einer eigenen Beteiligung der Kreditinstitute an riskanten Geschäften (deren Risiken bisher

---

[42] Siehe auch Olaf Storbeck: »Bankenaufsicht: Gute Ideen – aber leider wirkungslos«, in: *Handelsblatt*, 03.05.2010, S. 21.

zu 100 Prozent an nicht informierte sogenannte AD – d. h. alte und doofe Kunden – weitergegeben wurden) zum Beispiel ein erster Schritt.

Finanzreformen erfordern Mut, Kenntnisreichtum und Durchsetzungskraft von Politikern. Ob sich das international agierende Bankenkartell solche Auflagen bieten lässt, ist angesichts seiner umfassenden Lobbytätigkeit fraglich. Wenn die Politik ernsthaft ihr Primat durchsetzen will, darf sie nicht weiterhin leichtfertig nachgeben, sonst verlieren die Volksvertreter das Vertrauen ihrer Wähler möglicherweise bis zur Grenze der Systemdestabilisierung mit der Gefahr von Massenstreiks wie bereits in den südeuropäischen Staaten. Neue Kürzungsmaßnahmen im Sozialbereich zur Senkung der Defizite lassen dann schnell die Stimmung umschlagen.

Obwohl der »Schwarze Peter« von den Politikern den Bankern – und dabei speziell den Investmentbankern – zugeschoben wird, ist festzuhalten, dass diese viele Gemeinsamkeiten haben: Sowohl Investmentbanker als auch Politiker denken aufgrund von Anreizstrukturen kurzfristig. Der Politiker möchte seine Position sichern und idealerweise weiter ausbauen. Daher wird er der Karriere wegen nützliche Dinge in den Medien äußern. Der Politiker ist in seinem üblichen Tagesgeschäft ständig mit kurzfristigen Problemlösungen befasst, und das eigene Behaupten innerhalb der Partei sowie die eigene Profilierung aufgrund des Wiederwahlinteresses stehen im Vordergrund. Ebenso denkt der Banker/Investmentbanker kurzfristig; bislang sind die Ziele der Banker in der Regel quartals- oder jahresbezogen, während der mittelständische Unternehmer typischerweise eher langfristig, vielfach sogar generationenübergreifend denkt.

Diese Fehlanreize ziehen bestimmte hemdsärmelige »Machertypen« an, die ihre Leistungen sehr gerne öffentlich darstellen und die Langfristperspektiven vernachlässigen, insbesondere wenn die Aufsicht versagt. Auch hier sind sich angestellte Banker/Manager und Politiker ähnlich. Wer schon auf dem Spielplatz als Kind »auf Sieg programmiert« war, ist nicht unbedingt besser, aber vermutlich durchsetzungsstärker. Aus der Macht in der Funktion ziehen angestellte Manager/Politiker viel Kraft, nicht selten ist dies mit Minderwertigkeitsgefühlen gekoppelt: Mit dem »Machtverlust« können sich diese Personen oft schwer abfinden. Politiker und Manager sind sich ähnlicher, als sie glauben. Das Politik- und Managerversagen basiert auf Fehlanreizen, aus kurzfristigem Denken und viel Spielraum für eigene Profilierung, der einen bestimmten Macher-Typus anzieht.

Da Banker und Politiker so ähnliche Wesenszüge aufweisen, haben sie auch lange so gute »Geschäfte« miteinander gemacht. Es schienen dauerhafte Win-win-Beziehungen möglich. Mit den Schuldzuweisungen infolge der Finanzkrise kämpfen die Politiker und Bankenvertreter aber um die Deutungshoheit und Oberhand in Sachen Macht. Das Rennen ist nach wie vor zwar offen, ein Vorbeiregieren an den Banken ist jedoch unrealistisch: Die Politiker erschienen vorübergehend als letzte Geldgeber mächtiger (zulasten der Steuern zahlenden Bürger). Tatsächlich dürften sich die Finanzinstitute derzeit aber nicht als »Beherrschte« des Staates empfinden, sondern es scheint wieder umgekehrt zu sein:

Durch das vermeintlich destabilisierende Systemrisiko eines Bankzusammenbruchs als Hauptargument erpressen die Banken weiterhin die Politiker und damit letztlich die Steuerzahler. Vorerst hält der Risikoschirm noch. Die Politiker möchten im Amt bleiben und von ihren eigenen Verfehlungen ablenken. Deshalb hoffen Banken- und Staatsvertreter, dass der Sturm vorbeigeht, ohne dass der eigene Name in Misskredit gerät. Eine nachhaltige Lösung der Banken- und Finanzkrise ist erst bei tiefer gehenden Reformen denkbar. Der Staat muss sich zurückziehen und sich auf seine Kernaufgaben beschränken. Das Eigenkapital muss gestärkt werden, und es müssen neue Anreizstrukturen ohne Risikotransfer zulasten Dritter geschaffen werden. Die Rückkehr zur (sozialen) Marktwirtschaft bei den Finanzinstituten ist unerlässlich. Voraussetzung ist, dass deutsche Banken Zockergeschäfte meiden und so auch im internationalen Maßstab wieder an Reputation gewinnen.

Fazit: Das Aussitzen ist für die Entscheidungsträger in den Banken eine bequeme Strategie, während die Politiker zur Rettung des Finanzsystems intervenieren mussten. Was bleibt, ist der Eindruck, dass »man« sich Zeit kauft und die Probleme in eine möglichst ferne Zukunft verlagert, eben ganz nach dem Prinzip »Die Hoffnung stirbt zuletzt« oder rheinisch »Et hät noch immer jut jejange«.

5. Irrweg Geldmanagerkapitalismus

»Ich teile die Menschheit in drei Kategorien: Wir normale Menschen, die irgendwann in ihrer Jugend mal Äpfel geklaut haben, die zweite hat eine kleine kriminelle Ader, und die dritte besteht aus Investmentbankern«.

Helmut Schmidt, ehemaliger Bundeskanzler und
»Elder Statesman« der deutschen Politik[43]

Der Begriff Geldmanager-Kapitalismus (»money manager capitalism«) wurde u. a. von dem US-Ökonomen Hyman Minsky geprägt. Minsky beschreibt die Phase von 1946 bis 1965 als eine Phase relativer Ruhe und die Zeit ab 1966 als eine turbulente Periode. Die Kreditklemme 1966, der Liquiditätsengpass 1970, die Bankenkrise 1974/75, die Inflationsspirale 1979/80 und die nationale wie internationale Krise 1981/82 waren Anomalien durch Schocks oder Irrtümer.[44] Nach Minskys Ansicht wurden mit dem schnellen Wachstum institutioneller Investoren wie Pensionsfonds, Versicherungen, Investmentfonds, Private-Equity- und Hedgefonds Unternehmen des nicht finanziellen Bereichs tendenziell entmachtet. Die Unternehmenspolitik muss sich an den Vorstellungen der Finanzanleger orientieren, die häufig kurzfristige Gewinnmaximierungs- und Weiterveräußerungsinteressen verfolgten. Das Argument der »Effizienz der Märkte« verkommt zur Marketingstrategie für wenige Wohlhabende.[45] Banken weiteten ihre Geschäfte außerhalb der Bilanz aus, und Arbeitsmärkte wurden zu »Spotmärkten« (kurzfristiges Einstellen und Entlassen von Mitarbeitern). Parallel dazu erhöhten Freiräume durch fehlende Regulierungen

43 *Bild*-Interview, 06.11.2009.
44 Hyman P. Minsky: Stabilizing an Unstable Economy, S. 320.
45 Stefan Voß: Vortrag über Hyman Minsky am 04.11.2010 an der FH Hannover.

die Gefahr des moralischen Versagens, und die Aufsichtsorgane funktionierten nicht oder nur unzureichend. Faktisch entmachtet wurden auch die Eigner, insbesondere die traditionellen »Kleinaktionäre«, deren Kritik auf den Hauptversammlungen inzwischen meist nicht mehr ernst genommen wird und denen man eher mit ironischer Aufmerksamkeit als mit aufrichtiger Höflichkeit begegnet.[46]

Moralisches Versagen war nicht nur bei den Geldmanagern, sondern auch bei den Rating-Agenturen anzutreffen, die öffentlichkeitswirksam in der Regel gute Noten für öffentliche und private Kreditnehmer, für Banken und andere Finanzmarktakteure erteilten, wobei andererseits die Analysen der Rating-Institute, die Zinn (siehe Anmerkung zum letzten Absatz) »Preisrichter« nennt, von ihnen sogar bezahlt werden.

Da Minsky im Jahr 1996 verstarb, bleibt offen, wie er die aktuellen Entwicklungen im Geldmanager-Kapitalismus[47] beurteilen würde. In grober Skizze hat er die jetzige Krise als unausweichlich gesehen, die inzwischen von Roubini in Anspielung auf das Buch von Taleb (»Der schwarze Schwan«) als »weißer Schwan« bezeichnet wird. Danach sind Finanzkrisen nicht so ungewöhnlich und treten immer wieder auf, wie auch die Historie zeigt. Dies gilt genauso für die immer wiederkehrenden Währungsreformen, die mit Finanzkrisen eng verbunden sind. Vorausgegangen ist aber immer auch das Scheitern der Politiker, die die Staatsfinanzen überstrapazierten. Ursachen sind kreditfinanzierte Kriegsführungen oder auch währungspolitische Abenteuer (wie derzeit beim Euro) oder, wie hier diskutiert, die Ertragsmaximierung der Geldmanager zulasten der Gesellschaft. Wenn es gut geht, werden sie reich, wenn das Zocken schiefgeht, wird der Verlust sozialisiert.

Im Zweifel machen Geldmanager auch Geschäfte mit marode wirtschaftenden und tricksenden Staaten. Nach einem Bericht der *New York Times* vom 13.02.2010 half die US-Bank Goldman Sachs Griechenland, seine Staatsfinanzen im Jahr 2001 vor der EU zu verschleiern. Auch andere

46 Karl G. Zinn: Die legale Kriminalität des Finanzkapitalismus, S. 5.
47 Vgl. dazu auch Charles Whalen: Understanding the Credit Crunch, S. 91 ff.

Banken – wie etwa JP Morgan Chase – sollen der Meldung zufolge involviert gewesen sein. Kredite, die als Währungsgeschäfte getarnt wurden, ließen die griechische Staatsverschuldung über Jahre hinweg niedriger erscheinen, als sie es tatsächlich war. Dafür soll Goldman Sachs Provisionen in Höhe von rund 300 Mio. US-Dollar erhalten haben. Nach griechischem Recht dürften die Geschäfte legal gewesen sein. Diese Intervention führte zu Verärgerung bei europäischen Politikern, was verständlich war, vor allem im Zusammenhang mit den umfangreichen Stabilisierungsschritten, die im Jahresverlauf immer dramatischere Ausmaße annahmen.

Vor diesem Hintergrund wurden Politiker zunehmend nervös, da ihre Führungskompetenz durch global tätige Banken infrage gestellt schien. Bislang prägt das selbstbewusste Auftreten der britischen und amerikanischen Banken die internationale Finanzbranche maßgeblich. Ihr Einfluss schien in den letzten Jahren mit dem gestiegenen Gewicht »systemrelevanter Investmentbanken« sogar noch größer zu werden.

Verschiedene bekannt gewordene Geschichten aus der Banken- und Investmentwelt zeigen drastisch, welche fast abstruse Stimmung die Szene beherrschte. So bekam auch der frühere Vorstandsvorsitzende der Deutschen Bank, Hilmar Kopper, die Arroganz und Selbstherrlichkeit der Investmentbanker zu spüren. Lorenz Wagner schrieb dazu in der *Financial Times Deutschland* vom 12.04.2006:

> »Er [Hilmar Kopper] will sich auf seine alten Jahre nicht in einen dieser glitschigen Typen verwandeln, wie es sie heute im Dutzend an jeder Ecke gibt, Leute wie den Investmentbanker, der vor einer Weile bei ihm auf dem haselnussbraunen Sofa saß. ›Ich forderte Loyalität. Da guckte er mich an und sagte, Herr Kopper, wenn Sie Loyalität wollen, dann kaufen Sie sich doch einen Hund.‹« [48]

Der CEO des US-Investmentbanking- und Wertpapierhandelsunternehmens Goldman Sachs, Lloyd Blankfein, sagte, dass Banken einen gesell-

[48] Lorenz Wagner: »Der Missverstandene«, in: *Financial Times Deutschland*, 12.04.2006, S. 31.

schaftlichen Zweck hätten und deshalb »Gottes Werk« verrichten würden.[49]

Der frühere Investmentbanker Bremert erzählt, dass der Vorstand seinen Mitarbeitern mitgeteilt habe, man solle im Büro doch wenigstens mit einem Armani-Anzug gekleidet sein. Ein Chef habe wegen eines Kaffeeflecks auf dem Ärmel sein Jackett in den Mülleimer geworfen und sich schnell einen neuen Boss-Anzug gekauft. »Und diese Selbstdarstellung ging so weit, dass die Kollegen nie zu erwähnen vergaßen, wenn sie neue Schuhe für ein paar Tausend Euro gekauft hatten«, erinnert sich der Aussteiger. Irgendwann habe ihn das Verhalten nachdenklich gemacht. Ein Bedürfnis nach mehr Bezug zur Realität der meisten anderen Menschen sei in ihm aufgekommen. An den genauen Zeitpunkt in seiner Karriere kann er sich nicht erinnern. Vielleicht war es, als ihm ein Kollege erklärte, dass das Investmentbanking gut für die Gesellschaft sei, weil es das Geld in Bewegung halte. »Doch zu welchem Preis?«, habe er sich gefragt. Die Banker selbst würden jedenfalls nicht ihren spekulativen Anlageprodukten vertrauen. Sie investieren ihr Privatvermögen konservativ in festverzinste Papiere, weiß Bremert: »Alle, die in der Branche clever sind, legen nicht in große Publikumsfonds an.«[50]

Von Schuldbewusstsein gepeinigte Banker sind dagegen kaum anzutreffen, das Krisenverursacherprinzip tritt in den Hintergrund. Vergessen scheint auch die Stellungnahme von Kanzlerin Merkel (mit Finanzminister Steinbrück) vom 05.10.2008:

> »Wir hatten gestern ein Treffen in Paris, bei dem es um die allgemeinen Finanzmarktregeln und das gemeinsame Auftreten in Europa ging. Ich will noch einmal hervorheben, dass ich mich sehr gefreut habe, dass wir die Bilanzierungsregeln innerhalb des nächsten Monats verändern werden und damit auch ein Stück Sicherheit für die Banken gegeben sein wird.

[49] Lloyd Blankfein: »We do ›God's work‹«, in: *Reuters*, 09.11.2009.

[50] Markus Thierbach: »Zocken will gelernt sein: Für Stefan Bremert war Investmentbanker der Traumberuf. Heute handelt er mit Kunst. Porträt von einem, der einstieg, aufstieg und ausstieg«, in: *Zeit Online*, 01.09.2009.

> Die Bundesregierung sagt am heutigen Tag, dass wir nicht zulassen werden, dass die Schieflage eines Finanzinstituts zu einer Schieflage des gesamten Systems wird. Deshalb wird auch mit Hochdruck daran gearbeitet, die Hypo Real Estate zu sichern.
>
> Wir sagen außerdem, dass diejenigen, die unverantwortliche Geschäfte gemacht haben, zur Verantwortung gezogen werden. Dafür wird die Bundesregierung sorgen. Das sind wir auch den Steuerzahlern in Deutschland schuldig. Wir sagen den Sparerinnen und Sparern, dass ihre Einlagen sicher sind. Auch dafür steht die Bundesregierung ein.«

Die rechtliche Aufarbeitung, die seitdem stattgefunden hat, führte nur in ganz wenigen Fällen zu Strafen. Angesichts der asymmetrischen Chancen- und Risikoverteilung in Verbindung mit dem geringen Eigenkapital waren die Anreize falsch gesetzt. Die dafür Verantwortlichen in der Geld- und Finanzpolitik, in den Finanz- und Rating-Instituten werden kaum zur Rechenschaft gezogen werden. Es fehlt oft schlicht die rechtliche Grundlage. Betrug ist zwar Betrug, aber das Problem ist die Kausalität, die zwingend zwischen dem Betrugstatbestand und dem strafrechtlichen Handeln eines *Einzelnen* nachweislich bestehen muss.

Fast ungläubig muss man zur Kenntnis nehmen, dass im Verlauf der Krise viele angelsächsische Banken größer und einflussreicher als je zuvor wurden. Inzwischen werden sogar wieder ordentliche Boni gezahlt, und andererseits stehen nachhaltig systemschonende Reformen nach wie vor noch aus. Daher bleibt das Imperium der angelsächsischen Banken unangetastet, sie könnten weiterhin die Gewinner der Geschichte sein. Dagegen werden Kleinsparer, kleine Angestellte und Steuerzahler wohl eher die Verlierer sein. Insbesondere die Sparer wären voraussichtlich die neuen Enteigneten bei der kommenden Währungsreform.

Die folgende Tabelle zeigt einige typische Aspekte modernen Investmentbankings angelsächsischer Prägung im Überblick:

Shareholder Value	Die Steigerung des Aktienkurses steht für die Manager im Vordergrund. Dies verleitet dazu, immer neue »Storys« zu produzieren, um das Interesse der Anleger zu wecken.
Anlageverhalten der Geldmanager	Die Shareholder-Value-Orientierung wird von den Geldmanagern gefördert, die fremde Gelder verwalten und einen besonders großen Einfluss auf die Unternehmenspolitik ausüben.
»Toughes« Auftreten	Das »toughe« Investmentbanking ist angelsächsisch geprägt. Die Bühnenshow ist erst perfekt bei entsprechend selbstbewusstem/arrogantem Auftreten. Dies suggeriert geschäftlichen Erfolg.
Job-Hopping (Arbeitsmarkt als Spotmarkt)	»Job-Hopping« zur Steigerung des Einkommens ist im Investmentbanking eher die Regel und wird auch in Deutschland zunehmend praktiziert. »Hire and Fire« ist statt einer langjährigen Bindung an den Arbeitgeber wie in der Vergangenheit gewünscht. Der Einführung des »Bankbeamten«-Status, vor allem in Deutschland und Österreich, lag das Motiv zugrunde, im Bankenwettbewerb um Mitarbeiter attraktiv zu bleiben. Auch die Vorzüge gegenüber rein staatlichen Arbeitgebern mussten herausgestellt werden, da noch in den 1970er-Jahren der öffentliche Sektor bei Akademikern besonders beliebt war. Öffentlich-rechtliche Festgehaltssysteme galten seinerzeit als nachhaltiger orientiert im Vergleich zur kurzfristig kommerziell geprägten Entlohnung mit Boni. Arbeitnehmer mit Festgehalt wollen arbeiten, Boni-Empfänger dagegen spielen. Hohe Boni locken Spielernaturen an. Dies schien früher die Konsensmeinung zu sein (so der Zürcher Ökonom Bruno Frey: »Wer Boni zahlt, lockt Leute an, denen es ums Geld geht. Wer feste Gehälter zahlt, lockt Leute an, denen es um die Arbeit geht.«)[51] Vor Jahrzehnten erzielten Bankangestellte (auch in New York und London) noch keine astronomisch hohen Gehälter und waren bereit, aufgrund des guten Rufes zum Beispiel der hoch angesehenen Deutschen Bank ein niedrigeres Gehalt hinzunehmen. Mit der Auflösung der »Deutschland AG« wurden angelsächsische Entlohnungen übernommen. Deutschen Managern winkte durch Amerikanisierung das große Geld. Die neu eingeführten Bonussysteme förderten Aktionismus und Kurzatmigkeit und setzen damit teure Fehlsignale für die Mitarbeiter.

[51] Siehe Winand von Petersdorff: »Bonus malus est«, in: Frankfurter Allgemeine Sonntagzeitung, 15.03.2009, auch zitiert in Peter Bofinger: Ist der Markt noch zu retten? S. 62.

Heuschrecken-Verhalten, Manager als Teil einer »Horde«	Eine hausinterne Karriere ist nicht mehr vorgesehen. Ein neuer externer Vorgesetzter als Leitmanager räumt bei dem noch vorhandenen Personal auf. Nachdem einige frühere Mitarbeiter »herausgeekelt« wurden, werden nach und nach eigene Manager in das Unternehmen hereingeholt. Für diese neuen Angestellten besteht die Hoffnung auf eine schnelle »Thermik«, d. h. auf das schnelle Abheben in höhere Positionen. Die neue Sicherung der eigenen Hausmacht ist inzwischen auch in Banken branchenüblich. Zynisch formuliert, verhalten sich diese »Seilschaften« wie »Heuschreckenschwärme«. Sie predigen eine goldene Zukunft durch ihre eigenen Fähigkeiten und guten Kontakte. Nachdem sich dies als falsch erwiesen hat und das Finanzinstitut, für das sie arbeiten, finanzielle Einbußen verkraften musste, suchen sie sich ein neues Opfer. Die bestehende Stammbelegschaft ist einem enormen Anpassungsdruck ausgesetzt. Sie muss sich den neuen Vorgaben bedingungslos anpassen. Andernfalls besteht keine Chance auf den »Schutz von oben« durch die neue Seilschaft. Es kann auch bei Anpassung und Beachtung des Leistungsprinzips eng werden: Recht und Gesetz sowie die langjährig geübte wirtschaftliche und soziale Partnerschaft zwischen Mitarbeitern und dem Unternehmen treten in den Hintergrund.
Kurzfristige Orientierung mit hohen Boni, »Quartals-Earnings-Game« und differierende Bilanzierungsusancen	Durch die verbreitete Unkultur des Abzockens der Gesellschaften durch ihre Manager fallen zum Beispiel die Dividenden niedriger aus infolge des »Consumption on the job«. Es kommt zu Ausplünderungen der Finanzinstitute durch überhöhte Boni. Durch das viel zu niedrige Eigenkapital lässt sich optisch relativ leicht eine hohe Eigenkapitalrendite erzielen. Entscheidend ist der kurzfristige Erfolg durch Teilnahme an großen und lukrativen Deals. Die Börse verkommt zu einem Spielball für »Zocker« mit echten oder vermeintlichen Informationsvorteilen für einen engen Personenkreis. Dabei geben Quartalsirre (Journalisten und Analysten) im Umfeld der Wall Street das Tempo vor. Die Vergleichbarkeit wird durch Pro-forma-Berichte erschwert. Die Ermittlung des sogenannten Fair Value dominiert vor bilanzieller Vorsicht. Die frühere inländische HGB-Bilanzierung wurde zugunsten angelsächsischer Grundsätze angepasst. Hierzulande neigt man dazu, auch unsinnige angelsächsische Regelungen zu übernehmen.

»Effizienz der Märkte«	… als bloße Marketingstrategie für wenige Wohlhabende[52]
Ungleiche Einkommen	Sehr hohe Boni für wenige vergrößern den Abstand zu den untersten Einkommensgruppen. Argumentiert wird, dass die (astronomischen) Gehälter notwendig sind, um ein entsprechend geeignetes Personal rekrutieren zu können.
»Too Big To Fail«	= Sozialisierung der Verluste[53]

Typische Aspekte des »modernen« Investmentbanking

Zum neuen Heros des Kapitalismus avancierte der Shareholder Value. Mithilfe von Anglizismen wurde natürlich nicht nur in der Finanzwelt, sondern parallel im kompletten öffentlichen Leben und auf allen Gesellschaftsebenen – deshalb besonders wirkungsvoll und vermeintlich glaubwürdig – der harte Kern des Vorgehens verschleiert. So wird statt von Entlassungen vom »Streamlinen«, »Restructuring« oder »Rightsizing« gesprochen. Nach erfolgreicher Durchführung der Kündigungsmaßnahmen wird verbrämend das Wort »gecleart« verwendet.[54] Die Unternehmen selbst wirken bei oberflächlicher Betrachtung straff geführt, dies suggeriert auch die bei allen Führungsfunktionen enthaltene Bezeichnung »Officer« (verwandt mit dem militärischen Begriff Offizier; eine andere Übersetzungsmöglichkeit ist »Polizist«). Selbst Vorstandsmitglieder treten in den Hintergrund. Dreh- und Angelpunkt ist der CEO, der übrige Vorstand wird nach angelsächsischem Verständnis damit zu seinem Exekutivorgan.

Dieser Geldmanagerkapitalismus wurde bereits eingehend von Hyman Minsky kritisiert. Durch das somit instabile Finanzsystem wird die Realwirtschaft geschädigt. Besonders kritisch zum Geldmanagerkapitalismus äußerte sich die EuroMemorandum-Gruppe, deren Beurteilung nach wie vor aktuell ist:

»Kein ökonomisches System kann auf lange Sicht überleben, wenn es Gewinne privatisiert und Verluste sozialisiert. Während die ökonomischen

52 Stefan Voß: Vortrag über Hyman Minsky am 04.11.2010 an der FH Hannover.

53 Sozialisierung der Verluste

54 Siehe Max Otte: Informationscrash, S. 269 f.

und sozialen Auswirkungen des Zusammenbruchs des angelsächsisch inspirierten ›Geldmanagerkapitalismus‹ noch längst nicht klar sind, hat die Antwort der Regierungen, angeführt von Henry Paulson in den USA und damals Gordon Brown in Großbritannien, bisher darin bestanden, eine unbegrenzte Haftung für das Versagen der Geld- und Kapitalmärkte zu übernehmen. Nach dem gegenwärtigen Stand scheinen die Regierungen weit weniger eifrig dabei zu sein, diese Bedingungen auch auf die unfreiwilligen Opfer … auszuweiten. … Wichtiger ist es vielleicht noch, festzuhalten, dass diese Kaperung eines ganzen Systems – nämlich der Marktwirtschaft – durch eine kleine Interessengruppe das Kernproblem der gegenwärtigen Krise bildet.«[55]

Fazit: Der angelsächsische Geldmanagerkapitalismus ist kein Vorbild für Europa, da wenige zulasten der Gesellschaft (Steuerzahler) gewinnen.

[55] EuroMemorandum-Gruppe, Bericht vom 14. Treffen, 26.–28.09.2008, S. 8 f.

6. Irrweg Wirtschaftsregierung

»Die Eurozone kann ohne eine klar identifizierte Wirtschaftsregierung nicht länger auskommen.«

Der französische Staatspräsident Sarkozy
vor dem Europaparlament am 21.10.2008

Die Schaffung einer europäischen Wirtschaftsregierung war immer und vor allem ein französisches Anliegen. Das zentralistische und dirigistische Staatsverständnis hat bis heute überdauert. Im Zeitalter des Merkantilismus (16. bis 18. Jahrhundert) wurde bereits unter Jean-Baptiste Colbert eine staatlich gelenkte Wirtschaftsordnung installiert. Colbert war von 1665 bis 1683 Finanzminister bzw. Generalkontrolleur der Finanzen unter dem Sonnenkönig Ludwig XIV. In seiner Amtszeit wurden Infrastrukturinvestitionen gefördert sowie Schutzzölle eingeführt und Monopole eingerichtet. Hohe Steuern wurden zur Finanzierung des aufwendigen Hoflebens, der Verwaltung und des Heeres erhoben. Colbert erklärte dazu: »Die Kunst der Besteuerung besteht ganz einfach darin, die Gans so zu rupfen, dass man möglichst viel Federn bei möglichst wenig Geschrei erhält«.

Im Zeitalter des Imperialismus vor dem Ersten Weltkrieg stieg die Bedeutung führender Stahl- und Rüstungsunternehmen sowie der Banken und damit ihr Einfluss auf den Staat im Zuge des zunehmenden Wettbewerbs der Großmächte. Auf die privatwirtschaftliche Indienstnahme des Staates im System des »staatsmonopolistischen« Kapitalismus wies bereits Lenin 1916 hin:

> »Die gewöhnliche Erscheinung ist: Bei einer Anleihe wird zur Bedingung gemacht, dass ein Teil der Anleihe zum Kauf von Erzeug-

nissen des kreditgebenden Landes, vor allem von Waffen, Schiffen usw. verausgabt wird. Frankreich hat in den letzten zwei Jahrzehnten (1890–1910) sehr oft zu diesem Mittel gegriffen. Der Kapitalexport wird zu einem Mittel, den Warenexport zu fördern. Die Abmachungen zwischen den besonders großen Unternehmungen sind dabei derart, dass sie, wie Schilder ›gelinde‹ sagte, ›an Korruption gemahnen‹. Krupp in Deutschland, Schneider in Frankreich, Armstrong in England – das sind Musterbeispiele von Firmen, die mit den Riesenbanken und der Regierung in enger Verbindung stehen und beim Abschluss von Anleihen nicht so leicht ›umgangen‹ werden können.« [56]

Ausdruck der zentral gelenkten Wirtschaft in Frankreich nach dem Zweiten Weltkrieg war die sogenannte »Planification«, die im Jahr 1946 von Jean Monnet auf Grundlage der bisherigen französischen Erfahrungen des Zusammenwirkens von Staat und Wirtschaft geschaffen wurde. Die zentralen staatlichen Pläne im Rahmen der Planification waren im Gegensatz zu den Fünf-Jahres-Plänen in der Sowjetunion kürzer, in der Regel drei Jahre, und flexibler. Statt der imperativen Lenkung in den kommunistischen Ländern waren die französischen Vorgaben nur »indikativ«. Unter dem damaligen deutschen Wirtschaftsminister Ludwig Erhard waren Planvorgaben verpönt. Nach den Jahren der Zwangsherrschaft im Dritten Reich und des neuen Kollektivismus in der damaligen sowjetischen Besatzungszone standen sie für Unfreiheit und Bevormundung der Bürger.

In Frankreich gab und gibt es immer wieder Bestrebungen, über einen Wirtschaftsrat Einfluss auf die EZB zu nehmen. So erklärte der damalige französische Premierminister Alain Juppé:

> »Wir wünschen nicht, dass alle Entscheidungen zur Wirtschafts-, Haushalts-, Fiskal- und Geldpolitik von einem technokratischen, automatischen System getroffen werden, welches der ausschließlichen Kontrolle der Europäischen Zentralbank unterliegt.« [57]

[56] Wladimir I. Lenin: Der Imperialismus, S. 248.

[57] In: *Frankfurter Allgemeine Zeitung*, 10.12.1996; der frühere französische Staatspräsident Jacques Chirac äußerte sich ähnlich.

Das französische Wirtschaftssteuerungsleitbild Colberts bleibt anscheinend bis heute bestimmend für das Nachbarland. Auch der französische Staatspräsident Sarkozy steht in dieser Tradition: »Den Euro überzubewerten, heißt, die Arbeit in Europa unterzubewerten. ... Ich akzeptiere nicht, dass der Euro dazu beiträgt, unsere Industrie zu zerstören, statt sie zu unterstützen.«[58]

Die Forderung nach einer Wirtschaftsregierung gehört zum klassischen Repertoire französischer Politik. So setzte sich auch bereits der französische Europapolitiker Jacques Delors dafür ein: Dabei würde der EU-Kommission die Aufgabe zukommen, die Haushaltsplanungen der Nationalstaaten weitestmöglich mitzugestalten. Dieser EU-Gesamthaushaltsplan müsste dann vom Rat »Wirtschaft und Finanzen« der EU (ECOFIN) und vom EU-Parlament gebilligt werden.

Ob angesichts einer solchen Herrschaft durch die Kommissare noch eine ausreichende Bürgernähe erhalten werden kann, mag jeder für sich selbst beantworten. Und ob der Einfluss der Lobbyisten dadurch geschmälert werden kann, ebenfalls.

Auch die französischen sozialistischen Politiker Lionel Jospin und Dominique Strauss-Kahn wollten mit der Wirtschaftsregierung ein politisches Gegengewicht schaffen. 1997 setzten französische Politiker durch, dass sich die sogenannte »Euro-Gruppe«, d. h. die Finanzminister der Euro-Mitgliedstaaten, regelmäßig mit dem EZB-Präsidenten treffen, um die Möglichkeiten zur Wirtschaftssteuerung zu besprechen.[59] Unabhängig also davon, ob in Frankreich die politischen Verhältnisse eher sozialistisch oder konservativ dominiert werden, herrscht in diesem Punkt eine Einigkeit, die der konservative französische Staatspräsident Sarkozy letztlich ganz unverbrämt vor dem Europaparlament am 21.10.2008 erneut reklamierte: »Die Eurozone kann ohne eine klar identifizierte Wirtschaftsregierung nicht länger auskommen.«

---

58 Nicolas Sarkozy, Vorsitzender der UMP-Partei, Ensemble 2007, zitiert auf der Bundesbank-Internetseite: 10 Jahre Euro, unter: http://www.bundesbank.de/10jahreeuro/10jahreeuro_chronikzitate.php

59 David Marsh: Der Euro, S. 269.

Beim EU-Finanzkrisengipfel im Mai 2010 fühlte sich Staatspräsident Sarkozy am Ziel dieser Vision. Er erklärte stolz, die Positionen seines Landes hätten zu »95 Prozent« obsiegt. In der Tat entsprachen die Beschlüsse weitgehend der alten Pariser Forderung nach einer engen europäischen Wirtschaftskoordination. Erstmals wurde festgeschrieben, dass zukünftig das Schicksal der einzelnen Volkswirtschaften eng miteinander verknüpft werden solle. Sarkozy konnte sich deshalb durchsetzen, weil die Deutschen unter dem massiven Druck vieler EU-Staaten nachgeben mussten.[60]

Inzwischen erhält der französische Staatspräsident auch Unterstützung durch Kanzlerin Merkel, während das Vorhaben bei den kleineren Mitgliedstaaten nach wie vor umstritten ist. In dem Anfang Februar 2011 vorgelegten Plan der französischen und deutschen Regierungen eines »Paktes für Wettbewerbsfähigkeit« geht es um

- die Abschaffung der Lohnindexierung,
- die Anpassung des Renteneintrittsalters an die demografische Entwicklung,
- die gegenseitige Anerkennung von Bildungsabschlüssen,
- eine Harmonisierung bei der Körperschaftssteuer und
- die Aufnahme von Obergrenzen für die staatliche Verschuldung in den einzelnen Ländern.

Noch im letzten Jahr beharrte Kanzlerin Merkel darauf, dass der Europäische Rat der 27 die Wirtschaftsregierung sei. Da der Rat der 27 aber deutlich über die Euro-Zone hinausreicht, die nur 16 Staaten umfasst, wirkte diese Interpretation wie ein Nebelkerzenwurf. Inzwischen ist von dieser Variante keine Rede mehr.

Auch »Europa 2020« steht bereits im Zeichen planbürokratischer Vorgaben. Die im Jahr 2010 verabschiedete Strategie der EU für intelligentes, nachhaltiges und integratives Wachstum tritt an die Stelle der Lissabon-Strategie (wurde im Jahr 2000 verabschiedet mit dem Ziel, Europa bis

[60] »›Sieger‹ Sarkozy sieht Merkel geschwächt«, in: *derStandard.at*, 11.05.2010.

2010 zur wettbewerbsstärksten und dynamischsten Region der Weltwirtschaft zu entwickeln).

> »Die Strategie hat fünf Kernziele:
>
> Die Beschäftigungsquote der 20- bis 64-Jährigen soll auf mindestens 75 Prozent ansteigen.
>
> Die Investitionen in Forschung und Entwicklung sollen mindestens 3 Prozent des Bruttoinlandsprodukts betragen.
>
> Die Treibhausgasemissionen sollen um 20 Prozent sinken.
>
> Die Zahl der Schulabbrecher soll auf unter 10 Prozent verringert werden und die Anzahl der Hochschulabschlüsse auf 40 Prozent eines Jahrgangs steigen.
>
> Die Zahl der Menschen, die unter der nationalen Armutsgrenze leben, soll um 20 Millionen sinken.
>
> Diese für die Mitgliedstaaten verbindlichen Leitinitiativen können nur durch eine stärkere wirtschaftspolitische Steuerung erreicht werden.«[61]

Es wird damit sogar ausdrücklich von einer stärkeren wirtschaftspolitischen Steuerung gesprochen. Die frühere sowjetische »Tonnenideologie« lässt grüßen.

Fraglich ist, ob die Mehrheit der EU-Länder bereit sein wird, für immer mehr zentrale Planumsetzung ihre fiskalpolitische Souveränität aufzugeben. Die Forderung nach einer europäischen Wirtschaftsregierung ist auch eine Kritik an der bestehenden wirtschaftlichen Steuerung in der EU. Die Überwachung der Haushaltspolitik, der Stabilitäts- und Wachs-

---

61 »›Europa 2020‹ – neue Strategie für eine wettbewerbsfähige Union«, in: Magazin der Bundesregierung zur Europapolitik, Nr. 66 07.2010.

tumspakt (SWP) und die Wettbewerbsregulierung durch die EU-Kommission, kontrolliert vom Europäischen Gerichtshof (EuGH) sowie die geld- und währungspolitische Steuerung der EZB sind umstritten. Das Scheitern des SWP und der Überwachung der Haushalte ist spätestens offensichtlich, nachdem in den EU-Problemstaaten neue Schuldenrekorde erzielt werden.

Holger Steltzner kommentierte in der *Frankfurter Allgemeinen Zeitung* bissig, dass die EU mit planwirtschaftlicher Globalsteuerung im weltweiten Wettlauf nicht bestehen könne:

»Am Ende könnte auch in Deutschland die marktwirtschaftlich orientierte Wirtschaftspolitik durch Dirigismus abgelöst werden. … Noch mehr Zentralisierung will außerhalb Brüssels kaum jemand. Das Misstrauen gegen den Euro und gegen die EU wächst auch deshalb, weil der Zwang zur Uniformität immer größer wird.«[62]

Die mögliche Errichtung einer größeren Planbürokratie nach früherem französischem Vorbild wirkt abschreckend und steht im Gegensatz zur sozialen Marktwirtschaft. Daher lehnte Erhard zentrale Pläne ab und forcierte stattdessen die Schaffung geeigneter ordnungspolitischer Grundlagen. Zentrale Vorgaben und Kontrollen passen ohnehin nicht zu einem Staatenbund. Gerade die kleineren Länder werden sich von französischen Vorgaben, die auch von der deutschen Regierung unterstützt werden, nicht lenken lassen; ihre Souveränität werden sie zu verteidigen wissen.

Fazit: Die Bildung einer Wirtschaftsregierung in Europa ist ein zweifelhaftes Unterfangen. Die Planbürokratie könnte sich verselbstständigen und die wirtschaftliche Entfaltung bremsen.

---

[62] Holger Steltzner: »Risiko Wirtschaftsregierung«, in: *Frankfurter Allgemeine Zeitung*, 16.02.2011, S. 1.

TEIL 2:

Euro-Fragwürdigkeiten und die Versuche der Politik, den Euro zu retten

7. Säulen der Geldpolitik. Folgt die EZB der Fed?

»Die Zweisäulenstrategie ist eine Antwort auf die Tatsache, dass uns (noch immer) ein Modell fehlt, das beide Dimensionen – die wirtschaftliche oder reale und die geldpolitische – auf widerspruchsfreie und robuste Weise einbindet. Solange ein derartiger Einsäulenansatz nicht zur Verfügung steht, gibt es keinen überzeugenden Grund, warum die EZB eine Strategie ändern sollte, mit der sie bisher gut gefahren ist und die es ihr ermöglicht hat, eine bemerkenswerte Bilanz hinzulegen«.

Otmar Issing, ehemaliges Direktoriumsmitglied
und ehemaliger Chefvolkswirt der EZB[63]

Das Hauptziel der EZB ist die Sicherung der Preisstabilität, die als eine mittelfristige jährliche Zunahme des Preisniveaus von weniger als 2 Prozent definiert wird. Zur Beurteilung der in Bezug auf das Ziel der Preisstabilität bestehenden Risiken gibt es die sogenannten »zwei Säulen«. Die erste Säule umfasst die volkswirtschaftliche Analyse der mittelfristigen Perspektiven für die Preisentwicklung, bei der zweiten Säule wird die monetäre Größe M3 (Geldmenge M3: Sichteinlagen der Nichtbanken sowie der gesamte Bargeldumlauf (M1) plus Einlagen mit vereinbarter Laufzeit bis zu zwei Jahren und Einlagen mit gesetzlicher Kündigungsfrist bis zu drei Monaten (M2) plus Anteile an Geldmarktfonds, Repoverbindlichkeiten, Geldmarktpapieren und Bankschuldverschreibungen mit einer Laufzeit bis zu zwei Jahren) berücksichtigt. Nach Otmar Issing stellt dieser Zweisäulenansatz »einen Rahmen dar, um Indizien aus der kurzfristigeren

[63] Otmar Issing: »Die beiden Säulen der EZB – ein Erfolg«, in: Project-Syndicate.org, 08.12.2006.

Wirtschaftsanalyse mit denen der langfristigeren geldpolitischen Analyse abzugleichen und so eine robuste Ansicht der Risiken für die Preisstabilität zu erhalten«.[64]

Im Zuge der Kontroversen um die europäische Zinspolitik nach dem Ausbruch der Finanzkrise stritt das Direktorium der EZB darüber, ob das Zweisäulenmodell der EZB noch geeignet sei. Da trotz der exzessiven Ausweitung der europäischen Geldmenge und der damit indizierten potenziellen Inflation aus Sicht von Beobachtern keine Gefahren für die Preisstabilität bestehen, könnte man auch dem Einsäulenmodell der Fed folgen.[65] Die Kritik an der zweiten Säule entzündete sich u. a. daran, dass die EZB den selbst gesteckten Geldmengen-Referenzwert zu oft nicht erreicht, so lag das M3-Geldmengenwachstum in den letzten Jahren meist weit über den angestrebten 4,5 Prozent. Die generelle Aussagekraft der Geldmenge M3 wird von Ökonomen angezweifelt, die Fed veröffentlicht diesen Geldmengenindikator bereits seit mehreren Jahren nicht mehr.

Die Loslösung von der Geldmengenentwicklung und die Überbetonung einer für die Bevölkerung nicht nachvollziehbaren volkswirtschaftlichen Analyse birgt Risiken durch neue beliebig austauschbare Richtgrößen. Auch würde ein weiteres Einfallstor für eine zunehmende Politisierung der Geldpolitik geschaffen. Stattdessen ist eine verlässliche Regelbindung der Geldpolitik vorzuziehen. Danach müsste die Entwicklung der Geldmenge M3 an dem Produktionspotenzial der Volkswirtschaft ausgerichtet werden.

Die zunehmende Komplexität bei Aufgabe der zweiten Säule (Orientierung von M3 am Produktionspotenzial) und die damit verbundene Intransparenz lassen auch in der Öffentlichkeit die EZB-Entscheidungen orientierungslos erscheinen. Statt entpolitisierten Geldes käme der Eindruck einer politisch gewünschten und (gemäß den Wünschen von Finanzinstituten und Politikern) interessengeleiteten Steuerung/Manipulation auf, durch die das Vertrauen in das Geldsystem zerstört werden kann.

---

64 Otmar Issing: »Die beiden Säulen der EZB – ein Erfolg«, in: Project-Syndicate.org, 08.12.2006.
65 Siehe David Marsh: Der Euro, S. 300.

Letztlich kommen in der unterschiedlichen Schwerpunktbildung der Geldpolitik historische Grunderfahrungen zum Tragen.

Das Trauma der US-Amerikaner sind die lang anhaltende Große Depression und die Deflation ab dem Jahr 1929, die erst im Zuge des Zweiten Weltkrieges überwunden wurden.[66] Niedrige Zinsen zur Konjunkturankurbelung sind für die Fed daher kein Tabu. Der derzeitige US-Notenbankchef, Ben Bernanke, wird von Kritikern auch »Helikopter-Ben« genannt, da er vorschlug, im Deflationsfall Geld von Helikoptern abzuwerfen.

Das Trauma der Deutschen sind zwei Weltkriege und die danach erfolgte Vernichtung der Sparguthaben 1923 und 1948. Stabilität in jeder Hinsicht ist den Deutschen daher besonders wichtig, und dieses Prinzip floss in die klar auf Preisniveaustabilität hin ausgerichtete Geldpolitik der Deutschen Bundesbank ein. Sie wurde zunächst von der EZB so fortgeführt, die sich konzeptionell an der Bundesbank orientierte. Mit der sich verschärfenden Euro-Krise, die schon zum Ankauf von Ramschanleihen führte, ist eine Anpassung an die konjunktursteuernde Fed-Politik zu erwarten. Der Bundesbank-Falke, Prof. Dr. Axel Weber, ist bereits weggeflogen …

Fazit: Es ist zu hoffen, dass nicht die Fed-Politik übernommen wird. Wenn statt des bislang (preisniveau-)stabilitätsorientierten Vorgehens der EZB die Geldpolitik zunehmend zu einer kurzfristig orientierten wirtschaftlichen Steuerung übergeht, trägt sie zur Verunsicherung bei.

66 Vgl. Klaus Schweinsberg: Sind wir noch zu retten?, S. 91.

8. Profitiert Deutschland vom Euro?

»Wir wollen stärker aus der Krise hervorgehen, als wir hineingegangen sind.«

Angela Merkel[67]

»Deutschland profitiert vom Euro wie kaum ein anderes Land in der Europäischen Union.«

Angela Merkel[68]

Immer wieder wird zur Beruhigung der Bürger darauf hingewiesen, dass Deutschlands Exportindustrie von einem schwachen Euro profitiere. Eine künftig weniger stabilitätsorientierte Geldpolitik der EZB im internationalen Wettbewerb der Währungen, die den Euro schwächen würde, käme dann einer Exportförderung gleich, die bei der strikt preisniveauorientierten Politik der Deutschen Bundesbank nicht möglich war. Eine Währungsabwertung ist aber gleichzeitig eine Vermögensabsenkung für die Bürger im internationalen Vergleich. Mit der Aufwertung der Deutschen Mark wurden deutsche Bürger reicher.

Ein weiterer Faktor wird oft übersehen: Mit dem Eintritt in den Euro-Raum gerieten die Reallöhne in Deutschland unter Druck. Seit 1998 gehört es zur herrschenden Meinung, dass Lohnzurückhaltung das Gebot

[67] Weltwirtschaftsforum in Davos, 30.01.2009.
[68] Regierungserklärung vom 24.03.2011.

der Stunde sei. Während der rot-grünen Regierung unter Kanzler Schröder wurde das nicht mehr zu finanzierende üppige Sozialsystem sogar durch die sogenannten Hartz-Reformen drastisch umgebaut.

Durch die Lohnzurückhaltung der einfachen Arbeitnehmer erhöhte sich die Produktivität. Die Lohnstückkosten haben sich im Vergleich zum europäischen Ausland günstig entwickelt. Vermutlich hätte eine stetigere Lohnentwicklung, die sich an der durchschnittlichen Produktivitätsentwicklung und der Inflationsrate orientiert hätte, zwar etwas höhere jährliche Preissteigerungen verursacht. Unter dem Strich wäre sie für die Arbeitnehmer real wohl deutlich besser gewesen. Der Überschuss der Leistungsbilanz wäre dann niedriger ausgefallen und unsere Nachbarländer in der Europäischen Wirtschafts- und Währungsunion wären nicht so einem harten Wettbewerbsdruck ausgesetzt worden, wie Joebges, Schmalzbauer und Zwiener im Fazit ihrer Studie »Der Preis für den Exportweltmeister Deutschland: Reallohnrückgang und geringes Wirtschaftswachstum« schreiben:

> »Sie [gemeint sind die Nachbarländer in der EWU] hätten einen höheren Wachstumsspielraum gehabt, der letztlich über höhere Importe dieser Länder auch uns wieder zugute gekommen wäre. Deutschland hätte bei einer solchen Lohnpolitik nicht an Wettbewerbsfähigkeit verloren; es hätte seine sehr gute relative Wettbewerbsposition einfach nur beibehalten und nicht weiter ausgebaut. Andere europäische Länder, die zwischen binnen- und außenwirtschaftlicher Entwicklung einen balancierten Weg gewählt hatten, können eine bessere Wachstums-, Beschäftigungs- und Verteilungsbilanz vorweisen. Die einseitige Strategie der Verteidigung des Titels des Exportweltmeisters auf Kosten einer gerechteren Einkommens- und Wohlstandsverteilung hat sich nicht gelohnt. Aktuell kann man sehen, dass sie den Arbeitnehmern nur geschadet hat. In einem dreieinhalbjährigen Konjunkturaufschwung sind ihre Realeinkommen sogar zurückgegangen, während die Gewinne geradezu explodiert sind. Und in der gegenwärtigen Krise steigt die Arbeitslosigkeit weiter stark an«.[69]

[69] IMK Studies, Hans-Böckler-Stiftung, August 2009, S. 24.

Und auch ein neuer Job, wenn der Bewerber ihn endlich bekommt, ist unsicher. Nach den Zahlen des Instituts für Arbeitsmarkt- und Berufsforschung der Bundesagentur für Arbeit stieg der Anteil der befristeten Verträge an den Neueinstellungen von 32 Prozent im Jahr 2001 auf 47 Prozent im ersten Halbjahr 2009. Damit ist in Deutschland bereits fast jeder zweite neue Arbeitsvertrag nur noch befristet.[70] Das Statistische Bundesamt berichtete am 16.03.2010, dass fast jeder zehnte Arbeitnehmer keine Daueranstellung hat. Demnach ist die Zahl der Beschäftigten mit einem befristeten Arbeitsvertrag so hoch wie nie zuvor. 2008 hatten 2,7 Mio. Arbeitnehmer oder 8,9 Prozent aller Erwerbstätigen nur eine zeitlich befristete Stelle. Zu Beginn der gesamtdeutschen Statistik im Jahr 1991 hatte die Quote noch bei 5,7 Prozent gelegen. Die meisten Betroffenen würden lieber eine Daueranstellung annehmen, nur 2,5 Prozent erklärten, dies nicht gewünscht zu haben.[71]

Unternehmen speisen ihre Nachwuchskräfte zunehmend mit befristeten Verträgen ab. Jüngere Mitarbeiter dienen als Schwankungsreserve mit entsprechenden negativen Auswirkungen auf die Familienbildung und letztlich die Demografie. Es wird im heutigen politischen Alltag allzu leicht vergessen, dass die vorausschauende Planbarkeit der eigenen Lebensvorstellungen ein Vorzug moderner Gesellschaften ist. Der Freiraum, sich nicht ständig um einen neuen Job bemühen zu müssen, ermöglicht Kreativität und steht im Gegensatz zur kurzfristigen Nutzung der Arbeitskraft, die dadurch wie eine Ware behandelt wird. Auch der Wissenschaftsbetrieb profitierte lange Zeit von der Budgetsicherheit, wodurch die inländische Grundlagenforschung auch als wirtschaftlicher Motor dienen konnte. Mit der instabilen Finanzierungssituation wird der Braindrain, d. h. die Abwanderung gut ausgebildeter inländischer Arbeitskräfte, verstärkt. Für Bildung ist zu wenig Geld da. Befristete Stellen sind oft nur eine Notlösung, und sie sind bei den Betroffenen sowie in der gesamtgesellschaftlichen Akzeptanz wie gesagt im hohen Maß umstritten.

Die Exporterfolge sind auch mit Einschnitten im Arbeitsmarkt erkauft. Die einseitige Fixierung ist ohnehin problematisch vor dem Hintergrund der Finanzkrise. Hans-Werner Sinn bringt es wie folgt auf den Punkt:

---

70 Siehe »Jeder zweite neue Arbeitsvertrag befristet«, in: *Focus Online*, 17.03.2010.

71 Siehe auch: »Zeitverträge: Unternehmen lassen Nachwuchskräfte zappeln«, in: *Spiegel Online*, 17.03.2010.

»Das deutsche Geschäftsmodell, das darin bestand, Porsches gegen Lehmann-Brothers-Zertifikate und griechische Staatsanleihen zu verkaufen, hat einen ziemlichen Knacks bekommen. Vielleicht hätten wir uns für die Weltmeisterschaft beim Verschenken deutscher Industrieprodukte doch nicht so häufig auf die Schulter klopfen sollen.«[72]

Auch die Absatzfinanzierung zur Sicherung des hohen Exportniveaus ist problematisch. Banken der Exportstaaten finanzierten großzügig die Unternehmen. Gleichzeitig wurde, auch von deutschen Finanzinstituten, in griechische Staatsanleihen oder in Anleihen anderer EU-Peripheriestaaten sowie in drittklassige US-Immobilienanleihen (US-Subprime-Papiere) investiert. Heute ist das seinerzeit bereits Geahnte schlichte Realität geworden: Der griechische und der spanische Boom waren auf Pump gebaut, dabei wurden in der Diktion von Hyman Minsky auch die Banken und die Staaten zu Ponzi-Finanzierern. Insbesondere die Phase niedriger Zinsen für die südeuropäischen Staaten im Zuge der Euro-Einführung animierte zu Ponzi-Finanzierungsverhalten.

Obwohl sich die Brüchigkeit und Instabilität des Gebäudes Euro immer mehr manifestiert, dürfte die derzeitige Bundesregierung zumindest bis zur nächsten Neuwahl im Jahr 2013 am Euro festhalten. Es wäre unglaubwürdig, wenn sie umschwenkt – obwohl wir anscheinend gerade in bisher unvorstellbarer Art in Sachen Atomausstieg »bei einer sich alles ändernden Situation« eines Besseren belehrt werden. Allerdings gibt es zurzeit bezüglich Euro noch keine vergleichbare Betroffenheit und damit verbundene Proteste auf der Straße, die die Politiker zur Korrektur veranlassen könnten. Die Exportindustrie, die von einem (im Vergleich zu einer potenziell wieder einzuführenden D-Mark) schwächeren Euro profitiert, wird zudem keine Veränderung anstreben. Das deutsche Geschäftsmodell einer Exportorientierung bei einer Schwächung der Privatnachfrage, nicht zuletzt durch hohe Steuern, wäre bei einer Wiedereinführung der D-Mark gefährdet. Außerdem wäre durch die fehlenden Exporteinnahmen mit einem höheren Staatsdefizit zu rechnen. Positiv wäre bei einer

[72] Hans-Werner Sinn: Kasino-Kapitalismus, S. 12.

Einführung der Deutschen Mark dagegen zu werten, dass die Schulden in den Problemländern durch die Abwertung ihrer Währungen aus deutscher Sicht geringer ausfallen würden.[73] Insofern ist der Wunsch der Bevölkerung zwar nachvollziehbar, da die Menschen wieder mehr verdienen und konsumieren dürften. Auch wäre ihr Vermögensstatus in einer Hartwährung besser, und sie würden insbesondere beim Reisebudget in der EU wieder bessergestellt sein. Dagegen steht aber weiterhin: Aus höheren politischen und wirtschaftlichen Interessen – so gilt der Euro vielfach noch immer als Meilenstein und europäisches Erfolgsmodell mit vielen (sich darin sonnenden) Vätern sowie Lobbyisten – werden die »Macher von einst und heute« weiter dagegenhalten. Neben der Industrie möchten auch die Banken als systemrelevante Institute hohe Renditen einfahren, indem sie weiter Staatsanleihen in den Peripherieländern kaufen, die von reicheren Staaten wie Deutschland (Geberländer) garantiert werden. Die Beharrungskräfte sind daher groß. Deutsche Politiker möchten nicht als Totengräber des Euro in die Geschichte eingehen. Ob die deutschen Sparer und Steuerzahler angesichts der derzeitigen Lohnzurückhaltung die künftigen Lasten (angesichts der Euro-Rettungsschirme) stemmen können, wird zu wenig diskutiert. Der Wirtschaftswissenschaftler Wilhelm Hankel wies bereits darauf hin, dass Europa mit dem Verzicht auf die D-Mark seinen Stabilitätsanker verloren hat.[74] Nach seiner Auffassung hat die deutsche Volkswirtschaft mit der Euro-Einführung auch die Chance verspielt, das im europäischen Vergleich hohe Lohnniveau und den für die übrigen EU-Staaten beispielhaften hohen Sozialstandard über niedrige Realzinsen und hohe Aufwertungsgewinne auszugleichen.

Fazit: Exportsteigerungen, die durch übermäßige Lohnzurückhaltung und eine übertriebene Flexibilisierung (u. a. Zeitarbeitsverträge) erkauft werden, sind eine falsche Strategie. Die geringeren Einkommen führen zu entsprechend niedrigeren Sparguthaben und Steuereinnahmen. Das künftige Potenzial zur Tilgung der Staatsschulden wird sinken.

[73] Vgl. Marshall Auerback: What happens if Germany exits the Euro?, S. 2 f.
[74] Siehe *Börsen-Zeitung*, 09.01.2009, S. 7.

9. Autonomie der Bundesbank und der EZB

»Eine Notenbank, die nicht kämpft, ist in der heutigen Zeit der Massendemokratie, der Industriegesellschaft und des Wohlfahrtsstaates gleichzusetzen mit schlechtem Geld.«

Karl Blessing, früherer Präsident der Bundesbank[75]

»Die zukünftige europäische Geldordnung ist zu wichtig, als dass sie Gegenstand von Kompromissen – vielleicht sogar noch faulen – sein sollte.«

Karl Otto Pöhl, früherer Präsident der Bundesbank[76]

»Die Stabilität des Euro wird durch die unabhängige Notenbank EZB garantiert und ist dem Einfluss der Mitglieder, das heißt der Politik, entzogen. Der Euro ist seiner Bestimmung nach als ›unpolitisches Geld‹ kreiert«.

Otmar Issing, ehemaliges Direktoriumsmitglied
und ehemaliger Chefvolkswirt der EZB[77]

Die Autonomie der Bundesbank war immer umstritten, doch der sogenannte »Geist der Bundesbank« setzte sich bis zur Schaffung des Euro

[75] Vortrag vor der Technischen Universität Berlin, 16.12.1966.
[76] In: *Stern*, 06.12.1990.
[77] Otmar Issing: »Gefahr für die Stabilität«, in: *FAZ.NET*, 10.11.2011.

immer wieder durch. Ob dieser Geist der Bundesbank, getragen vom Primat der Geldwertstabilität, auf europäischer Ebene noch weiterweht, ist äußerst fraglich. Auch Geldpolitik ist an Personen gebunden, die in der Lage sind, Stehvermögen selbst dann zu besitzen, wenn die stabilitätsorientierten Entscheidungen unpopulär sind. Die Personalie Axel Weber ist daher keine Randnotiz. Sein vorzeitiger Weggang im Mai 2011 setzte ein deutliches Zeichen, denn mit ihm flog der letzte große Falke davon. Der frühere Bundesbankchef Axel Weber wäre eine Idealbesetzung als Nachfolger von EZB-Präsident Jean-Claude Trichet gewesen.

Das Verhältnis der Regierung zur Deutschen Bundesbank war jedoch selten konfliktfrei. Politiker neigten immer wieder dazu, die Notenbankvertreter zu einer laxeren Geldpolitik zu verleiten, und versuchten, durch das Einschleusen von »Regierungsabgesandten« die Beschlüsse in ihrem Sinne zu beeinflussen. Im Gegenzug verteidigte die Deutsche Bundesbank ihre gesetzlich garantierte Unabhängigkeit und verhielt sich im internationalen Maßstab äußerst stabilitätsorientiert. Die Bundesbankpräsidenten Wilhelm Vocke (Präsident 1957, zudem 1948 bis 1957 Präsident im Direktorium der Bank deutscher Länder) und Karl Blessing (Präsident 1958–1969) galten als scharfe Verfechter einer stabilen Währung. Wilhelm Vocke zog Mitte der 1950er-Jahre den Zorn von Bundeskanzler Konrad Adenauer auf sich, weil er sich erfolgreich gegen den Versuch wehrte, die Unabhängigkeit der Bank deutscher Länder gesetzlich einzuschränken. Adenauer scheiterte auch damit, 1956 den Sitz der Notenbank in seine Heimatstadt Köln zu verlegen.[78] Damit wurde der Grundstein für den Ruf der Unabhängigkeit gelegt.[79]

Auch Karl Klasen (Präsident 1970–1977) konnte den guten Ruf der Bundesrepublik als Hort der Stabilität verteidigen und der politischen Einflussnahme weitgehend widerstehen. Diese rigide Haltung der langjährigen Präsidenten hatte der Notenbank ein so hohes Ansehen gebracht, dass es daraufhin keine Regierung mehr so leicht hätte wagen können, ihre Unabhängigkeit infrage zu stellen.[80] Nach der Übernahme einer Führungspositi-

---

78 David Marsh: Der Euro, S. 78.

79 Siehe Johannes Aumüller: »Die Hüter der Zahnpastatube«, in: *SZ Online*, 11.02.2011.

80 Siehe Stephan Lorz: »Die Bundesbank im Fadenkreuz der Politik«, in: *Börsen-Zeitung*, 10.02.2011, S. 7.

on in der Bundesbank hielten auch frühere regierungsnahe Politiker die Linie und trugen den stabilitätsorientierten Konsens in der Notenbank mit. Nachfolger von Otmar Emminger, der als Kurzzeit-Präsident von 1977 bis 1979 als scharfer Inflationsbekämpfer galt, wurde der frühere Staatssekretär und Sozialdemokrat Karl Otto Pöhl (Präsident 1980–1991). Auch er erwies sich nicht als Statthalter von Helmut Schmidt, unter dessen Leitung er bereits Staatssekretär im Bundesfinanzministerium gewesen war. 1991 trat er sogar aus Protest gegen das Vorgehen bei der wirtschaftlichen Wiedervereinigung und bei der Festlegung des Wechselkurses zur Einführung der Deutschen Mark in der DDR während der Regierungszeit von Helmut Kohl zurück. Hier schließt sich dann auch der Kreis, wenn man die Rückzugsbeweggründe von Axel Weber noch einmal – siehe unten – reflektiert.

Helmut Schlesinger (Präsident 1991–1993) galt ebenfalls als sehr stabilitätsorientiert. Mit dem früheren Finanzstaatssekretär und Christdemokraten Hans Tietmeyer (Präsident 1993–1999) setzte sich ebenso wie bei Pöhl die erfolgreiche Serie der Stabilitätspolitiker durch; so kämpfte Letzterer insbesondere für die Schuldenbegrenzungskriterien zur Sicherung der Funktionsfähigkeit der Währungsunion. Nach dem Sozialdemokraten Ernst Welteke (Präsident 1999–2004) kam der Wirtschaftsprofessor Axel Weber (Präsident 2004–2011). Mit seiner kritischen Haltung zum Ankauf maroder Staatsanleihen und seiner vergleichsweise kompromisslosen Preisstabilitätsorientierung schien er als neuer EZB-Präsident ab November 2011 bereits gesetzt und dann doch nicht mehr durchsetzbar zu sein.

Mit der Griechenlandhilfe scheint alles hinfällig: Jahrelang wie kleine Pflänzchen gehegte und »verteidigte« Stabilitätsgrundsätze verfallen und sind wie die Personalentscheidungen in der EZB nur noch Ausdruck der politischen Ränkespiele von Nationalstaaten. Bereits der 1998 gewählte erste EZB-Präsident Duisenberg wurde Opfer eines politischen »Kuhhandels«, der darin bestand, dass der Niederländer nicht die volle Zeit von acht Jahren im Amt blieb. Er trat bereits im Jahr 2003 vorzeitig ab. Sein Nachfolger wurde, wie zuvor ausgehandelt, der Franzose Jean-Claude Trichet.[81] Ob nun tatsächlich der Deutsche Weber – wie offensichtlich

[81] David Marsh: Der Euro, S. 273.

ebenfalls schon länger ausgehandelt – an der Reihe gewesen wäre, bleibt offen; sicher ist indes, dass fachlich an ihm kein Weg vorbeigeführt hätte, wenn es endlich wieder darum ginge statt um politische Ränkespiele.

Bezeichnend für das Ausmaß der Erosion der Autonomie der Bundesbank ist vielleicht auch die Stellungnahme des Regierungssprechers Seibert im Vorfeld des Gesprächs zwischen Kanzlerin Angela Merkel und Bundesbankvorstand Weber am 11.02.2011. So werde die Bundesbank auch weiterhin »unsere Überzeugung von einer stabilen Währungspolitik vertreten«, erklärte Seibert. »Das hängt auch nicht an einer Person allein.«[82] Wenn man böswillig ist, erinnert dies an eine Stellungnahme von Reichsbankpräsident Hjalmar Schacht, als die Reichsbank 1937 im Gesetz zur Neuregelung der Verhältnisse der Reichsbank und der Deutschen Reichsbahn der uneingeschränkten Kontrolle des Staates unterstellt wurde. So sah Schacht darin noch »die bestmögliche Gewähr für die Erhaltung der Währungsstabilität«.[83] Bereits 1939 wurde er von Hitler wegen seiner Kritik an der Rüstungs- und Finanzpolitik aus dem Amt des Reichsbankpräsidenten entlassen.[84] Der eigentliche Regelungsinhalt bedeutete aber die Aufhebung der Bestimmungen über die Unabhängigkeit der Zentralbank von der Reichsregierung. Nach der deutschen Hyperinflation wurde in dem auf die alliierten Siegermächte zurückgehenden Gesetz über die Autonomie der Reichsbank vom 26.05.1922 die Leitung durch ein Direktorium bestimmt, und die Reichsbank wurde ab 1924 (entsprechend dem Dawes-Plan) eine von der Reichsregierung unabhängige Anstalt. Mit der vollkommenen Aufhebung der Autonomie, die schon mit dem Bankgesetz vom 27.10.1933 eingeleitet wurde, erhielt die NS-Regierung den Zugriff auf die Reichsbank und damit auf die Notenbank- und Geldpolitik.[85] (Dies sollte eine Warnung bleiben. Mit der schrittweise erfolgenden Aushöhlung der Notenbankautonomie ist die Lernfähigkeit von Politikern infrage zu stellen. Die Überschuldung des Dritten Reiches und jene der DDR, die deren Zerfall besiegelte, stellen historische Lektionen dar.)

82 »Schäuble beerdigt deutschen Anspruch auf EZB-Chefposten«, in: *Handelsblatt Online*, 11.02.2011.

83 Bundesarchiv BARCH-P, RP 25.01/7035. Schacht in: *Zeitschrift der Akademie für Deutsches Recht*, 01.03.1937.

84 Siehe dazu auch Liaquat Ahamed: Die Herren des Geldes, S. 539.

85 Siehe »Gesetz zur Neuregelung der Verhältnisse der Reichsbank und der Deutschen Reichsbahn«, 10.02.1937, in: *Reichsgesetzblatt* II Nr. 8, S. 47 f.

Mit der 1957 im Bundesbankgesetz festgeschriebenen Bundesbankautonomie sollte die Notenbank mehr Einfluss haben als die während der Weimarer Republik unabhängig vom Finanzministerium handelnde Reichsbank. Eine erneute wirtschaftliche Instabilität durch eine unsolide Währung sollte vermieden werden.[86] Nach der Einführung des Euro haben deutsche Politiker die Stabilitätsschranken selbst mit umgerissen. Die als »Tyrannei der Mark« empfundene Hartwährungsbundesbankpolitik wurde durch eine laxere Euro-EZB-Politik ersetzt, die auch den Kauf maroder Staatsanleihen beinhaltet. Ein Sündenfall, denn auf Dauer kann keine Stabilisierung von außen kommen; die Länder müssen ihre wirtschaftlichen Probleme selbst lösen; finanzielle Hilfen wirken auf Dauer als Fehlanreize. Die Zwänge durch die Schuldenkrise in Europa begünstigen den Erosionsprozess. Der frühere Bundesbankpräsident Emminger äußerte bereits in einem legendären Schreiben vom 16.11.1978 an den damaligen Bundeskanzler Schmidt seine Bedenken:

> »Die geldpolitische Autonomie der Bundesbank kann in besonderer Weise gefährdet werden, wenn sich bei starken Ungleichgewichten im künftigen EWS übermäßige Interventionsverpflichtungen ergeben, durch welche die innere Geldwertstabilität bedroht wird.«[87]

Die jüngsten Entwicklungen bestätigen die früheren Bedenken aus der Bundesbank. Bezogen auf den Euro ist die Gemeinschaft zu einem Reparationsbetrieb mutiert. Bei den Interventionen und Rettungsprogrammen wird die EZB immer mehr von der Politik vereinnahmt.

Die folgende Tabelle zeigt die Politisierung der Geldpolitik im Inland und in der EU seit 1990:

---

[86] David Marsh: Der Euro, S. 74.
[87] David Marsh: Der Euro, S. 152.

Jahr	Politisierungsaspekte	Hintergrund/Erläuterung
1990	Angriffe auf die Autonomie der Bundesbank (1)	Bundeskanzler Helmut Kohl verkündet, dass die Währungsunion am 01.07.1990 mit einem Wechselkurs von 1 : 2 starten solle, ohne dies mit den Parlamenten und den Zentralbanken beider deutscher Staaten abzustimmen. »Es ging nur um wahltaktische Überlegungen.« (Interview mit Edgar Most, in: Spiegel Online, 01.07.2010).
1990	Erfordernis einer politischen Union bei Einführung einer Gemeinschaftswährung	Der frühere Präsident der Deutschen Bundesbank, Hans Tietmeyer: »Ohne politische Union ist die Währungsunion zum Scheitern verurteilt.« (Monatsbericht der Deutschen Bundesbank, Oktober 1990, S. 41).
1991	Verlust der Ankerfunktion der Deutschen Mark	Karl Schiller, früherer Bundesminister für Wirtschaft: »Die Classe Politique in unserem Nachbarland hätte es dann geschafft, die Ankerwährung d`outre Rhin würde verschwinden, die D-Mark würde sich auflösen wie ein Stück Zucker in einem Glas Tee. Doch die Pariser Strategen müssten leicht einsehen, dass der Rückgang unserer weit überschätzten Dynamik, unsere Schwächung durch Überforderung der Kräfte ihnen überhaupt keinen Nutzen brächte.« (Deutschland ohne DM?, in: Der Spiegel vom 12.12.1991)
1992	Politiker, nicht Technokraten, sollen über die Geldpolitik entscheiden	François Mitterrand, früherer französischer Staatspräsident: »Die Techniker der Zentralbank sind beauftragt, auf monetärem Gebiet die Beschlüsse des Europäischen Rates umzusetzen … Die Wirtschaftspolitik ist Sache des Europäischen Rates, und die Anwendung der Geldpolitik ist Sache der Zentralbank, aber im Rahmen der Entscheidungen des Europäischen Rates … Es sind also die Politiker und nicht die Technokraten, die über die Wirtschaftspolitik und damit über die Anwendung der Geldpolitik bestimmen.« (in der Sendung »Europa heute«, in TF1 am 03.09.1992)

1996	Euro-Raum mit Italien, Portugal, Spanien und Griechenland?	Der frühere Bundeskanzler Helmut Schmidt: »Italien muss man in der Tat mit Skepsis betrachten. Mit größerer Skepsis müssen Sie auf Staaten schauen wie Portugal, wie Spanien, wie Griechenland. Aber dies ist ja alles nichts Neues, bitte sehr.« (Interview, in: Der Spiegel 1/1996 vom 01.01.1996, S. 28) Die damals geäußerte Skepsis hat sich inzwischen als berechtigt erwiesen. Der politische Wille, die Länder währungspolitisch zusammenzuführen, dominierte gegenüber einer kritischen Überprüfung der wirtschaftlichen Konvergenz der EU-Staaten.
1996	Kein Automatismus bei Verletzung der Stabilitätsregeln durch die Euro-Teilnehmerstaaten	Entscheidend ist die Deutungshoheit, so war für den früheren Präsidenten des Europäischen Rechnungshofes, Bernhard Friedmann … »… ausschlaggebend für die Wirksamkeit des Stabilitätspakts, wer darüber entscheidet, ob ein Staat wegen zu hoher Schulden bestraft werden muss. Wenn andere ›Sünder‹ das mit zu beurteilen haben, wird sich wahrscheinlich Nachgiebigkeit einschleichen.« (Interview mit Bernhard Friedmann, »Der Stabilitätspakt braucht eine neutrale Instanz«, in: Nürnberger Nachrichten, 07.12.1996) Der frühere französische Staatspräsident Jacques Chirac dazu: »Was wir allerdings nicht akzeptieren wollten, war ein Automatismus, den die Deutschen zu Beginn wünschten. Den gibt es nun nicht.« (In Dublin am 14.12.1996, Deutsche Bundesbank, Auszüge aus Presseartikeln, Nr. 80/31.12.1996)

1997	Europäische Währungsunion; Frage von Frieden und Freiheit	Für Helmut Kohl ist die Europäische Währungsunion eine Frage von Frieden und Freiheit im 21. Jahrhundert. (»Euro-Trip ins Ungewisse«, in: Der Spiegel, 8/1997 vom 17.02.1997, S. 22)
1997	Angriffe auf die Autonomie der Bundesbank (2)	Druck auf die Bundesbank durch die Bundesregierung: Die Deutsche Bundesbank sollte von der deutschen Bundesregierung zur Neubewertung ihrer Goldreserven bewegt werden. Finanzminister Theo Waigel wollte die Reserven nicht nur höher bewerten, sondern aus dem Buchgewinn 20 Mrd. Euro in mehreren Tranchen abrufen und den Bundeshaushalt damit sanieren. (»Die Gold-Sucher«, in: Der Spiegel 23/1997 vom 02.06.1997, S. 28)
1997	Politisierung der Geldpolitik bei Aufschiebung der politischen Union	Die Verhandlungspartner in Maastricht waren an einer gemeinsamen Währung, nicht aber an deren politischer Fundamentierung interessiert, nach Jacques Delors hat Kanzler Kohl wählen müssen und dabei ziemlich realistisch die Möglichkeiten eingeschätzt (Jacques Delors: Spiegel-Gespräch, Lutz Krusche und Marion Schreiber, in: Der Spiegel 25/1997 vom 16.06.1997, S. 135). Der ehemalige französische Premierminister Rocard erklärte: »Die Unabhängigkeit der Zentralbank ist ein Mittel zum Zweck, um Deutschlands Zustimmung zur Währungsunion zu erlangen, aber sie ist nicht der Zweck des Ganzen ....« (David Marsh: Der Euro, S. 287)
1997	Scheitern des Euro durch fehlende Defizitkorrektur	George Soros: »Am Ende könnte die gemeinsame Währung die Europäische Union kaputtmachen, weil ihre Defizite durch andere Schritte nicht korrigiert werden könnten.« (»Regieren statt Regulieren«, in: Die Zeit Nr. 46 vom 07.11.1997, S. 27)
1997	Politisches Projekt Euro	Dominique Strauss-Kahn, Direktor des IWF »Der Euro ist zuallererst ein politisches Projekt »L'euro, c'est d'abord un project politique« (Discours de D. Strauss-Kahn au DIHT le mardi 9 decembre 1997 in Bonn, 1997)

1998	Wahl von Wim Duisenberg unter der Auflage des Rücktritts	Am 02.05.1998 wurde der Niederländer Wim Duisenberg statt des französischen Mitbewerbers, Jean-Claude Trichet, zum Präsidenten der Europäischen Zentralbank gewählt. Der erste Kandidat (Wim Duisenberg) wird zwar für acht Jahre entsprechend der eindeutigen Regelung des Vertrages bestellt, erklärt aber – in welcher verbindlichen Form auch immer –, nach vier Jahren zurückzutreten, um Raum für den zunächst nicht durchsetzbaren Kandidaten Frankreichs zu schaffen. Solche Absprachen wären gesetz- und sittenwidrig zugleich; sie zeigen, dass die EZB schon vor ihrer Gründung in die Mühlen der Politik geraten ist. (W. Hankel u. a.: Die Euro-Klage, S. 57)
1998	Fehlende Integrationsschritte außer der Geldpolitik, hinkende Konstruktion	Reimut Jochimsen, früherer Präsident der Landeszentralbank NRW: »... Dass mittlerweile die Vergemeinschaftung der D-Mark und ihre Verschmelzung mit den anderen europäischen Währungen sich als das einzig noch wirklich konsensfähige Integrationsprojekt darstellt, belegt die prekäre Labilität und ihren äußersten Risikogehalt, wenn die Politik sich über die Ökonomie hinwegzusetzen gedenkt.« (Reimut Jochimsen: Perspektiven der europäischen Wirtschafts- und Währungsunion, 2. Aufl., Baden-Baden 1998, S. 15) Bundesbankpräsident Tietmeyer bemerkte, bei einer Verschiebung des Euro »würde der Himmel nicht einstürzen«. (Thomas Hanke, in: Zeit Online, 26.03.1998).
1998	Angriffe auf die Autonomie der Bundesbank (3)	Streit zwischen Bundesbankpräsident Tietmeyer und Bundesfinanzminister Lafontaine um die Autonomie der Bundesbank. Lafontaine forderte öffentlich Zinssenkungen. Der Staatssekretär Lafontaines, Claus Noé, warf Bundesbankpräsident Tietmeyer eine vordemokratische, absolutistische Politik vor. (Joachim Starbatty: »Lafontaine will die Bundesbank disziplinieren«, in: Focus Magazin Nr. 46, 09.11.1998)
2000	Angriffe auf die Autonomie der Bundesbank (4)	Die Euro-Einführung eröffnete eine neue Phase der Politisierung der Geldpolitik, wodurch die Unabhängigkeit der Notenbank zunehmend infrage gestellt wird. Die Finanzkrise und Haushaltsprobleme, vor allem südeuropäischer Länder, haben die Forderung nach einer übergreifenden Wirtschaftslenkung, die auch die Geldpolitik umfasst (eine alte Forderung aus Frankreich), neu belebt.

2004	Angriffe auf die Autonomie der Bundesbank (5)	Bundesfinanzminister Eichel soll im Jahr 2004 gedrängt haben, dass die Bundesbank Gold verkauft: Die Bundesbank hatte sich entsprechend einem Goldabkommen der 15 europäischen Zentralbanken eine Option auf Goldverkäufe von bis zu 600 Tonnen über die nächsten fünf Jahre gesichert: »Gold bringe keine Zinsen, das Geld aus dem verkauften Gold sehr wohl.« (»Eichel will verkaufen, Bundesbank nicht«, vgl. Focus Online vom 18.12.2004)
2005	Aufweichung von Defizitregeln in der EU	Aufgrund des drohenden Defizitverfahrens der EU gegen die Bundesrepublik Deutschland wurde auf einer Sondersitzung des Ecofin-Rates am 20.03.2005 beschlossen, dass »ausnahmsweise und vorübergehende« Verstöße gegen den Defizit-Referenzwert viel häufiger möglich sind als zuvor. Verschleiernd sprach man von einer »Verbesserung der Umsetzung des Stabilitäts- und Wachstumspakts«. Der Begriff Verbesserung erinnert in diesem Zusammenhang an das Zwiedenken in George Orwells Roman »1984«, denn der frühere EU-Musterknabe Deutschland öffnete mit der vermeintlichen Verbesserung Ausnahmetatbeständen Tür und Tor und war nunmehr ein schlechtes Vorbild für andere EU-Staaten mit noch größeren Haushaltsproblemen. (»Politiker und Hedgefonds pokern um die Zukunft des Euro«, Der Spiegel, 10/2010 vom 08.03.2010, S. 75)
2008	Angriffe auf die Autonomie der Bundesbank (6)	Auch Bundesfinanzminister Steinbrück soll im Jahr 2008 darüber nachgedacht haben, den Goldschatz zu Geld zu machen – ein Anliegen, das schon mehrmals scheiterte (Christian Reiermann: »Versilbert den Goldschatz!«, in: Spiegel Online vom 01.03.2008). Die Bundesbank hält derzeit rund 3.400 Tonnen Gold in ihren Währungsreserven; nur die US-Notenbank verfügt mit etwas mehr als 8.000 Tonnen noch über deutlich größere Goldbestände. Im Zuge der Finanzkrise und einer anhaltenden Rezession, vor allem bei einer Verschärfung, nimmt der Druck auf die Bundesbank, ihre Goldschätze zu verkaufen, wieder zu. So soll das Bundesfinanzministerium im Zusammenhang mit der Diskussion um Hilfen für Griechenland vorgeschlagen haben, die Goldreserven »buchhalterisch« in einen Euro-Stabilisierungsfonds einzubringen (siehe »Die Bundesbank fürchtet um ihre Goldreserven«, in: Frankfurter Allgemeine Zeitung vom 15.03.2010, S. 9). Problematisch ist auch der Versuch der parteilichen Politisierung der angesehenen Bundesbank. Nach Medienmeldungen nehmen die Parteien verstärkt Einfluss auf die Besetzung der Bundesbankleitung. So könnte auch der bislang erfolgreiche Widerstand beim nächsten Goldverkaufsansinnen der Regierung gebrochen werden.

2010	EWF-Gründungsdiskussion und erneute Versuche der Politisierung der Geldpolitik	Unter europäischen Politikern werden zunehmend Forderungen erhoben, einen Währungsfonds für den Euro-Raum zu gründen. Zu den Befürwortern gehört auch Bundesfinanzminister Schäuble. Schäuble möchte mit dem neuen Währungsfonds künftigen Schuldenkrisen einzelner Mitgliedsländer vorbeugen. Im Notfall soll der Fonds Liquiditätshilfen geben, wenn die übrigen Euro-Staaten geschlossen zustimmen. Auch die EU-Kommission begrüßte die Vorschläge. Dennoch ist das Vorhaben umstritten. Aus Sicht von EZB-Chefvolkswirt Stark ist »ein solcher Mechanismus nicht mit der Geschäftsgrundlage der Währungsunion vereinbar«. Länder mit »finanzpolitischem Schlendrian« würden ihr Verhalten nicht ändern. Stark befürchtet, dass so »die öffentliche Akzeptanz des Euro und der Europäischen Union unterminiert würden« (vgl. »EZB lehnt EU-Währungsfonds strikt ab«, in: Handelsblatt vom 08.03.2010). Nach dem Vertrag über die Arbeitsweise der Europäischen Union (AEUV), Artikel 125 (1) darf ein Mitgliedsstaat nicht für die Verbindlichkeiten eines anderen Mitgliedsstaates haften. Anlass des Streits war die Frage nach einer angemessenen und nachhaltigen Lösung der griechischen Schuldenkrise. Bislang wurde das Eingreifen des Internationalen Währungsfonds (IWF) politisch als das falsche Signal (Bundeskanzlerin Angela Merkel) betrachtet. Hilfen des IWF wären für Europa zwar eine Blamage, stehen aber mit EU-Verträgen im Einklang. Mögliche Finanzhilfen des IWF sind in den Verbotsbestimmungen der europäischen Verträge, die Hilfen der Partnerländer für ein notleidendes Euro-Land ausschließen (No-Bailout-Klausel), nicht erfasst. Der IWF hatte zuvor bereits für die drei EU-Länder Ungarn, Lettland und Rumänien, die außerhalb des Euro-Raums liegen, Kredithilfen geleistet. Es ist noch offen, ob ein europäischer Währungsfonds zustande kommt. Für politische Prestigevorhaben sollte der Steuerzahler nicht herangezogen werden. Der EU-Sanktionsmechanismus zur Begrenzung der Schulden wird de facto außer Kraft gesetzt.
2010	Angriffe auf die Autonomie der Bundesbank (7)	Der französische Präsident Sarkozy plädiert für eine »pragmatischere« EZB-Politik, deren Fundament ohne Änderung des Maastricht-Vertrags geändert werden kann. Ein enger Berater Sarkozys bezeichnete die Unabhängigkeit der EZB als einen »historischen Irrtum« und forderte das Herunterschleusen des Euro gegenüber dem US-Dollar (David Marsh: Der Euro, S. 309, 345).

2011	Axel Weber ist nach Medienberichten amtsmüde und als EZB-Präsident ab November 2011 aus dem Rennen	Mit dem Verzicht Axel Webers tritt die Diskussion um die Trichet-Nachfolge in eine neue Phase. Statt bestmöglicher Kompetenz und Stabilitätsorientierung des Kandidaten ist die Besetzung Teil nationaler Ränkespiele. Von einer gegenüber den Staaten unabhängig agierenden EZB ist wenig die Rede, es wird kaum mehr der Schein gewahrt. Weber war zunehmend isoliert. Jean-Claude Trichet machte deutlich, dass die Bundesbank mit ihrer Position allein stand. Axel Weber sagte dazu: »Man darf eine Meinung haben, selbst wenn sie niemand teilt.« Den Kauf von Anleihen am Sekundärmarkt durch die EZB oder vom Rettungsschirm hält er für einen Fehler: Er befürchtet, »dass es einen deutlichen künftigen Preisauftrieb« gibt. (Börsen-Zeitung vom 09.02.2011, S. 1) Er selbst will für ein Jahr zur Universität Chicago wechseln, die als wissenschaftliche Hochburg der Monetaristen gilt.
2011	Kanzlerin Merkels Statement zum Euro	»Wir müssen unser Geld nicht lieben, sondern sehen, wie sehr es uns nützt, und das tut der Euro auf ganzer Linie. Eines sollten wir uns alle klarmachen: Es herrscht ein immer intensiverer weltweiter Wettbewerb mit großen Ländern wie China, Indien oder Brasilien. Um da mithalten zu können, braucht Deutschland Verbündete. Der Euro schafft solche Verbündete. Ein fester, leistungsfähiger Euro-Raum ist der beste Schutz für unseren Sozialstaat und unsere Arbeitsplätze. Wir haben es auch dem Euro zu verdanken, dass wir heute mehr Arbeitsplätze als vor der Krise haben«. (»Jedes Land ist für seine Schulden selbst verantwortlich«, siehe Bild.de vom 11.03.2011)
2011	Jens Weidmann wird neuer Bundesbankpräsident	Der bisherige Berater von Kanzlerin Merkel, Jens Weidmann, wird ab 01.05.2011 neuer Bundesbankchef. Zwar hat die Bundesregierung traditionell das Vorschlagsrecht, die allzu große Nähe zur Bundeskanzlerin, so wurde vielfach kritisiert, beinträchtige aber die Unabhängigkeit des Notenbankchefs.

Übersicht über die Politisierung der Geldpolitik im Inland und in der EU seit 1990

Die Einführung des Euro war politisch gewünscht, denn auf europäischer Ebene beabsichtigte vor allem die französische Regierung die Einbindung Deutschlands in Währungsfragen. So sprach die Banque de France von einer »Tyrannei der Mark«, Mitterrand und Attali bezeichneten die D-Mark als »Deutschlands Atomwaffe«.[88] Die Dominanz und die Stabilität der Deutschen Mark hatten in anderen EU-Staaten mehrfach zu deutlichen Verärgerungen geführt. So wurde die Deutsche Bundesbank als »Diktator der Geldpolitik« bezeichnet, es wurde auch von einer »D-Mark-Hegemonie« und einem «Zinsdiktat der Bundesbank« gesprochen. Hintergrund der Kritik war, dass die Deutsche Bundesbank formal zwar nur eine Zinspolitik für das Gebiet der Bundesrepublik Deutschland betrieb, de facto durch das wirtschaftliche Übergewicht Deutschlands in Europa jedoch für die gesamte Europäische Union. Genannt wurde auch der Preis, den Deutschland an Frankreich für die Zustimmung zur Wiedervereinigung zu zahlen hätte. Hier soll es, wie damals vielfach kolportiert wurde, einen Deal zwischen François Mitterrand und Helmut Kohl gegeben haben.

Nach dem Abgang Axel Webers wird sich das Personalkarussell in der EZB neu drehen. Die Art der Nachfolgeregelung könnte die »Eurodämmerung« verstärken. So unterstützt der französische Staatspräsident Sarkozy Mario Draghi als Nachfolger von Claude Trichet. Dies gab er bei einer Pressekonferenz mit dem italienischen Regierungschef Silvio Berlusconi am 26.04.2011 bekannt. Wenn politische Beliebigkeit im Vordergrund steht und die Schuldenproblemstaaten ihre Kandidaten durchsetzen, ist das Stabilitätserbe der Bundesbank verspielt. Statt einer personellen Kontinuität, die sogar bei der Fed mit langjährigen Chefs wie Greenspan und Bernanke gepflegt wird, könnte die neue Hektik im Kampf um Macht und Positionen die Märkte destabilisieren. Die Verteidigung der Unabhängigkeit der EZB benötigt starke »Falken« (Stabilitätspolitiker), genau wie dies Axel Weber an der Spitze hätte sein können. Ob der voraussichtliche neue EZB-Chef Mario Draghi den Pressionen standhält, wird sich zeigen. Leicht wird es für ihn nicht werden, denn auch jüngste Äußerungen von Kanzlerin Merkel betonen weniger die Unabhängigkeit der EZB und die

[88] David Marsh: Der Euro, S. 100, 156, 174.

Stabilität als vielmehr den politischen Nutzen des Euro im Wettbewerb mit anderen Ländern:

> »Wir müssen unser Geld nicht lieben, sondern sehen, wie sehr es uns nützt … Es herrscht ein immer intensiverer weltweiter Wettbewerb mit großen Ländern wie China, Indien oder Brasilien. Um da mithalten zu können, braucht Deutschland Verbündete. Der Euro schafft solche Verbündete …«[89]

Angela Merkel versprach in der Euro-Krise schon viel: kein Geld für die Griechen, automatische Strafen für Schuldensünder, keine Aufstockung des Rettungsschirms …[90] Dann konnte die Kanzlerin nur noch reagieren, sie wurde in die Defensive gedrängt. Der Euro wird immer mehr zu einem Spielball europäischer Politiker. Erst wenn der Staat kurz vor der Pleite steht, zeigt sich, ob die Notenbank wirklich unabhängig ist.[91] Mit dem Ankauf von Ramschanleihen maroder Euro-Staaten hat die EZB ein schlechtes Signal gesetzt. Bereits im Jahr 2005 wurde in der *Frankfurter Allgemeinen Zeitung* auf die politischen Risiken hingewiesen. So wurde berichtet, dass es in einem Vermerk der Fachleute geheißen habe, »der Euro habe einer Reihe von ehemaligen Hochzinsländern enorme Finanzierungsvorteile gebracht, die wie Steuersenkungen wirkten. Die Schere der Wachstumsunterschiede drohe sich zu weiten, sodass die Gefahr einer Anpassungskrise größer wird.«[92]

Weiter heißt es bei Patrick Welter in der *Frankfurter Allgemeinen Zeitung*:

> »… Zugleich wächst der politische Druck auf die Europäische Zentralbank, die Fehler geldpolitisch abzufedern. Die EZB hat dem bislang erfolgreich widerstanden. Solange sie nicht zulässt, dass der Euro zur Weichwährung wird, kann die Währungsunion nur am politischen Unwillen scheitern, ihre Spielregeln zu akzeptieren.«[93]

---

89 »Jedes Land ist für seine Schulden selbst verantwortlich«, in: Bild.de, 11.03.2011

90 Siehe Jan Dams/Jan Hildebrand: »Die vielen Rückzieher der Kanzlerin«, in: *Welt am Sonntag*, 20.03.2011, *Welt Online*.

91 Thorsten Polleit/Michael von Prollius: Geldreform, S. 104.

92 Patrick Welter/Manfred Schäfers: »Diskussion über ein Ende des Euro«, in: Frankfurter Allgemeine Zeitung, 02.06.2005, S. 11.

93 Patrick Welter: »Die Regeln des Euro«, in: Frankfurter Allgemeine Zeitung, 02.06.2005, S. 11.

Schon Adenauer warnte im Wahlkampf 1957: »Keine Experimente!« Damals ging es um die Abgrenzung Westdeutschlands gegenüber den Kommunisten. Das Experiment Euro wird auch durch den Autonomieverlust der EZB scheitern. Der Euro gerät zunehmend in die Mühlen der nationalen Politik, wie die – bereits angesprochene – Diskussion über den Nachfolger des EZB-Chefs zeigt.

Fazit: Besonders treffend brachte Karl Otto Pöhl es auf den Punkt, als er sagte: »Die zukünftige europäische Geldordnung ist zu wichtig, als dass sie Gegenstand von Kompromissen – vielleicht sogar noch faulen – sein sollte.«

10. Eine glaubwürdige europäische Ordnungspolitik würde das Vertrauen in den Euro stärken

»Wen soll ich in Europa anrufen, wenn ich wissen will, was Europa denkt?«

Henry Kissinger, US-Außenminister von 1973 bis 1977

»Gegen eine Dummheit, die gerade in Mode ist, kommt keine Klugheit auf.«

Theodor Fontane, deutscher Schriftsteller (1819–1898)

Die Mahner wurden überhört. Ob es der damalige US-Notenbankchef Alan Greenspan war, der bereits 1996 vor »irrationalem Überschwang« warnte und nachher wegen seiner Niedrigzinspolitik als Krisenverstärker getadelt wurde, oder Warren Buffett mit seiner Warnung vor Finanzderivaten als »finanziellen Massenvernichtungswaffen«, Robert Shiller, Nouriel Roubini, Raghuram Rajan oder Max Otte in Deutschland. Politiker und Bankvorstände können sich nicht mit der Behauptung entlasten, sie seien nicht gewarnt worden. Die Kassandrarufe waren verpönt.[94] Unter Lobbyistendruck fiel 1999 auch der 1933 eingeführte Glass-Steagall Act, der die Trennung von Geschäftsbanken und Investmentbanken zum Schutz der Giro- und Sparkonteninhaber anordnete. Auf politisch regulatorischer Ebene ist vor diesem Hintergrund der Handlungsdruck derzeit extrem hoch.

[94] Vgl. Michael C. Burda: »Das Glücksrad wird sich weiterdrehen«, in: *Spiegel Geschichte*, Nr. 4, S. 143.

Es muss wieder ein verlässlicher wirtschaftspolitischer Rahmen geschaffen werden, der international gilt und das Vertrauen wiederherstellt. Dieses ist in der Bevölkerung bereits zum Teil verloren gegangen, was insofern kritisch ist, als die Funktionsfähigkeit der Märkte auf dem Vertrauen der Teilnehmer basiert. Der Vorwurf des Populismus greift in Geldfragen ins Leere, denn das Papier muss »populär« und akzeptiert sein. Das Vertrauen in den Staat und den Finanzsektor ist wesentlich. Auch deutsche Bundesanleihen oder die sogenannten »Bundesschätzchen« werden bei anhaltendem Politikversagen das gleiche Schicksal wie die Kriegsanleihen nach dem Ersten Weltkrieg erleiden. Verdienen sie noch das Vertrauen, das diese Anleihen bei den Anlegern genießen? Wie schnell Staatsanleihen »unter die Räder« kommen können, zeigte das Beispiel Griechenlands Anfang 2010.

Auch die Stabilität des Euro lebt vom Vertrauen in die angeschlossenen Volkswirtschaften. Der erste Präsident der Europäischen Zentralbank, Wim Duisenberg, nannte das gegenseitige Vertrauen als Fundament einer Gemeinschaft, die der Euro repräsentiere. So führte er in seiner Rede (bei der Überreichung des Karlspreises in Aachen am 09.05.2002) aus:

> »Wahrscheinlich repräsentiert keine andere Währung das gegenseitige Vertrauen, welches das Fundament einer Gemeinschaft ist, besser als der Euro. Er ist die erste Währung, die nicht nur ihre Bindung an Gold, sondern auch ihre Bindung an den Nationalstaat gelöst hat. Hinter ihm steht weder die Wertbeständigkeit des Metalls noch das Gewicht des Staates. Für den Euro gilt, was Sir Thomas More vor 500 Jahren über das Gold sagte: Es sei für die Menschen gemacht und empfange seinen Wert durch sie.«

Der französische Finanzpolitiker Jacques Rueff, auf dessen Schlachtruf »Das geeinte Europa wird durch die Währung oder es wird gar nicht entstehen!« sich die europäischen Politiker heute gerne berufen, war ein entschiedener Anhänger einer goldgedeckten Währung. Er setzte sich nach dem Zweiten Weltkrieg für gemeinsame Grundsätze und damit für die Währungsdisziplin in Europa ein.[95] Seine Erfahrungen waren geprägt von

---

[95] David Marsh: Der Euro, S. 27, 43.

der Hyperinflation des Ersten Weltkrieges und der Ausweitung staatlicher Schulden in Kooperation mit den Zentralbanken in den 1920er- und 1930er-Jahren.

Der Euro wird vermutlich aufgrund seiner konzeptionellen Fehler scheitern. Nach den Verwerfungen im Euro-Raum durch die Stabilitätsprobleme in Südeuropa spricht viel dafür, dass es bereits in wenigen Jahren den Euro, so wie wir ihn derzeit kennen, nicht mehr gibt. So könnte sich eine Zone weniger stabilitätsorientierter Staaten mit Euro-Währung, aber auch eine Neueinführung jeweiliger nationaler Währungen in Europa ergeben.

Im besonders globalisierten Finanzbereich muss es eine internationale Harmonisierung der Regeln geben. Die Geschäfte mit den »Massenvernichtungswaffen«, wie Warren Buffett den Derivatehandel nennt, müssen verboten werden. Sie destabilisieren die Finanzmärkte und stören die Realwirtschaft. Buffett warnte bereits im Brief an seine Aktionäre: »Diese Instrumente werden weiter an Vielfalt und Zahl zunehmen, bis ein Ereignis zeigt, wie explosiv sie sind.«[96]

Auch nachdem »die Finanzkrisen- oder Euro-Bomben platzten«, stehen nachhaltige Reformen noch aus. Im Rahmen einer vernünftigen und nachhaltigen Ordnungspolitik müssen auch die Grenzen des staatlichen Einflusses neu festgelegt werden, wenn künftig staatliche Willkürakte vermieden werden sollen: Ein Negativbeispiel bildete hier zum Beispiel die Hypo Real Estate. Relativ kritiklos mit Ausnahme der betroffenen Aktionäre, die zum Beispiel ihre Altersvorsorge verloren oder geschmälert sahen, erfolgte die Verstaatlichung der HRE-Bank und das Herausdrängen der Kleinaktionäre. Die spätere Gewinnchance wird ihnen ersatzlos genommen, obwohl das »Durchregieren« der staatlichen Aktionäre schon bei einem Anteil von 50 Prozent möglich ist. Auch eine einfache Kapitalerhöhung hätte diese Mehrheit sichern können. Künftig soll die Bankenaufsicht in Deutschland wichtige Institute zerschlagen können.[97] Wäre der

[96] Warren Buffett: Annual letter to the shareholders, 2002, Berkshire Hathaway Inc., S. 15.
[97] Siehe »Aufsicht soll Banken zerschlagen können«, in: *Frankfurter Allgemeine Zeitung*, 25.03.2010, S. 11.

Staat hierzulande wie in den USA zwischenzeitlich Aktienkäufer gewesen, hätte er über mögliche Kursgewinne nach dem Verkauf die Belastung für den Staatshaushalt verringern können.

Wirtschaften ist mit der Gefahr des Scheiterns verbunden. Mit der Strategie des »Too Big to Fail« ist das Systemrisiko inzwischen größer geworden. Dies ist insbesondere in den USA der Fall, wo die großen Bankgesellschaften, die die Krise »überlebten«, einflussreicher sind als bisher. Ob so der für das Funktionieren der Wirtschaft essenziell wichtige Finanzsektor dauerhaft stabilisiert werden kann, ist mehr als fraglich. Auch der frühere Bundespräsident Köhler monierte Ende 2009 (05.10.2009, Rede zum 60. Jahrestags der Gründung des DGB): »Ich sehe das Monster noch nicht auf dem Weg der Zähmung.« Und auch auf den Märkten zeigt sich nach seiner Ansicht wieder ein Bild »mit Hütchenspielern im Shadow Banking, mit intransparenten Derivategeschäften und Spekulation auf den Rohstoffmärkten«. Daher forderte der Alt-Bundespräsident eine »energische staatliche und zwischenstaatliche Ordnungspolitik«. Im gleichen Sinne schloss sich der US-Investor Warren Buffett der Kritik von Köhler an, sieht aber kaum wirksame Kontrollmöglichkeiten.[98] Dem ist meines Erachtens nichts hinzuzufügen.

Mögliche Reformschritte zur Vermeidung künftiger Finanzkrisen sind:[99]

Indes: Ein »Weiter so!« scheint die Schlussfolgerung bei den führenden Banken zu sein. Zum Teil werden wieder ordentliche Gewinne erwirtschaftet, die die nach wie vor mangelnde bilanzielle Stabilität überdecken. Mit einer zunehmenden Normalisierung – das wäre allein schon das Ausbleiben immer neuer noch drastischerer Hiobsbotschaften, an die man sich gewöhnt – würde der Änderungsdruck zunehmend geringer. Vor allem die USA und Großbritannien haben dank einflussreicher und großer Finanzinstitute wenig Interesse an deutlichen Systemänderungen. Den Schaden, der mehr als ein Kollateralschaden ist, da er das Weltfinanzsystem erneut gefährden kann, tragen dann weiter andere. Die Kunden der

98 Siehe »Warren Buffett stimmt Köhlers ›Monster‹-These‹ zu«, in: *Die Welt*, 26.05.2008.

99 Vgl. auch Michael C. Burda: »Das Glücksrad wird sich weiterdrehen«, in: *Spiegel Geschichte* Nr. 4, S. 143.

Reformschritte	Erläuterung
Zerschlagung von Großbanken	Zu große Banken sind kaum mehr zu führen. Mit dem Hinweis auf ein mögliches Systemrisiko besteht die Gefahr, dass Regierungen immer wieder neu unter Druck gesetzt werden und zulasten der Steuerzahler in die Bresche springen.
Höhere Eigenkapitalanforderungen und Verbesserung des Haftungsprinzips	Nur in Verbindung mit strengeren Eigenkapitalanforderungen kann die Kasinomentalität der Manager, die durch eine asymmetrische Risikoverteilung entstanden war, gestoppt werden. Unter diesem Aspekt ist das Ziel des Chefs der Deutschen Bank, Ackermann, eine Eigenkapitalrendite von 25 Prozent zu erreichen, fragwürdig. Das Eigenkapital der Bank ist angesichts der Risiken erstaunlich niedrig und wird von der führenden Bank mit 14,1 Prozent (2010) angegeben. Bei einem höheren Eigenkapitalpuffer, verbunden mit der langfristig ausgerichteten Haftung für Geschäfte, ließe sich eine Stabilisierung erzielen. Bei scheiternden und abzuschreibenden Geschäften könnten die Banker zum Beispiel durch Mali (statt Banker-Boni) bestraft werden. Hierdurch würde das moralische Versagensrisiko zusätzlich reduziert (siehe unten). Die finanzielle Beteiligung der Manager bei Risikogeschäften vermeidet die Unsitte, dass Gewinne privatisiert und Verluste sozialisiert werden.
Verbesserte Steuerung der Geldpolitik	Erfassung sämtlicher Risikoaktiva und der außerbilanziellen Geschäfte durch die Notenbanken, um das Systemrisiko einschätzen zu können. Destabilisierende Finanzgeschäfte (Derivatekonstruktionen, die sich zu finanziellen Massenvernichtungswaffen entwickeln können) sind abzuschaffen. Auch die Vermögenswertinflation ist bei der Steuerung mitzuberücksichtigen.
Neuregulierung/ mehr Wettbewerb unter den Rating-Instituten	Eine Forderung, die seit Jahren vielfach erhoben wird, nachdem die Rating-Agenturen als Frühwarnsystem genauso wie Analysten und Wirtschaftsjournalisten versagt haben. Die Transparenz und Funktionsfähigkeit wird m. E. verbessert durch: (1) Mehr Wettbewerb, da drei Unternehmen aus den USA den Weltmarkt beherrschen und damit über das Überleben oder Nichtüberleben von Gesellschaften entscheiden. (2) Das Verbot von Beraterverträgen; so waren die Agenturen bei Unternehmen Berater für Finanzprodukte, die diese zugleich bewertet haben, was die Unabhängigkeit der Bewertenden einschränkte. (3) Einheitliche Rating-Skala, die die Transparenz verbessert.

	(4) Der nutzende Kunde zahlt für die Ratings; was auch ursprünglich bei den Rating-Instituten so geregelt wurde. Dies verbessert die Unabhängigkeit gegenüber den bewerteten Gesellschaften, die derzeit noch für das Rating zahlen. Wie sagt schon zu Recht der Volksmund: »Wer zahlt, schafft an.«
Internationale Wettbewerbsaufsicht	Schaffung einer internationalen Behörde zur Vermeidung von Marktversagen durch Monopolbildungen bei den Finanzinstituten und bei der sonstigen Wirtschaft. Durch die Macht der Finanzinstitute und das Organisieren der Unverantwortlichkeit in boomenden und sich von der Realwirtschaft abkoppelnden Finanzmärkten wurde es unmöglich, einzelne Institute ohne systemischen Schaden aufzulösen. Die Regierungen wurden zu den Rettungsmaßnahmen »erpresst«.
Corporate Governance/Unternehmensführung	Das Management sollte sich an langfristigen Unternehmenszielen orientieren, die durch stabile Eigner mit nennenswertem Kapitalanteil festgelegt werden. Ein Free Float von nahezu 100 Prozent ist eher kontraproduktiv, da die vielen kleinen Aktionäre kaum eine wirksame Kontrolle ausüben. Managerhaftpflicht-/Directors and Officers-Versicherungen, die sogar zunehmend bei Mittelständlern Verbreitung finden, können das Risikoverhalten negativ beeinflussen und so die Gefahr des moralischen Versagens erhöhen. Eigentlich sollen sie Manager oder andere wichtige Funktionsträger vor Schadenersatzansprüchen, zum Beispiel durch Konkurrenzfirmen oder Aktionäre, schützen. Eine strittige Aussage zu Markt- oder Wettbewerbsthemen des Managers kann Klagen auslösen, vor allem in den USA, die sich durch strenge Produkthaftungsregelungen und hohe/unbegrenzte Streitsummen seit Jahren zu einem Eldorado hoch bezahlter Juristen entwickeln. Wenn ein Manager sich »rundum sorglos« versichert fühlt, wird er gelassener und vermutlich zu risikofreundlich agieren und seine Verantwortung zulasten Dritter abwälzen. Dieser Absicherungsmechanismus, der Glücksrittertum begünstigt, ist bereits seit mehreren Jahren zu Recht politisch umstritten. Damit die Verursacher der Krise künftig adäquat zur Verantwortung gezogen werden können, wäre die Einführung von an langfristigen Zielen ausgerichteten Mali, d. h. Gehaltseinbußen – statt kurzfristig orientierter Boni –, erwägenswert. Diese Maliregelung könnte greifen, wenn sich zum Beispiel ein Kreditgeschäft negativ entwickelt. Auch an eine Teilhaftung der Manager oder Institute wäre zu denken, wenn sich die Geschäfte ungünstig entwickeln. Dies würde die Sorgfalt erhöhen und das früher gewohnte konservative Verhalten von Bankiers wieder ermöglichen. Vorausgesetzt, man geht diese Reformen an.

Mögliche Reformschritte zur Vermeidung künftiger Finanzkrisen

»innovativen« Finanzprodukte und der Steuerzahler übernehmen die Risiken. Man hat die Dummen längst gefunden.

Max Otte nennt noch eine Reihe von weiteren Regulierungsschritten, die in einer »idealen« Welt umsetzbar wären:

- Verschärfung der Bilanzierungsvorschriften nach dem Vorbild des alten HGB;
- Regulierung von Hedgefonds und Private Equity;
- Verbot von Derivaten für Privatanleger;
- Einschränkung der Verbriefung von Hypotheken und Konsumentenschulden;
- internationale Abstimmung der Regulierungen zur Vermeidung des Wettlaufs um den liberalsten Finanzplatz;
- bessere und weniger Beamte sowie
- Gründung eines Staatsfonds, um künftig zu vermeiden, dass deutsches Vermögen im Ausland, wie derzeit vor allem in den USA, »verbrannt« wird.[100]

Leider sieht die Realität anders aus. Die Europäer haben bisher noch keine überzeugenden und abgestimmten Regulierungsschritte vorstellen können. Es droht ein »Regulierungs-Tsunami«, zumal auch die US-Finanzmarktregulierung durch Banklobbyisten »zerfranst« wurde. Positiv an der im Juli 2010 vom US-Kongress verabschiedeten Finanzmarktreform ist zunächst, dass sie nach langen und zähen Verhandlungen sowie drei Jahre nach dem Beginn der Finanzkrise überhaupt zustande kam. Die verstärkte Überwachung bisher außerbörslicher Transaktionen sowie die Schaffung des Systemrisikogremiums Financial Stability Oversight Council, durch das ein verbessertes Frühwarnsystem bei finanziellen Risiken installiert werden kann, sind Pluspunkte. Es gelang aber aufgrund heftigen Widerstands der US-Banken kein Durchbruch, wie es zum Beispiel der Glass-Steagall Act mit der Trennung von Geschäftsbanken und Investmentbanken in den 1930er-Jahren darstellte. Ob so der vielfach befürchtete »Regulierungs-Tsunami« abgewendet werden kann, ist weiter offen. Die Kritikpunkte sind vor allem:

[100] Max Otte: Der Crash kommt, S. 235 f.

- Das Problem des »Too Big to Fail« wurde nicht hinreichend gelöst. Eine Zerschlagung zu großer Banken erfolgt nicht. Immerhin können sie künftig bei einer drohenden Pleite geordnet abgewickelt werden.
- Hedgefonds und Schattenbanken, die nach Angaben der Fed mit 16 Bio. US-Dollar ein größeres Schuldenvolumen als alle Geschäftsbanken zusammen aufweisen, bleiben weiter unreguliert.
- Die Rating-Agenturen und die Reorganisation der Hypothekenfinanzierer Freddie Mac und Fannie Mae bleiben bei der Finanzmarktreform außen vor. Sie sollen Gegenstand getrennter Gesetzesvorhaben werden.
- Die Finanzmarktregulierung erfolgt nur national und nicht problemadäquat international. Angesichts der globalisierten Kapitalströme ist dies anachronistisch. Bei Finanzmarktregulierungen gilt, dass eine Kette nur so stark sein kann wie ihr schwächstes Glied. Die Regulierungsdifferenzen zwischen den USA und Europa nehmen derzeit eher zu als ab. Zu den wesentlichen Auslösern der Finanzkrise gehörte neben den zu niedrigen Eigenkapital- und Liquiditätsanforderungen die Regulierungsarbitrage. Dieses Risiko wird jetzt erneut erhöht.
- Auch im Detail ergaben sich fragwürdige Kompromisse. So soll der Handel mit Derivaten künftig über Börsen oder zentrale Schaltstellen abgewickelt werden; das gewinnbringende Swap-Geschäft, mit dem auf die Entwicklung von Leitzinsen und Wechselkursen spekuliert wird, muss aber nicht ausgegliedert werden.

Insgesamt bestehen nach derzeitigem Stand folgende große Finanzregulierungsunterschiede zwischen der USA und der EU:

Trotz der Schwächen der US-Finanzmarktregulierung sind die USA den Europäern damit voraus. Die Einführung eines EU-weiten Bankeninsolvenzrechts, über das zurzeit verhandelt wird, kann noch Jahre dauern. Vor dem Hintergrund des europäischen Regelungsrückstandes und der Zerstrittenheit ist die US-Finanzmarktreform eine wichtige »Blaupause«. Die europäischen Regierungen sind gefordert, sich am sogenannten Hauptregelsetzer USA im weltweiten Finanzgeschäft zu orientieren. Nur eine weitestmögliche Kopie ermöglicht die Begrenzung der Gefahren durch Regulierungsarbitragegeschäfte (sie schienen zuletzt durch das unabge-

Aktueller Stand der Finanzmarktreformen	USA	EU
Problem des »Too Big to Fail«	Keine vorbeugende Zerschlagung von Großbanken, aber geordnete Abwicklung bei einer drohenden Pleite.	Initiative des EU-Parlaments für ein neues Bankeninsolvenzrecht.
Höhere Eigenkapitalausstattung	Höhere Kapitalanforderungen geplant.	In der EU findet Basel II bereits Anwendung, geplante Basel-III-Umsetzung auf EU-Ebene.
Bankenabgabe und Transaktionssteuer	Die Einführung einer »Finanzkrisenverantwortungsgebühr« wurde verschoben, über die Einführung einer Transaktionssteuer wird nicht mehr diskutiert.	Bankenabgabe in Großbritannien, Deutschland, Schweden und Ungarn.
Bonuszahlungen	Nur allgemeine Richtlinien der US-Regulierer.	Europäische Banken dürfen keine exzessiven Prämien mehr an die Mitarbeiter zahlen. Ab 2011 dürfen nur noch maximal 30 Prozent des Jahresbonus sofort an die Mitarbeiter ausgezahlt werden. Die restlichen 70 Prozent werden erst mittelfristig gezahlt, wenn sich das Investment als lohnend erwies.
Aufsicht	Neue Verbraucherschutzbehörde und das Systemrisikogremium Financial Stability Oversight Council.	Neue Aufsichtsbehörden für Banken, Versicherungen und Wertpapiermärkte in Planung.
Hedgefonds	Registrierung erforderlich, aber keine größeren Eingriffe geplant.	Kontrolle der Hedge-Fonds. Zulassung nur nach Nachweis eines Risikomanagements.
Derivate	Verlagerung von Teilen des Derivatehandels auf Börsen oder zentrale Schaltstellen.	Mehr Transparenz angestrebt.

Verbraucherschutz	Überwachung aller Finanzprodukte durch das neue Verbraucherschutzbüro.	Umsetzung der Verbraucherkredit-Richtlinie zur Verbesserung der Transparenz, neue Regeln zum Verbraucherschutz bei Finanzprodukten geplant.

Finanzregulierung in den USA und Europa im Überblick

stimmte Vorgehen eher größer geworden zu sein). Selbst wenn die Europäer das realisierten, wäre das aber nur ein (fauler) Kompromiss; die Finanzkrise erfordert viel entschiedenere Reformen, zum Beispiel das Verbot der Schattenbanken, eine deutlich bessere Eigenkapital- und Liquiditätsausstattung sowie kleinere Finanzinstitute.

Auf den europäischen Finanzmärkten müssen zur Stabilisierung u. a. wieder folgende Grundsätze beachtet werden:

- Ein Euro-Teilnehmerland haftet nicht für Verbindlichkeiten und Schulden anderer Teilnehmerländer (No-Bailout-Klausel des Vertrags über die Arbeitsweise der Europäischen Union [AEUV] zur Vermeidung einer Transferunion).
- Keine staatlichen Eingriffe zur Stabilisierung politisch nicht gewünschter Preise (Euro).
- Auflösung des staatlichen Garantierahmens für die Banken, um ihre wirtschaftliche Handlungsfähigkeit wiederherzustellen.
- Restrukturierung des zunehmend verstaatlichten Bankensektors.

Statt der ständigen Interventionen zur vermeintlichen Rettung eines Status quo ist eine Regelbindung im Rahmen einer glaubwürdigen Ordnungspolitik geeigneter, da sie zur Verstetigung durch klare Signale beiträgt. Aus Erfahrung sollten die politischen Akteure lernen. Wären die ursprünglich vereinbarten Stabilitäts- und Wachstumskriterien auch in guten Jahren von den Regierungen beachtet statt aufgeweicht worden (auch Deutschland und Frankreich zeigten sich hier als schlechte Vorbilder durch die Aufweichung der Regeln im Jahr 2003), gäbe es die Schuldenprobleme nicht in dem heutigen Ausmaß. Hinzu kam das Manipulieren von Verschuldungszahlen (Beispiel Griechenland). Die Finanzinstitute haben durch die postulierte Systemrelevanz den Staat und damit die Bürger in die Pflicht genommen. Es wurden jedoch keine nennenswerten Reformen verabschiedet, sodass die Unternehmen des Finanzsektors (sowie dadurch die Realwirtschaft) weiterhin öffentliche Hilfen brauchen werden. Vor dem Hintergrund des möglichen erneuten Scheiterns sollten die Kunden auf die Bonität/Solidität ihrer Bank verstärkt achten. Kritisch anzumerken bleibt, dass potenzielle Hilfen den Wettbewerb zugunsten staatsnaher Institute verzerrren.

Maßstab der Reformen sind die Stabilität und der Beitrag zum wirtschaftlichen Erfolg für die Mitgliedstaaten. Dies hat die EU in der Vergangenheit so attraktiv für die Beitrittsländer gemacht. Deshalb ist die Verstärkung des Regelwerks nach Otmar Issing derzeit unausweichlich, sonst sei der Ausbruch einer neuen Krise vorprogrammiert.[101]

Auch Hans Tietmeyer fordert entsprechend der Bundesbanktradition zwei Verbesserungen für das Erreichen des Ziels einer weiterführenden politischen Integration:

> »Eine deutliche Abgrenzung und möglichst klare Zuordnung der Kompetenzen zur nationalen oder zur supranationalen Ebene sowie bessere entscheidungs- und handlungsfähige supranationale Strukturen mit entsprechender demokratischer Kontrolle.«[102]

Mischkompetenzen lehnt Tietmeyer wegen der mangelnden Kompetenzabgrenzung ab. Ansonsten drohe die institutionalisierte Unverantwortlichkeit mit entsprechenden Moral-Hazard-Wirkungen.

Ähnlich wie es bei der Fed der Fall ist, läuft auch die EZB Gefahr, dass sie durch die Rettung des Finanzsystems und des Euro immer mehr zum Teil der Legislative wird (bislang eine Aufgabe der Finanzpolitiker). Roubini zufolge muss die inzestuöse Beziehung zwischen der Finanzwelt und

[101] Otmar Issing: »Krise des Euro? – Krise Europas?«, Vortrag vom 05.11.2010 in Mainz.
[102] Hans Tietmeyer: Herausforderung Euro, S. 305 ff.

der Politik eingeschränkt werden, und die viel zu großen und nicht mehr führbaren Banken müssen zerschlagen werden, wobei Politiker bei Banken möglicherweise zu viel Nachsicht haben, »weil dort das Geld ist«.[103] Gleichzeitig steigt die Politikverdrossenheit der Bürger, die es zunehmend für sinnlos halten, sich zu engagieren. Nach Wilhelm Heitmeyer scheint unser demokratisches System ganz unmerklich zu verrotten.[104] Die Politik beschränkt sich nicht mehr auf ihre Kernbereiche – die Schaffung eines tragfähigen wirtschaftlichen Ordnungsrahmens, die Pflege der Außenbeziehungen, Infrastrukturdienstleistungen, Verteidigung und innere Sicherheit –, sondern hat sich auf alle möglichen Lebensbereiche ausgedehnt.

Statt politischer Beliebigkeit in der EU durch wahltaktische Gesichtspunkte der Politiker in den Nationalstaaten und Lobbyisteneinfluss sollte wieder der Ordnungspolitik oberste Priorität eingeräumt werden. Ohne eine Verstärkung des Regelwerks wird die EU-Krise teuer für die Bürger und schwerer steuerbar.

Fazit: Es ist eine Regelbindung im Rahmen einer glaubwürdigen Ordnungspolitik notwendig anstelle von politischer Beliebigkeit (durch wahltaktische Gesichtspunkte der Politiker in den Nationalstaaten und Lobbyisteneinfluss).

103 »Bankräuber Willie Sutton«, in: Nouriel Roubini/Stephen Mihm: Das Ende der Weltwirtschaft, S. 296 f.
104 »Wutgetränkte Apathie«, Interview mit Wilhelm Heitmeyer, in: *Der Spiegel* 14/2010, 04.04.2010, S. 71.

11. Auf dem Weg zum Euro

»Nicht alle Deutschen glauben an Gott, aber alle Deutschen glauben an die Bundesbank.«

Dem früheren Präsidenten der EG-/EU-Kommission (1985–1995),
Jacques Delors zugeschriebene Äußerung[105]

»Der Verlust der Deutschen Mark ist, wenn man so sagen darf, problematischer als die Einführung des Euro. Das Verschwinden des wichtigsten Symbols unseres gemeinsamen Selbstvertrauens, des deutschen Stolzes auf die eigene Leistungsfähigkeit, wird unsere Leistungsfähigkeit, wird unsere Landsleute außerordentlich beunruhigen. Wir können eher die Nationalhymne aufgeben und die Flagge in den Schrank stellen, vielleicht sogar das Amt des Bundespräsidenten auflösen, als die Mark abschaffen.«

Arnulf Baring[106]

Diese Einschätzung von Arnulf Baring weist auf die vernachlässigte emotionale Komponente des Verlustes der Deutschen Mark hin. Historisch ist es vermutlich ohne Beispiel, dass eine gut funktionierende Währung durch ein gemeinschaftliches Währungsexperiment mehrerer Staaten abgelöst wurde. Ich habe zumindest bei meinen Recherchen keines gefunden.

[105] Otmar Issing: Der Euro, S. 19.
[106] In: Dieter Hanitzsch: Eurospott, S. 55.

Und der frühere Bundesbankchef Hans Tietmeyer gab dazu zu bedenken: »Deutschland hat bei der anstehenden Währungsunion viel zu verlieren, nämlich eine der erfolgreichsten und besten Geldverfassungen der Welt«.[107]

Rechnen Sie bei Einkäufen noch in D-Mark um? Dann sind Sie kein Einzelfall. Die D-Mark wird auch deswegen vor allem von Zeitzeugen verehrt, weil sie das herausragende Symbol für Wiederaufstieg und Stabilität nach dem Zweiten Weltkrieg ist. Zahllose persönliche Erfolgsgeschichten sind mit der Währungsreform 1948 verwoben. Nach der vorher in den ersten Nachkriegsjahren erlebten Armut weckten das neue Geld 1948 und der staatliche Neuanfang in Westdeutschland wieder Vertrauen. Auch die 1954 gewonnene Fußballweltmeisterschaft (»Das Wunder von Bern«) oder die Siege der »Silberpfeile« von Mercedes-Benz vermittelten das Gefühl, »Wir sind wieder wer!«. Mit dem Wirtschaftswunder in der Amtszeit von Ludwig Erhard stand die D-Mark für das neue nationale Selbstwertgefühl, das ergänzt wurde durch erneut aufsteigende Konzerne wie Daimler-Benz oder die Deutsche Bank.

Als die Deutschen in den Urlaub ins europäische Ausland fuhren, war ihnen vermutlich bewusst, dass sie in erster Linie wegen ihrer geschätzten stabilen Währung so freundlich bedient wurden. Beliebt waren sie aufgrund ihrer Nationalität nicht (überall), denn der Zweite Weltkrieg war noch teilweise in zu frischer Erinnerung. Letztlich hat die D-Mark wahrscheinlich auf diesem Weg zur schnelleren Befriedung geführt. Selbst im sozialistischen Ausland und der »SBZ«/»DDR« war die D-Mark heiß begehrt und öffnete de facto alle Türen, wenngleich dies offiziell geleugnet wurde. In der Rückbetrachtung, die vor Verklärungen nicht gefeit ist, war die D-Mark nicht so stabil, denn auch der jährliche Preisanstieg in D-Mark von 1948 bis zur Euroeinführung war hoch. Dabei bezog die D-Mark ihre Stärke nur durch die entschiedenere und erfolgreichere Inflationsbekämpfung im Vergleich zu den nicht unabhängigen Notenbanken in den anderen europäischen Ländern; diese galten nach einigen Jahren als Weichwährungsstaaten. Vor diesem Hintergrund blieb vielfach

[107] Hans Tietmeyer, in: Didzoleit/Fleischhauer/Steingart: »Die Gold-Sucher«, in: *Der Spiegel* 23/1997, 02.06.1997, S. 36.

das Gefühl zurück, dass Deutschland ein international gut akzeptiertes inländisches Zahlungsmittel zugunsten einer fragwürdigen Gemeinschaftswährung aufgab. Viele konnten (und wollten) sich nur schwer daran gewöhnen.

Bis heute wird der Euro oft auch als »Teuro« empfunden. Der Teuro war sogar Unwort des Jahres 2002. Viele lokale Dienstleistungen – zum Beispiel Friseurbesuche, chemische Reinigungen – sind nach der Umstellung von D-Mark auf Euro um einiges teurer geworden. Die Gastronomiepreise legten ebenfalls deutlich zu. Dies war nicht, wie vielfach kolportiert, eine nur gefühlte Preisexplosion. Auch der Einzelhandel soll statistisch signifikante Preissteigerungen gezeigt haben. Die Spanier sprechen beim Euro passend vom »Redondo« (nach *redondear* = aufrunden). Auch hinsichtlich der Produkte des täglichen Lebens dürfte der Eindruck vieler Verbraucher stimmen, dass der Euro ein Teuro ist. Aber selbst wenn der statistische Warenkorb insgesamt durch die Währungsumstellung nicht beeinflusst würde – PCs wurden beispielsweise billiger[108] –, ist die möglicherweise verzerrte Wahrnehmung der Bürger dennoch relevant, denn sie zeigt ein starkes Unbehagen der Bevölkerung. Vertrauen lässt sich nicht »von oben« verordnen oder durch eine noch so wasserdichte Statistik »wahrmachen«.

Die folgende Tabelle zeigt die wesentlichen Schritte zur Einführung des Euro:

07./ 08.10.1970	Vorschlag des luxemburgischen Premierministers Pierre Werner zur Verwirklichung einer Wirtschafts- und Währungsunion (WWU) in drei Schritten (sog. Werner-Plan). Der Plan sah die Koordinierung der Wirtschaftspolitik, der Geld- und Kreditpolitik sowie die Liberalisierung des Kapitalverkehrs vor. Weitere Maßnahmen betrafen die Lösung struktureller und regionaler Probleme sowie eine Harmonisierung der Steuern.
22.03.1971	Der Europäische Rat verständigte sich auf die stufenweise Verwirklichung der WWU.

[108] Siehe dazu auch Hans W. Braching: Der Euro als Teuro?, Statistisches Bundesamt – Wirtschaft und Statistik 9/2005.

05.12.1978	Nach dem Zusammenbruch des Bretton-Woods-Systems und dem Scheitern der »Währungsschlange« beschloss der Europäische Rat die Einführung des Europäischen Währungssystems EWS. Übrig blieb zuletzt nur noch ein ganz kleiner Währungsverbund zwischen der D-Mark und den Währungen von Norwegen, Schweden, Österreich und der Schweiz. Die Energie- und Wirtschaftskrise sowie die mangelnde Koordination der Wirtschaftspolitik führte zu einer schnellen Destabilisierung der Währungsschlange. Die Mitgliedstaaten waren nicht bereit oder in der Lage, der Geldpolitik der Deutschen Bundesbank zu folgen.
01.07.1987	Die Einheitliche Europäische Akte trat in Kraft mit Festschreibung des Ziels einer Währungsunion.
06.11.1991	Helmut Kohl: »Man kann dies nicht oft genug sagen. Die politische Union ist das unerlässliche Gegenstück zur Wirtschafts- und Währungsunion. Die jüngere Geschichte, und zwar nicht nur die Deutschlands, lehrt uns, dass die Vorstellung, man könne eine Wirtschafts- und Währungsunion ohne politische Union auf Dauer erhalten, abwegig ist.« (Deutscher Bundestag, stenografischer Bericht, 06.11.1991)
03.12.1991	Helmut Kohl: »Wir können und werden nicht hinnehmen, da wir die Verfügung über einen entscheidenden Bereich staatlicher Souveränität, die Währungspolitik, abgeben, die politische Union aber ein ›Luftschloss‹ bleibt.« (Rede über die deutsch-französischen Beziehungen am 03.12.1991 in Jouy-en-Josas, S. 16)
07.02.1992	Vertrag von Maastricht: Bis Anfang 1999 soll die WWU verwirklicht sein. Damit ein Land an der Währungsunion teilnehmen kann, muss es bestimmte Konvergenzkriterien erfüllen, durch die die Stabilität der gemeinsamen Währung gesichert werden soll. Diese umfassten u. a. die dauerhaften finanzpolitischen Kriterien einer Defizitquote unter 3 Prozent und einer Schuldenstandsquote von unter 60 Prozent des BIP. Durch die sogenannte No-Bailout-Klausel wurde sichergestellt, dass ein Euro-Teilnehmerland nicht für Verbindlichkeiten und Schulden anderer Teilnehmerländer haften oder aufkommen muss.

16.09.1992	EWS-Währungskrise 1992/1993: Das britische Pfund und die italienische Lira scheiden nach Kursturbulenzen aus dem Wechselkursmechanismus des EWS aus. Danach war noch ein anhaltendes Krisenmanagement im EWS bis weit in das nächste Jahr erforderlich, denn nach einer Neueinschätzung der Währungsrisiken durch die Marktteilnehmer im Zuge einer steigenden Unsicherheit war nicht klar, ob der Vertrag von Maastricht und damit die EWU in Kraft treten konnte (vgl. Tammo Greetfeld, Glaubwürdigkeit, S. 79 f.)
01.01.1993	Der Europäische Binnenmarkt mit dem freien Verkehr von Waren, Personen, Dienstleistungen und Kapital tritt in Kraft.
01.01.1994	Das Europäische Währungsinstitut (EWI) als Vorläufer der Europäischen Zentralbank (EZB) wird gegründet, und die Haushaltslage der Mitgliedstaaten wird überprüft, zweite Stufe der Währungsunion.
01.01.1996	Der frühere Bundeskanzler Helmut Schmidt: »… Giscard und ich haben uns vorgestellt, dass die Währungsunion sich aus dem EWS würde entwickeln können. Das ist leider so nicht geschehen.« (*Der Spiegel*, 1/1996, S. 28)
13.12.1996	Auf Initiative des damaligen deutschen Bundesfinanzministers Theo Waigel wurden zwei dieser Kriterien auf dem EG-Gipfel 1996 in Dublin auch über den Euro-Eintritt hinaus festgeschrieben: eine Defizitquote unter 3 Prozent und eine Schuldenstandsquote von unter 60 Prozent des BIP.
17.06.1997	Mit dem Vertrag von Amsterdam wurde der Stabilitäts- und Wachstumspakt geltendes EU-Recht. Der Stabilitäts- und Wachstumspakt fordert von den Euroländern in wirtschaftlich normalen Zeiten einen annähernd ausgeglichenen Staatshaushalt, damit in wirtschaftlich ungünstigen Zeiten Spielraum besteht, durch eine Erhöhung der Staatsausgaben die Wirtschaft zu stabilisieren.
23./ 24.04.1998	Bundestag und Bundesrat stimmen mit großer Mehrheit der Euro-Einführung zu, eine Volksabstimmung findet in Deutschland nicht statt. Die politische Debatte vor der Euro-Einführung war von zwei widerstreitenden Theorien geprägt: der Grundsteintheorie (die ökonomische Integration und die Gemeinschaftswährungseinführung sollen möglichst früh erfolgen, da sie die politische Integration stärken und weitere Harmonisierungen in anderen Bereichen nach sich ziehen) und der Krönungstheorie (eine tiefere politische Integration Europas soll vor oder zumindest zeitgleich mit einer ökonomischen Integration und einer Währungsunion stattfinden). Die EU und später

	auch die Bundesregierung folgten der Grundsteintheorie, bei der die Euroeinführung die Integrationsbemühungen der Mitgliedstaaten beflügeln soll. Die sich abzeichnende Entwicklung einer EU der zwei bzw. mehrerer Geschwindigkeiten wurde dabei in Kauf genommen. »Transferleistungen sind so absurd wie eine Hungersnot in Bayern«, erklärte 1998 der frühere luxemburgische Ministerpräsident Jean-Claude Juncker gegenüber dem damaligen bayerischen Ministerpräsidenten Edmund Stoiber, der warnte, Deutschland könnten dereinst hohe Transferzahlungen für schwache Euro-Länder drohen. (Thomas Wolf: »Hilfe für Hellas?«, in: *Focus Money*, Nr. 9 2010, 24.02.2010)
01.01.1999	Elf EU-Länder führten den Euro als gemeinsame Währung ein. Die Verantwortung für die Geldpolitik ging auf die EZB über. Damit begann eine dreijährige »Übergangsphase«. Während dieser Zeit konnte der Euro bereits im bargeldlosen Zahlungsverkehr verwendet werden.
19.06.2000	Der Europäische Rat kam zur »Auffassung, dass Griechenland einen hohen Grad an nachhaltiger Konvergenz erreicht hat und daher die notwendigen Voraussetzungen für die Einführung des Euros« erfüllt. Nach Zustimmung des Ecofin-Rats führte Griechenland zum 01.01.2001 den Euro ein. Der damalige EZB-Chef Wim Duisenberg erklärte gegenüber Bedenkenträgern, es sei »lächerlich« anzunehmen, der Euro-Beitritt Griechenlands könne den Euro in Gefahr bringen. (Martin Trauth, Thierry Masure: »Griechenland löst Eintrittskarte für die Euro-Zone«, in: *AFP*, 16.06.2000)
01.01.2002	Endgültige Einführung des Euro. Alle laufenden Verträge werden auf Euro umgestellt.

Überblick über die wesentlichen Schritte zur Einführung des Euro

Eine Studie der Dresdner Bank im Auftrag der Forschungsgruppe Wahlen, bei der 1.300 Wahlberechtigte befragt wurden, zeigte Ende 2007 ein Absinken der Euroakzeptanz der Deutschen auf 36 Prozent gegenüber 42 Prozent im Jahr 2004. Fast ein Jahrzehnt nach der Einführung des neuen Bargelds wünscht sich noch immer eine Mehrheit von 53 Prozent der Deutschen die D-Mark zurück. Vor dem Hintergrund des Vorteils, dass der lästige Geldumtausch in Europa entfiel, ist das Befragungsergebnis besonders fatal.[109] Ein überzeugender Vertrauensbeweis sieht anders aus.

[109] Siehe »Noch will die Mehrheit die D-Mark zurück«, in: *Medien-Service der Dresdner Bank* – Dez. 2009/Jan. 2010, S. 2.

Im Inland wurde im Gegensatz zu anderen EU-Staaten noch nicht einmal eine Volksabstimmung durchgeführt. In drei Ländern der EU (Dänemark, Frankreich und Irland) fanden Referenden zum Vertrag über die Europäische Union statt. Die Bürgerbefragungen in Irland und Frankreich endeten mit einer Zustimmung zum Vertrag von Maastricht. Für Mitterrand wäre eine Ablehnung eine äußerst unangenehme Niederlage gewesen, zumal er mit großem Engagement persönlich für den Euro geworben hatte. Die Zustimmung der Dänen zum EU-Vertrag erhielt die dänische Regierung erst nach einem zweiten Referendum. Zuvor wurde den Dänen in einem Zusatzprotokoll das Recht zugestanden, selbst zu wählen, ob und zu welchem Zeitpunkt sie der Währungsunion beitreten möchten. Und diese haben bis heute keinen Euro.

Auch die Deutschen wären nicht zu »blöde« gewesen, um befragt zu werden. Indes sieht unsere Verfassung eine solche außerparlamentarische Mitbestimmung nicht vor. Dabei spürten die Bürger instinktiv – vielleicht gerade aufgrund der prägenden Erlebnisse durch mehrere Währungszusammenbrüche –, dass sie als Sparer oder Steuerzahler Verlierer der konstituierenden Währungsreform sein könnten. Umfragen (siehe oben) zeigten nämlich, dass eine Mehrheit nicht für den Euro war. Insofern wäre es mit großer Wahrscheinlichkeit auch in Deutschland – trotz großer Europa-Euphorie – wie in Dänemark zu einem Nein gekommen. Das Demokratiedefizit, in einer so entscheidenden Vertrauensfrage die Bevölkerung nicht befragt zu haben, wiegt schwer; es kann allerdings von den (Verfassungs-)Konservativen im Nachhinein nicht darüber gejammert werden, da diese die Bestrebungen »außerhalb der großen Volksparteien«, Volksentscheide – die es durchaus in einigen deutschen Landesverfassungen gibt – für sogenannte existenzielle Entscheidungen (aktuell Atomausstieg) einzuführen, immer strikt abgelehnt haben. Inzwischen haben sich fast alle Befürchtungen bezüglich der Euro-Einführung bestätigt. Jetzt steht die Sorge im Vordergrund, dass vor allem die Deutschen als »Melkkühe« für ganz Europa herhalten müssen, und dann – was an dieser Stelle schon einmal prophezeit werden kann – mit einer Währungsreform auch noch ihr Sparvermögen verlieren.

Eine gute Zukunftsperspektive ist das nicht. Bereits mit dem Start des Euro-Experiments wurde die wirtschaftliche Lage für Arbeiter und Angestellte schwieriger. In diesem Zusammenhang äußerte der damalige Chefvolkswirt der Europäischen Zentralbank, Otmar Issing, dass bei Wegfall der Wechselkurse die Anpassung an veränderte wirtschaftliche Umstände durch die Löhne geschehen müsse, das heißt, diese gegebenenfalls sinken werden. Dies ist seit Jahren der Fall gewesen. Die Löhne standen unter Druck. Das zwang die deutsche Bevölkerung zu verstärktem Sparen und verschlechterte aufgrund der eingeengten finanziellen Spielräume die Stimmung im Lande. Gut ausgebildete Bundesbürger, die anderswo leichter Geld verdienen können, wanderten aus. Die Investitionsbereitschaft, auch im Vergleich zum Ausland, sank, das Land erschlaffte wirtschaftlich.[110] Auch die ungünstige demografische Entwicklung hierzulande spricht nach wie vor nicht für ein großes Zukunftsvertrauen der inländischen Bevölkerung.

Wie sah es aber zudem in der sogenannten Finanzwelt aus? Da auch der Bankenverband bereits im Jahr 1995 der Euro-Einführung zugestimmt hatte, war bei den Finanzinstituten und der »Financial Community« eine »Gleichschaltung« mit den staatlichen Positionen zu beobachten. Dies schloss kontroverse Diskussionen zu dem vielfach emotional bewegenden Thema aus, obwohl die Stabilität und die Akzeptanz der neuen Währung für das wirtschaftliche Wohl des Landes und der EU wichtig waren und bleiben.[111] Die Politiker in der EU träumten sogar davon, der Euro würde den Dollar als Weltwährung ablösen und die Öl- und Flugzeugbenzinrechnungen würden künftig in Euro erfolgen.

Zur Akzeptanz der neuen Währung kam es dann auch von Anfang an nicht. Helmut Kohl ahnte wohl Ungemach und setzte Mitte der 1990er-Jahre dagegen: »Ich weiß, dass es schwierig ist, aber man muss es durchziehen.«[112]

Bereits 1985 soll Kohl zu Mitterrand gesagt haben:

---

110 Siehe Hans-Werner Sinn: Euro-Krise, S. 7.

111 Siehe auch Wilhelm Hankel u. a.: Die Euro-Klage, S. 139 ff.

112 Alexandre Lamfalussy am 27.05.2007, in: David Marsh: Der Euro, S. 257.

> »Für uns Deutsche ist die Mark unsere Flagge. Sie ist die Grundlage unseres Wiederaufbaus nach dem Krieg. Sie ist der wesentliche Bestandteil unseres Nationalstolzes; sonst haben wir nicht viel.«[113]

Und Anfang der 90er-Jahre sagte er gegenüber Mitterrand: »Die Aufgabe der Mark ist ein großes Opfer für die Deutschen. Die öffentliche Meinung ist noch nicht so weit!«[114]

Mit einer breit angelegten Werbekampagne wurde die Euro-Einführung begleitet und das Unwort Währungsreform vermieden. Trotzdem bleibt faktisch: Mit der Euroeinführung mussten die Deutschen im letzten Jahrhundert neben den definitiven sanierenden Währungsreformen 1923 und 1948, auch 1999 bis 2002 (am 01.01.1999 wurde der Euro als Buchgeld, drei Jahre später, am 01.01.2002, erstmals als Bargeld eingeführt) eine konstituierende Währungsreform verkraften, wenn diese auch eher verdeckt ist. Zählt man die Wiedereinführung der Reichsmark 1924 nach der neunmonatigen Zwischenphase der Rentenmark mit, wären es sogar vier Währungsreformen für Westdeutsche und fünf für Ostdeutsche wegen der D-Mark-Einführung 1990. Die Bürger aus dem Beitrittsgebiet (Ex-DDR), die durch die Stabilität des westlichen deutschen Nachbarstaates und ihrer hoch geschätzten D-Mark für die Wiedervereinigung gekämpft hatten, tauschten bereits etwa ein Jahrzehnt später ihre neuen Geldscheine wieder ein. Auch bei den Bürgern aus dem Beitrittsgebiet stießen der Verlust der D-Mark und der ersatzweise Empfang des neuen Esperanto-Geldes, wie die neue Währung manchmal verunglimpfend genannt wurde, auf große Vorbehalte.

Zu den prominentesten Eurogegnern gehörte Manfred Brunner von der Partei Bund Freier Bürger (BFB). Manfred Brunner war von 1989 bis 1992 Kabinettschef des EG-Kommissars Martin Bangemann, seine Hauptkritikpunkte waren: Was nach Maastricht in Brüssel beschlossen worden sei, sei demokratisch nicht legitimiert, weil es kein nationales und kein handlungsfähiges Europa-Parlament gebe, das Kontrolle über

[113] Elisabeth Guigou: Une femme au coeur de l'etat, S. 73, zitiert in: David Marsh: Der Euro, S. 167.
[114] John Major am 26.09.2007, in: David Marsh: Der Euro, S. 193.

die Brüsseler Regierung ausüben könne. Aber Brüsseler Recht sei dann auch weit über Binnenmarktfragen hinaus in Deutschland bindend, ohne Rücksicht auf die Bonner Verfassung. Die deutsche Souveränität und die Deutsche Mark seien verloren. Dazu dürfe Bonn nicht Ja sagen, ohne das Volk zu befragen.[115] Infolge der Kritik soll er nach dieser Quelle auch seinen Posten bei der EU auf Betreiben Helmut Kohls verloren haben, dazu Kurt Faltlhauser (CSU): »Wer unter Kohl was werden will, muss durch den Maastricht-Trichter.«[116] Der überzeugte Europäer Brunner setzte sich für das Subsidiaritätsprinzip ein:

> »... Subsidiarität im Sinne einer klaren Kompetenzaufteilung erfordert jedoch unbedingt die Weiterentwicklung zur politischen Union, denn nur wenn Entscheidungen auf europäischer Ebene genauso demokratisch wie von den nationalen Parlamenten entschieden werden, kann man einer vollständigen Kompetenzverlagerung auf die EG zustimmen ...«
>
> Brunner wollte ein unkontrollierbares zentralistisches europäisches Gebäude verhindern, »das niemand will und das deshalb auch wieder auseinanderbrechen würde, wenn es trotzdem entstünde«.[117]

Nach der Ratifikation des Maastricht-Vertrags erhob Manfred Brunner Verfassungsbeschwerde beim Bundesverfassungsgericht in Karlsruhe mit dem Argument, die Übertragung von Hoheitsrechten auf die EU sei mit dem Demokratieprinzip unvereinbar. Die Klage wurde 1993[118] zurückgewiesen, der EU-Vertrag von Maastricht war danach mit dem Grundgesetz vereinbar.[119] Auf allen Ebenen formierten sich die Gegner, mit dabei war der Euro-Gegner Professor Wilhelm Hankel, ein früherer Mitarbeiter von Wirtschaftsminister Professor Karl Schiller, der später Präsident der Helaba (1972–1973) wurde und an mehreren in- und ausländischen Uni-

115 Hans Wagner: »Einsamer Kampf gegen den europäischen Überstaat«, in *Focus Magazin*, Nr. 21, 24.05.1993.
116 Siehe zu Brunners Rausschmiss auch: Der Spiegel 3/1994, 17.01.1994, S. 3.
117 Manfred Brunner: Die EG auf dem Weg zur politischen Union, S. 157.
118 Sog. »Maastricht-Urteil«, BVerfGE 89, 155 vom 12.10.1993, Az: 2 BvR 2134, 2159/92.
119 Manfred Brunner: Die EG auf dem Weg zur politischen Union, S. 157.

versitäten als Gastprofessor lehrte. Er argumentiert nach wie vor unmissverständlich:

> »Ich habe immer gesagt: Erst kommt der gemeinsame Staat und dann die gemeinsame Währung. Nicht anders herum. Die Sachzwangtheorie der Bundesregierung – die Währung zieht den Staat nach sich – war in Wahrheit eine Konflikttheorie.«[120]

Auch Rudolf Augstein wies zu Recht darauf hin, dass die Europäische Zentralbank als erste Zentralbank nicht an eine Regierung gekoppelt sei.[121] So muss die EZB im Konfliktfall auch dem geballten Druck mehrerer Teilnehmerstaaten widerstehen. Hankel kritisierte weiter, dass Deutschland durch den Euro als Wachstumslokomotive einseitig belastet und zum Schlusslicht im innereuropäischen Expansionsprozess gemacht werde. Mit dem Verzicht auf die D-Mark habe Europa seinen Stabilitätsanker verloren. Die Europäische Zentralbank sahen die Euro-Kritiker in einem Dilemma, da sie vor der grundsätzlichen Problematik stünde, dass in einem großen und heterogenen Währungsraum ein Geldmantel nicht allen passt und die Inflation nicht wie erwünscht kontrollierbar sei. Dadurch würde ein inflatorisches Wirtschaftswunder in den Ländern der Peripherie wie Irland und Portugal entstehen. Die Regierungen dort würden mit niedrigen Zinsen zu einer inflatorischen Politik verführt und hinterher wegen zu großzügiger Haushaltspolitik mit blauen Briefen aus Brüssel bestraft.[122]

Wilhelm Hankel hatte mit Wilhelm Nölling, Joachim Starbatty und Karl Albrecht Schachtschneider zudem 1998 eine Klage beim Bundesverfassungsgericht gegen den Vertrag von Amsterdam zur Einführung des Euro eingereicht, die jedoch nicht erfolgreich war.

Karl Albrecht Schachtschneider formulierte im Rahmen der Verfassungsbeschwerde am 12.01.1998: »Durch die Euro-Politik ist jeder Bürger un-

120 »Euro blockiert Kampf gegen die Krise«, Interview mit Robert von Heusinger, in: Frankfurter Rundschau, 11.02.2009.

121 *Der Spiegel* 29/2001, 16.07.2001, S. 29.

122 »Euro-Kritiker geben nicht auf«, in: *Handelsblatt Online*, 03.05.2001.

mittelbar, selbst und gegenwärtig in den genannten Grundrechten beeinträchtigt. Die Bürgerklage ist deswegen keine Popularklage.«[123]

Und im Mai 2010 kündigte Joachim Starbatty (zusammen mit Wilhelm Hankel, Wilhelm Nölling und Karl Albrecht Schachtschneider sowie Dieter Spethmann) schließlich an, gegen den Milliardenkredit für die Griechenland-Hilfe vor dem Bundesverfassungsgericht in Karlsruhe Klage einzureichen. Nach der Meinung der Euro-Kritiker verstößt ein entsprechendes Gesetz gegen EU-Recht und das deutsche Grundgesetz. Das Bundesverfassungsgericht hat die Klage (Klageschrift vom 05.07.2010) angenommen und die Beteiligten (Bundesregierung, Bundestag und Bundesrat) zur Stellungnahme aufgefordert, jedoch den Eilantrag abgelehnt. Seine Entscheidung begründete das Verfassungsgericht mit den Folgen, die ein vorläufiges Verbot deutscher Bürgschaftszusagen für den Euro haben könnte.

Die Frage, ob sich die EU zu einer Transferunion (oder Schadenshaftungsunion, wie Hankel sie bezeichnet) entwickelt, entscheidet – nach der hier vertretenen Einschätzung – darüber, wie schnell der deutsche Staat pleitegeht. Wenn sich die Probleme nun auch nach dem zunächst »für unwahrscheinlich gehaltenen Fall Portugal« auf Spanien, Italien, oder andere Mitgliedstaaten ausweiten, werden auf jeden Fall die Bereitschaft und die Fähigkeiten deutscher und französischer Steuerzahler an Grenzen stoßen.[124]

Die Abmachungen im sogenannten Stabilitäts- und Wachstumspakt von 1997 sind heute zu einer »Lachnummer geworden«, nachdem sich keiner der Euro-Staaten, allenfalls mit der Ausnahme von Luxemburg, mehr daran hält.[125] Letztendlich zählte bei dem Start der Europäischen Währungsunion am 01.01.1999 der politische Wille in den elf Ländern, der über ökonomische Vorbehalte triumphierte, wie vielfach von Ökonomen (zum Beispiel Hankel u. a., siehe oben) geäußert wurde. Es fehlte die Flexibili-

[123] Siehe Wilhelm Hankel u.a.: Die Euro-Klage, S. 303, siehe auch M. Balser/M. Zydra: »Angriff auf den Euro«, Süddeutsche Zeitung, 23.02.2010.

[124] Siehe Nouriel Roubini/Stephen Mihm: Das Ende der Weltwirtschaft, S. 375.

[125] Hans M. Enzensberger: Sanftes Monster Brüssel, S. 45.

tät der Märkte, vor allem der Arbeitsmärkte. Der neue geldpolitische Anzug musste dennoch für alle passen nach dem Motto »One size fits all«, obwohl die Kriterien eines optimalen Währungsraums fehlten, u. a. auch die normale Konstruktion, dass der Währungsraum mit einem Staat identisch ist.[126]

Inflationsfreudige Staaten profitierten von den niedrigen Zinsen, erlebten einen Bauboom und verschuldeten sich – wie Spanien – trotzdem. Die Wirtschaftspolitik war auf die kurzfristigen Interessen des eigenen Wahlvolks ausgerichtet – auch bei der deutschen und der französischen Regierung, die ebenfalls lax agierten und die Stabilitätsregeln im November 2003 aushebelten. Die schlechte Vorbildwirkung der höheren Schulden in den beiden großen europäischen Vorzeigestaaten läutete die Erosion der Euro-Zone ein. Danach nahmen auch in Südeuropa die Defizite zu, zudem stiegen die privaten Schulden (Spanien). Wenn die Mehrheit der Länder sich instabil verhält, wird auch hier der politische Mehrheitswille zählen, und man wird die wenigen reicheren Mitgliedstaaten bürgen/zahlen lassen, bis das System insgesamt nicht mehr zu halten ist.

Fazit: Der Euro war am Ende mehr vom politischen Willen als vom ökonomischen Verstand bestimmt, und die vermeintlich als ultimatives Korrelat eingeführten Stabilitätskriterien dienten letztlich der leichteren Durchsetzung der neuen Gemeinschaftswährung. Heute hat der politische Wille der Nationalstaaten sogar die Stabilitätskriterien und die No-Bailout-Klausel ausgehebelt.

[126] Siehe Otmar Issing: Vortrag vom 05.11.2010, S. 13.

12. Warum der Euro scheitern muss

»Ganz viele Leute sind sehr besorgt. Sie sagen, wenn man, um nur eine Zahl zu nennen, neun Währungsgebiete zusammenschließt – drei sind schwach, drei mittel, drei stark –, dann kann dabei nicht die stabilste Währung herauskommen. Daraus schließen die Leute: Wenn die Geldentwertung mit dem Euro zunimmt, dann verliere ich etwas von meinem Gesparten. So simpel ist das.«

Gerhard Schröder[127]

Otmar Issing war ein wesentlicher Mitgestalter des Euro. Beim Start der neuen Währung konnte man aufgrund des Regelwerks durchaus zuversichtlich sein. Im politischen Diskurs wurde auf den Stabilitäts- und Wachstumspakt hingewiesen, durch den der Euro nicht zu einer Weichwährung würde. In der Rückbetrachtung ist das inzwischen erreichte Ausmaß der Politisierung der Geldpolitik befremdlich. Insbesondere die komplette Ausschaltung der Sanktionen bei Defizitsündern hat die Glaubwürdigkeit zerstört.

Es bleiben bis heute viele Fragen offen, die auf schwerwiegende Konstruktionsfehler bei der Einführung des Euro hinweisen, dazu hier ein Überblick:

Mangelndes Vertrauen in den Euro?	Der Abschied von der D-Mark fällt vielen Bürgern schwer: Auch neun Jahre nach der Einführung des Euro werden noch immer mehr als 13 Mrd. D-Mark, wo und wie auch immer, als Bargeld gehalten, damit werden noch Münzen und Scheine von mindestens 7 Mrd. Euro aufbewahrt (»Deut-

[127] In: Dieter Hanitzsch, Eurospott, S. 66.

Warum halten die Deutschen noch immer so viel DM-Bargeld?

sche horten noch immer viele Milliarden D-Mark«, 04.01.2010 Internetseite Tagesschau). Dies ist ein starkes Indiz für den Euro-Vertrauensmangel. Osteuropäer tauschten ihre D-Mark-Bestände vorzugsweise in den US-Dollar. Sie trauen dem Euro nach wie vor nicht und achten bei den Euro-Scheinen auf die X-Nummer, die Deutschland zugeordnet ist (NZB-Kennung, bis Ende 2002 konnte man anhand des Anfangsbuchstabens der Euroschein-Seriennummer herausfinden, in welchem Land er gedruckt wurde. Seit dem Jahr 2003 wird im sogenannten »Pooling-System« jeder Wert nur noch von wenigen Nationalbanken produziert und von den Druckereien ins gesamte Euro-Gebiet transportiert). Der Status einer neuen Währung kann nicht politisch erzwungen werden. So tauschten die Zentralbanken ihre D-Mark-Reserven zunächst zugunsten des US-Dollars, der Euro galt als abwertungsgefährdet.

Wurden die richtigen, d. h. wirtschaftlich angemessenen Umtauschkurse berücksichtigt?

Es wurden beim Umtausch Marktdevisenkurse zugrunde gelegt. Trotz dieser zunächst überzeugenden Berechnungsgrundlage wurde daran Kritik geübt. So wurde zum Beispiel argumentiert, dass Deutschland wegen der im Devisenmarkt hoch geschätzten D-Mark, zumindest im Vergleich zu den übrigen EU-Staaten, zu einem verzerrten Kurs in den Euro eingestiegen sei. Der hohe Umtauschkurs war eine Folge der Währungsturbulenzen 1992/93, die die Wettbewerbsfähigkeit Deutschlands schwächten (David Marsh, Der Euro, S. 276). Bei einer »überbewerteten (unterbewerteten)« Wirtschaft würde der zusätzliche Importanreiz (Exportanreiz) bei den höheren (niedrigeren) Preisen deflationär (inflationär) wirken. Die höheren (niedrigeren) Kosten mindern (erhöhen) die Exportchancen im gemeinsamen Währungsraum und begünstigen (benachteiligen) die Verlagerung der Produktion in kostengünstigere Staaten. Um die Wettbewerbsfähigkeit der Wirtschaft zu erhalten, waren Lohnsenkungen erforderlich. Nach Ansicht von Christian Schubert waren »die Deutschen in den 90er-Jahren zum Handeln gezwungen, weil sie zu einem überbewerteten Kurs in die Währungsunion eintraten« (siehe Christian Schubert: »Französische Wünsche«, in: *Frankfurter Allgemeine Zeitung* vom 18.03.2010, S. 11, auch David Marsh: Der Euro, S. 276). Die Löhne gerieten dadurch in Deutschland unter Druck. Seitens des Eurostaates mussten substanziierte Kaufkraftvergleiche und -studien vorgelegt werden (W. Hankel u. a., Die Euro-Klage, S. 107, 108). Investitionen in Deutschland wurden zurückgefahren, inländische Vermögen verloren in der Folge an Wert im Gegensatz zu Blasenbildungen in den EU-Peripherieländern. Nach der fragwürdigen Euro-Kursfixierung fehlt der ausgleichende Wechselkursmechanismus innerhalb der europäischen Staaten.

»One Size fits all?«

Verschiedene Transmissionswege machen nach Karl Otto Pöhl die Umsetzung der EZB-Politik für die einzelnen Länder schwierig:

»Sie kann naturgemäß nur nach dem Motto betrieben werden: »One size fits all«. Eine Differenzierung nach regionalen Gesichtspunkten ist in einem einheitlichen Währungsgebiet und einem Markt mit voller Freizügigkeit für Güter und Dienste und auch für Geld und Kapital nicht möglich.«

(Karl Otto Pöhl: Von der Mark zum Euro, S. 295, in: Hans-Ulrich Jörges (Hg.): Der Kampf um den Euro: Wie riskant ist die Währungsunion?, Hamburg 1998)

Die Länder sind allein schon unter ökonomischen Aspekten zu unterschiedlich für eine einheitliche Währung (abgesehen von den politischen und kulturellen Unterschieden, die erschwerend hinzukommen). Wynne Godley (Paper, 1997) führte dazu besonders kritisch aus:

»... wenn eine Regierung keine eigene Währung mehr besitzt, gibt sie nicht nur die Kontrolle über die Geldpolitik auf; die Kaufkraft wird auf neue Art beschränkt. Ohne eigene Bank, mit der sie Schecks ausstellen kann, können die Ausgaben nur noch durch die Finanzierung im freien Markt mit Wettbewerb erfolgen mit der Folge, dass dies zu teuer oder sogar unmöglich wird, insbesondere in Notsituationen [wie zuletzt in Griechenland, Anmerkung des Verfassers] ... wenn Europa kein vollumfängliches eigenes Budget unter den neuen Bedingungen besitzt, wird es bei einem Zahlungsausfall die einzelnen Budgets der Teilstaaten noch haben. Die Gefahr ist dann, dass die Budgetbeschränkungen, denen die Regierungen individuell unterliegen, einen disinflationären Bias auslösen, der Europa in eine Depression stürzt und dabei Europa ohnmächtig ist, diese wieder zu überwinden«.

Ist die EZB noch unabhängig?

Die EZB geht inzwischen dazu über, Staatsanleihen aus dem Euro-Raum aufzukaufen. Mit dieser Neuausrichtung der EZB, die sich mit den zunehmenden Haushaltsschulden noch manifestieren wird, wird die EZB langfristig zu einem Spielball der europäischen Politiker.

Welche Bedeutung hat der »Stabilitätspakt«? Warum greifen die Sanktionsmechanismen nicht?	Das Primat der Politik hat sich durchgesetzt, obwohl ein regelgebundener Sanktionsmechanismus zur Disziplinierung von Mitgliedstaaten mit unsolider Haushaltspolitik besser gewesen wäre. Der reformierte Stabilitätspakt sah eine stärkere Einzelfallorientierung vor, de facto ist der Sanktionsmechanismus außer Kraft gesetzt worden. Dies beschädigt das Vertrauen der Märkte hinsichtlich der Haushaltsdisziplin in den Euro-Mitgliedstaaten.
Wie entwickelt sich die politische Union, das Gegenstück zur Währungsunion?	Bereits Anfang 1996 übte der frühere Bundeskanzler Helmut Schmidt scharfe Kritik am Vertrag von Maastricht: »Das ist ein Kraut-und-Rüben-Vertrag. In Wirklichkeit ist alles, was Hardware ist in dem Vertrag, Währungsunion. Alles andere ist wolkig, schwammig. Die gemeinsame Außenpolitik bleibt schwammig, die gemeinsame Sicherheitspolitik bleibt schwammig, die institutionelle Korrektur der Organe der Europäischen Union, die Frage der Erweiterung Richtung Süden, Richtung Osten, alles schwammig«. (»Den Knüppel vergraben«, Interview mit Helmut Schmidt, in: *Der Spiegel* 01/1996 vom 01.01.1996) Diese kritische Analyse wirkt angesichts der fehlenden politischen Union erstaunlich aktuell.
Wie demokratiefern ist die EU?	Mit dem zunehmenden Einstieg in die Transferunion stellt sich die Frage, ob das Handeln der EU und der beteiligten Regierungen noch ausreichend legitimiert ist. Derartige Transferzahlungen wurden den Wählern nie in Aussicht gestellt und würden in Deutschland und anderen Geberländern vermutlich bei Wahlen keine Mehrheit finden. Mangelnde Gewaltenteilungen auf EU-Ebene, Kompetenzausweitung der zentralen Behörden statt Subsidiarität und Herrschaft durch eine zunehmende Bürokratie entmündigen die Wähler (vgl. Hans Magnus Enzensberger, Sanftes Monster Brüssel, 2011, S. 51 ff.) »Demokratisch wenig legitimierte« EU-Institutionen entscheiden über die Köpfe der Bürger hinweg und erweitern ihre Macht im Zuge der fehlenden Stabilitätspolitik der Nehmerländer, deren Politiker wiedergewählt werden wollen. (vgl. Claus Döring, »Sargnagel für die Währungsunion«, BZ vom 26.03.2011, S. 8)

Offene Fragen im Hinblick auf den Euro

Nach der ersten Euroschwäche und den schon vielfach beschriebenen Akzeptanzproblemen nach seiner Einführung wurde bereits von Kritikern ein schnelles Scheitern der neuen Währung erwartet, aber der Vergleichsmaßstab USA neigte ebenfalls zur Schwäche und ist bis heute mit der steigenden Verschuldung erst recht kein Hort der Stabilität. Nach Wilhelm Hankel u. a. kann der Status einer Weltwährung nicht verordnet werden. Es konkurrieren in der Weltwirtschaft nicht Blöcke gegeneinander, sondern Firmen. Ein monetäres Europa, das sich vom Wettbewerbsprinzip verabschiedet sowie von Weltwirtschaft und Osteuropa abkoppelt, läuft Gefahr, in »Protektionismus nach außen und Interventionismus nach innen« (Ludwig Erhard) zu erstarren – zu seinem und seiner Nachbarn Schaden.[128] Der EU-Agrarprotektionismus und die aktuelle Politisierung der Geldpolitik zeigen, dass die Vorstellungen Erhards keinerlei Stellenwert in der derzeitigen Europapolitik mehr haben. Auch das »Block- und Großraumdenken« wurzelt in »überholter und friedensbedrohender Ideologie«.[129]

Politisch war und ist fraglich, ob die EZB und die Europäische Kommission die Mitgliedstaaten zu hinlänglicher Haushaltsdisziplin werden anhalten können. Durch das Aufweichen des Stabilitäts- und Wachstumspakts durch Deutschland und Frankreich verloren die Konvergenzkriterien ihre bindende Kraft; sie galten vielfach bereits als Ersatz für eine politische Union, deren Umsetzung nach wie vor unmöglich erscheint. Das No-Bailout-Kriterium wurde inzwischen mehr oder minder ausgehebelt. Gleichzeitig wurde eine unumkehrbare Integration als neue Schicksalsgemeinschaft postuliert. Eine hinkende Konstruktion (ohne Schaffung eines echten Staates). Politische Motive dominierten bei der Aufnahme von »Club Med«-Staaten. Die EU-Kommission versagte als Hüterin der Verträge. Dies zeigt das Beispiel Griechenlands, das durch geschönte Zahlen zum Kreis der Euroländer aufsteigen konnte und sich danach in seinem Finanzgebaren verschwenderisch verhielt. Wenn sich einzelne Länder ihrer haushaltspolitischen Verantwortung entziehen, werden die Inflationsrate und die Finanzierungskosten für diese Länder so lange relativ günstig

[128] Wilhelm Hankel u. a.: Die Euro-Klage, S. 163.
[129] Wilhelm Hankel u. a.: Die Euro-Klage, S. 177.

bleiben können, wie sich der Großteil der restlichen Eurostaaten nicht zu stark verschuldet. Dies kann verspätete oder nicht ausreichende Korrekturen bei den Staatshaushalten fördern und damit zu Wohlstandseinbußen führen. Die vermeintlich günstige Trittbrettfahrt wird dann sehr teuer und kann darüber hinaus politisch destabilisierend wirken, wie die jüngsten Entwicklungen in den südeuropäischen Ländern zeigen. Renate Ohr, Professorin an der Universität Göttingen, merkte bereits 1998 an, dass der Euro zu früh gekommen sei:

> »Faktisch besteht somit keine Alternative zwischen einem Stabilitätsrisiko und einem Integrationsrisiko, sondern die Währungsunion beinhaltet zum heutigen Zeitpunkt durch ihr Stabilitätsrisiko auch ein Integrationsrisiko.«[130]

Die Praxis der Anfangsjahre hat sich vor allem bezüglich der Geld- und Zinspolitik im heterogenen Wirtschaftsraum als nicht einfach erwiesen, da beispielsweise Wachstumsraten von über 5 Prozent in Irland mit geringen Raten in anderen Ländern in Einklang gebracht werden mussten. Der irischen Situation wäre nach bisher angewandten Methoden mit Leitzinserhöhungen und Geldmengenverknappung zu begegnen, während im Gegenbeispiel Lockerungen üblich gewesen wären. Regionale Unterschiede werden durch die einheitliche Geldpolitik nicht berücksichtigt.[131] Durch die Fehlanreize wurde eine große Blase ausgelöst. Zunächst profitierten die wirtschaftlich weniger entwickelten Randstaaten Europas wie Irland (The Celtic Tiger) oder die südeuropäischen Länder Spanien, Portugal, Italien und Griechenland von den günstigeren Zinsen im Zuge der Euro-Einführung. Sie erhielten Stabilität vermeintlich zum Nulltarif und darüber hinaus noch Finanzhilfen der EU. Sie wurden sozusagen verführt und lebten über ihre Verhältnisse. Insbesondere Hausbauer erlebten eine wundersame Wertsteigerung ihrer Immobilie, bis die Vermögenspreisblase platzte.

Die aktuellen Verwerfungen auf den Devisenmärkten geben den damaligen Kritikern recht. Der Euro kann aufgrund der Aufweichungen des Sta-

---

130 Renate Ohr: Die ökonomischen Konsequenzen des Euro, in: Zeitschrift für Sozialökonomie 117/1998, S. 20.

131 Siehe auch Otmar Issing: Anmerkungen zur Koordinierung der makroökonomischen Politik in der WWU, in: *Vierteljahreshefte zur Wirtschaftsforschung* 71 (2002), DIW Berlin, S. 321.

bilitäts- und Wachstumspakts und der Finanznöte Griechenlands und anderer südeuropäischer Staaten seine Rolle als Stabilitätsanker nicht mehr ausfüllen und ist keine adäquate Nachfolgewährung für die D-Mark. Auf die Gefahr eines Staatsbankrotts zum Beispiel in Griechenland wiesen Reinhart/Rogoff bereits frühzeitig hin.[132]

Der größere, heterogene und instabilere Wirtschaftsraum, in dem Agrarstaaten neben hoch entwickelten Industriestaaten zusammengepresst wurden, führt zu einem immensen Druck, der durch Arbeitskräftemigration oder Transferzahlungen ausgeglichen werden müsste. Die Ungleichgewichte sind zu groß.

Die Gründe für das Scheitern des Euro sind in der folgenden Tabelle als Überblick dargestellt:

1.	***Fehlende politische Union: »Eine Währungsunion hatte ohne eine politische Union und vor allem ohne eine Vereinigung der Haushalte noch nie Bestand.«*** (N. Roubini, S. Mihm: Das Ende der Weltwirtschaft, S.376) Da die politische Union weiter eine Utopie bleibt und die nationalen Ökonomien völlig unterschiedlich sind, ist die Aufrechterhaltung des Euro in bisheriger Form nicht möglich.
2.	**Unveränderbare Regeln sollten die Unabhängigkeit der Geldpolitik garantieren und politische Angriffe auf die EZB unmöglich machen.** Nach der Aufweichung des Stabilitätspakts durch Frankreich und Deutschland herrscht das Primat der Politik. Derzeit ist unwahrscheinlich, dass die Sündenfälle, wie der Ankauf von Staatsanleihen oder das Außerkraftsetzen der Sanktionen, wieder durch eine regelgebundene Überwachung abgelöst werden.
3.	Die Zusammenführung von Staaten mit völlig unterschiedlicher wirtschaftlicher Leistungskraft war von Anfang an problematisch. Hoch entwickelte Staaten im Norden stehen Agrar- und Tourismusländern – mit dazu noch komplett unterschiedlich (politisch) betriebenen Steuer-Einnahme-Systemen – im Süden gegenüber. Insbesondere die deutsche Wirtschaft freut sich über die Exporterfolge, die sich bei einem schwachen Euro noch vergrößern. Die Ungleichgewichte werden dadurch noch verstärkt, lösen im Euro-Raum Spannungen aus und fördern das Auseinanderdriften. Dass das derzeitige

[132] Carmen M. Reinhart/Kenneth S. Rogoff: This Time is Different: A Panoramic View of Eight Centuries of Financial Crises, 16.04.2008, S. 54.

	Euro-Währungsregime trotz der immer größeren Rettungsmaßnahmen scheitert, ist vor diesem Hintergrund auch für Nichtökonomen oder Grundstudiumsstudenten der Volkswirtschaftslehre vermutlich nicht überraschend.
4.	Die einseitige Belastung der solider wirtschaftenden Euro-Raum-Staaten beschleunigt die Zentrifugalkräfte. Wenn sich die Regierungen, die über ihre Verhältnisse gelebt haben, darauf verlassen können, dass ihnen finanziell geholfen wird, werden ihre eigenen Anstrengungen sinken. Hans-Werner Sinn nannte den Hilfsschirm für die Euro-Länder, der in der Nacht vom 09. auf den 10.05.2010 beschlossen wurde, ein Gewährleistungsgesetz und sieht »für Deutschland ein unkalkulierbares Abenteuer und eine sichere Wachstumsbremse«. (H.-W. Sinn: Euro-Krise, S. 9)
5.	Glaubwürdigkeitsverlust für den Euro durch kreative Buchführung und Tricksereien: Der frühere britische Premierminister Tony Blair warnte nicht nur vor kreativer Buchführung, sondern forderte den Abbruch des Unternehmens Währungsunion, wenn herumgefingert oder getrickst würde (Tony Blair vor dem Britischen Unterhaus, 04.06.1997). Danach müsste das Euro-Projekt spätestens nach dem Bekanntwerden der griechischen Trickserеien beendet oder zumindest auf eine neue Grundlage gestellt werden.
6.	Die Diskrepanzen werden verstärkt durch eine geringe Arbeitsmobilität, da Sprache und Kultur unterschiedlich sind (Beispiel Spanien mit einer Arbeitslosenquote von 20 Prozent, die doppelt so hoch wie im EU-Durchschnitt liegt).
7.	Die Fehllenkung des Kapitals durch falsche Anreize nach Südeuropa führte zu einer Immobilienblase. Gleichzeitig unterblieben Investitionen zum Beispiel in Deutschland. Dies wiederum wirkt sich negativ auf die betriebliche Ausstattung der inländischen Betriebe aus (»Weil das Sparkapital aus Deutschland abfloss, erschlaffte das Land.«, H. W. Sinn, Euro-Krise, S. 7). Fehllenkungen erfolgen auch durch die fragwürdige Subventionierungspolitik. Darüber hinaus wurde immer wieder die zweckfremde Verwendung der Finanzmittel kritisiert, die durch die Nichteinhaltung des Subsidiaritätsgedankens noch verstärkt wird. Die einheitlich nivellierende Geldpolitik mit den gleichen kurzfristigen Zinsen fördert die Desintegration, die wiederum Transfers (neben den Strukturfonds) erforderlich macht.
8.	Das Aushebeln der No-Bailout-Regel und vor allem die Einrichtung eines permanenten Bailout-Fonds schwächt die Bereitschaft zu solider Finanzpolitik und verantwortlicher Wirtschaftspolitik in den Euroländern, die Aussicht auf Gemeinschaftshilfe haben. Die Spekulation, die aus Sicht von Politikern Griechenland in den Bankrott getrieben hat, wird wie eine exogene Ursache, z. B eine Naturkatastrophe, interpretiert. Die Spekulanten haben aber auf die Probleme Griechenlands erstaunlich spät reagiert. Die Katastrophe hat sich seit Langem abgezeichnet, wurde aber an den Märkten verdrängt bzw. regel-

recht ausgeblendet. Die Griechenlandanleihen wurden vermutlich durch eine vermeintlich existierende Garantie durch die reicheren Euro-Länder nicht mit adäquaten Risikoaufschlägen versehen. Damit sind Glaubwürdigkeitsfragen von Garantien im Spiel. Mit der Einrichtung eines permanenten Bailout-Fonds würden die vermeintlich destruktiven Tätigkeiten der Spekulanten mit einer Dauernaturkatastrophe gleichgesetzt. Dies ist absurd und kann den ursprünglichen Grundsätzen des SWP nicht entsprechen. Der Regimewechsel zu einer Transfergemeinschaft würde auch kaum Mehrheiten in den Mitgliedstaaten finden (vgl. Axel Weber u. a.: Finanzmarktstabilität sichern …, in: Frankfurter Allgemeine Zeitung vom 03.03.2011). Die »Bürgerferne« des EU-Umverteilungsapparats ist durch den zunehmenden Krisen-Interventionismus immer schwerer zu verschleiern: Der Euro wird zu Tode gerettet.

9. Gefahr des Weginflationierens der Schulden. Für die verschuldeten Staaten ist dies ein attraktiver Weg. Selbst wenn die EZB dem Druck widersteht und eine stabilitätsorientierte Politik verfolgt, kann sich eine offene Flanke ergeben: De facto haben auch die weiter bestehenden nationalen Notenbanken im Euro-Raum die Möglichkeit der Geldschöpfung unter Umgehung der EZB. So können einige nationale Zentralbanken im Rahmen der »Emergeny Liquidity Assistance« heimische Kreditinstitute in Krisensituationen mit Liquidität versorgen. Die EZB hat damit keine ausreichende Kontrolle über die Geldmengenentwicklung.

Warum der Euro scheitert – ein Überblick

Wie sieht dann die Perspektive für eine große Währungszone mit immer noch völlig unterschiedlichen nationalen Wirtschaftsproblemen aus? Was nicht passt, kann auch nicht mit politischem Druck zusammengehalten werden. Auch die Spekulanten sind nicht schuld an der Euro-Misere. Der frühere Chefvolkswirt der EZB, Otmar Issing, wies in einem Zeitungsartikel[133] darauf hin, dass nicht die Spekulanten, sondern die Staaten durch die Misere ihrer öffentlichen Haushalte (und durch Fehlentwicklungen, zum Beispiel im Immobilienmarkt) die Problemverursacher waren. Vielleicht wäre es für Deutschland, die Beneluxstaaten, Österreich und gegebenenfalls auch Frankreich, die ökonomisch vergleichbarer und verflochtener sind, ein gangbarer Weg gewesen, eine gemeinsame Währung dauerhaft zu installieren. Nach Max Otte ist der jetzige größere Euro-Währungsraum durch eine Reihe ökonomisch sehr schwacher Staaten

[133] »Die Mär von der Spekulation«, in: *Frankfurter Allgemeine Zeitung*, 27.05.2010, S. 12.

in Südeuropa vom Scheitern bedroht. Der Euro selbst wirkt dabei aus seiner Sicht wie eine Umverteilungsmaschine, die die früheren Hochzinsländer und die jetzigen Schuldensünder begünstigt.

> »Ich nannte die »unwiderrufliche« Währungsunion einen ›Mythos‹ und argumentierte damit, dass die meisten Währungsunionen früher oder später auseinandergebrochen seien. Europa mit seinen enormen wirtschaftlichen Herausforderungen werde es mit dem Euro ähnlich ergehen. Länder mit einer lockeren Geld- und Finanzpolitik mussten in der Vergangenheit damit rechnen, am Kapitalmarkt höhere Zinsen zu zahlen.«[134]

Aktuell zeigt sich ein zunehmendes Auseinanderentwickeln der europäischen Länder. Vor allem in den GIIPS-Staaten steigt die Staatsverschuldung dramatisch.

Durch den Dilettantismus der Politiker könnte auch noch der »europäische Gedanke« begraben werden. Politiker versuchten nach zwei Weltkriegen, die große Teile des Kontinents verwüsteten, mit besten Absichten, ein friedliches und wirtschaftlich stabiles Europa neu zu errichten. Derzeit bewegt sich die EU auf eine Sackgasse zu: Wenn ein Euro-Schuldenfonds den Gläubigern das Risiko abnimmt, wird die Stabilitätsdisziplin noch weiter untergraben. Eine Verschärfung der politischen Spannungen zwischen den Staaten ist nicht auszuschließen, wie die französische Kritik an den deutschen Exportüberschüssen andeutet. Wenn die Länder ihre Haushaltsprobleme nicht selbst lösen, wird der Niedergang des Euro beschleunigt. Zyniker sprechen schon von der EU als einer EUdSR oder gar EUdSSR (Europäische Union der Sozialistischen (Sowjet-)Republiken) in Anlehnung an den Begriff UdSSR – Union der Sozialistischen Sowjetrepubliken.

Auch das Verhalten der Banken, die mit dem Rücken zur Wand stehen, könnte den Zusammenbruch von Staaten beschleunigen. Länder, deren Bankensektor zwar liberalisiert wurde, deren Bankenaufsicht bzw. -re-

[134] Max Otte: Der Crash kommt, S. 194 ff.

gulierung jedoch unterentwickelt ist, werden anhaltend Schwierigkeiten bereiten. Für die Banken bestehen Anreize, sich riskanter zu verhalten. Gewinne werden privatisiert und Verluste sozialisiert. Sie können sich indirekt vom Staat finanzieren lassen, wodurch das Land selbst immer mehr Reserven verliert und irgendwann sogar nicht mehr als »Lender of Last Resort« zur Verfügung stehen kann.[135] Aber was passiert bei einem Staatsbankrott? Die Politiker werden häufig im Amt bleiben, während Unternehmer im Konkursfall keine Verfügungsrechte über ihr Unternehmen mehr besitzen, Mitarbeiter entlassen müssen und Kunden nicht mehr bedient werden können. Die echten Verlierer einer Staatspleite sind die Gläubiger, unter Umständen also wir selbst im Fall des Staatsanleihenbesitzes.[136] Alternativlos, wie Kanzlerin Merkel behauptet, war die Griechenlandhilfe nicht. Geordnete Insolvenz- und Umschuldungsverfahren mit den involvierten Banken sind eine Alternative, und wenn das Land, wie Hans-Werner Sinn fordert (»das kleinere Übel«), aus dem Euro austritt, könnte es durch eine Währungsabwertung wieder wettbewerbsfähig werden.[137] Dass dies funktioniert, zeigte sich bei den südamerikanischen Staaten. Den besten Sanktionsmechanismus für die Banken bildet der Markt, sie mussten ihre Forderungen gegenüber den klammen südeuropäischen Staaten in erheblichem Umfang abschreiben.

Ein Gegner einer Umschuldung ist inzwischen EZB-Präsident Jean-Claude Trichet. Bei einer Umschuldung Griechenlands wäre nach dem Kauf maroder Staatsanleihen durch die EZB eine Abschreibung auf das Eigenkapital der Notenbank notwendig (daher will die EZB die rechtzeitige Übertragung in den Euro-Krisenfonds[138]). Vor diesem Hintergrund wird eine Lösung schwieriger; die EZB ist in ihrer Handlungsfähigkeit ein (williges?) Opfer der Politiker geworden. Der gigantische und weiter wachsende Schutzschirm sichert auch die Banken vor Abschreibungen, die Zahlung der populistischen Bankenabgabe wäre dann ein verkraftbares »Schmerzensgeld«. Mit immer kriegerischerem Vokabular beschleuni-

---

[135] Christian Hott: Finanzkrisen, S. 31.

[136] Siehe auch Holger Steltzner: »Gefahr für den Euro«, in: *Frankfurter Allgemeine Zeitung*, 13.03.2010, S. 13.

[137] Siehe Peter Bernholz, der den ehrlichen Staatsbankrott fordert, in: *Handelsblatt Online*, 13.03.2010 und Christian Siedenbiedel: »Die große Not der Griechen«, in: *FAZ.NET*, 08.05.2011.

[138] Siehe auch Holger Steltzner: »Retter in Not«, in: *Frankfurter Allgemeine Zeitung*, 12.03.2011, S. 11.

gen europäische Politiker und die EZB den Niedergang des Euro; die wesentlichen bisherigen Schritte dabei sind in der nachfolgenden Tabelle im Überblick aufgeführt:

09./10.12.1991	Maastricht-Gipfel. Fragliche Terminfixierung zur Einmündung in die Währungsunion, da es zu missbräuchlicher Interpretation bei den weniger stabilitätsorientierten Ländern führen kann, denn die Währungsunion war gerade für sie ein besonders attraktives Ziel. Frankreich trat schon unter Giscard 1970 für eine gemeinsame europäische Währung ein und setzte sich danach immer wieder für eine Währungsunion ein. Die ärmeren Mitgliedstaaten forderten Anfang der 1990er-Jahre wie beim EWS in den 1970er-Jahren mehr Gemeinschaftshilfen. (Hans Tietmeyer: Herausforderung Euro, S. 45, 108, 166, 171)
12./13.12.1996	In Dublin einigten sich die EU-Finanzminister insbesondere auf französischen Wunsch auf eine Änderung des Titels: Aus dem »Stabilitätspakt« wurde ein »Stabilitäts- und Wachstumspakt« (Hans Tietmeyer: Herausforderung Euro, S. 238)
16./17.06.1997	Verhandlungsrunde in Amsterdam. Die »fehlende Automatik der Entscheidungsschritte sowie die zu späte Nutzung von Sanktionen« wurden bereits damals als Schwachpunkte erkannt. Frankreich wollte zusätzlich zum Stabilitäts- und Wachstumspakt auch ein »Gouvernement Economique« als »Gegengewicht« zur Europäischen Zentralbank einrichten. (Hans Tietmeyer: Herausforderung Euro, S. 238 f.)
14.10.1997	Vereinbarung von regelmäßigen Treffen der informellen »Euro-Gruppe« der Minister nach den Forderungen Frankreichs, eine Wirtschaftsregierung zu bilden. (Hans Tietmeyer: Herausforderung Euro, S. 239 f.)
1998	Während Helmut Kohl sich optimistisch äußerte (Frankfurt werde zu »einem ganz großen Finanzplatz« und die Schweiz würde innerhalb von zehn Jahren dem Euro beitreten und in wenigen Jahren auch Großbritannien, die Londoner City sei schon »auf dem Trip«), erklärte Gerhard Schröder, die neue Währung werde zur Schwäche tendieren, eine Entwicklung, die es deutschen Unternehmen leichter mache, ihren europaweiten Export anzukurbeln und auch Arbeitskräfte abzubauen, weil sich ihnen günstigere Investitionsbedingungen in anderen Ländern böten. (David Marsh: Der Euro, S. 272, 275)

09.09.2006	Finanzminister Peer Steinbrück: *»Wenn Sie so wollen, das – in Anführungszeichen – Bestrafungs- oder Penalisierungsverfahren ist ausgesetzt.«* Das Defizitverfahren gegen die Bundesrepublik wurde 2003 eingeleitet, nachdem die Neuverschuldung für 2002 erstmals seit dem Vertrag von Maastricht die Dreiprozentgrenze überschritten hatte; auch in 2003, 2004 und 2005 verletzte Deutschland den Stabilitätspakt. Frankreich folgte und verletzte sanktionsfrei den Stabilitätspakt, sodass die beiden EU-Schwergewichte ungünstige Stabilitätssignale für den Euro setzten.
Ende 2008	EZB-Vize Lucas Papademos warnte vor dem Hintergrund steigender Anleihezinsen in Griechenland: »Die Märkte verlangen größere finanzielle Disziplin.«
14.01.2009	Herabstufung Griechenlands auf A– durch S&P.
16.03.2009	Auf Druck Frankreichs wurde der bereits im Jahr 2004 aufgeweichte Stabilitätspakt seit Herbst 2008 nochmals »flexibler« gehandhabt.
07.05.2010	Angela Merkel sagte, man habe **»nur einen Schuss«.** (Merkel am 07.05.2010, siehe »Wir haben nur einen Schuss«, *Der Spiegel* 20/2010, S 80 f.)
10.05.2010	Eine Woche nachdem EZB-Chef Jean-Claude Trichet entgegen früherer Aussagen angekündigt hatte, Griechenland-Anleihen auch mit schlechter Bonität als Sicherheit anzunehmen, ging die EZB jetzt noch weiter. Jetzt wollte die EZB in Zukunft zur Not auch Anleihen von hoch verschuldeten Euro-Staaten oder auch privaten Schuldnern aus diesen Ländern kaufen. »Das zeigt, dass wir den Euro verteidigen werden, koste es, was es wolle«, sagte Währungskommissar Olli Rehn (»750 Milliarden zum Schutz des Euro«, in: FAZ.NET vom 10.05.2010).
12.05.2010	Helmut Schlesinger (früherer Bundesbankpräsident): »Die EZB ist nun in die Lage gekommen, dass sie Staatsanleihen kaufen soll. Damit ist der Rubikon überschritten. Die amerikanische und die britische Notenbank praktizieren das, unterließen aber andere massive Geldzuflüsse. Wir wollten es seit dem Delors-Bericht zur Währungsunion ausschließen, dass die Notenbanken den Staat finanzieren. Der EZB-Rat hat es in der Hand, mit dieser Situation umzugehen, er kann beschließen, dieses Verfahren moderat anzuwenden und auch auszusetzen. Er ist doch unabhängig.« (Interview mit Thomas Hanke: »Die EZB hat den Rubikon überschritten«, in: *Handelsblatt online* vom 12.05.2010)

13.05.2010	Deutsche-Bank-Chef Ackermann zweifelte an einer Schuldenrückzahlung durch Griechenland. »Ob Griechenland über die Zeit wirklich in der Lage ist, diese Leistungskraft aufzubringen, das wage ich zu bezweifeln.« Dennoch müsse das Land stabilisiert werden. Andernfalls drohe »eine Art Kernschmelze« durch ein Übergreifen auf andere Länder. (*Handelsblatt online* vom 16.05.2010)
19.05.2010	Regierungserklärung von Kanzlerin Merkel zum Euro-Rettungsschirm: »Es geht um nicht mehr und nicht weniger als um die Bewahrung und Bewährung der europäischen Idee.« … »Scheitert der Euro, dann scheitert Europa.« … »Diese Bewährungsprobe ist existenziell.« Die Währungsunion wurde von ihr als eine »Schicksalsgemeinschaft« bezeichnet, die in einer tiefen Krise stecke. Der Zeitdruck bei der Verabschiedung des Gewährleistungsgesetzes war so groß, dass die Abgeordneten kaum informiert sein konnten. Auch Bundespräsident Köhler soll von der Kanzlerin genötigt worden sein, dieses zweite Notstandsgesetz zu unterzeichnen. (siehe: W. Hankel/W. Nölling/K. A. Schachtschneider/D. Spethmann/J. Starbatty: »Der Schutzschirm aus Brüssel rettet die Währungsunion nicht«, *Frankfurter Allgemeine Zeitung* vom 06.07.2010, S. 3)
28.05.2010	Der französische Europaminister Pierre Lellouche in der Financial Times: »De facto haben wir den Vertrag verändert.« Das Hilfssystem sei »in den Verträgen mit der bekannten Klausel gegen Rettungsaktionen ausdrücklich verboten«. Das Rettungsprogramm verankere Solidarität unter Staaten in den Prinzipien der EU. »Der Mechanismus von 440 Mrd. Euro ist nichts anderes als die Übertragung des Artikels 5 des Nato-Vertrages auf den Euro-Raum. Wenn ein Mitglied angegriffen wird, sind die anderen verpflichtet, zur Hilfe zu kommen.«
14.06.2010	Bundeskanzlerin Angela Merkel und Frankreichs Staatspräsident Nicolas Sarkozy haben sich gemeinsam für eine europäische »Wirtschaftsregierung« aus allen 27 EU-Staaten ausgesprochen.
13.07.2010	Erst mit der Unterschrift der Slowakei, die fehlte, konnte die Europäische Finanzstabilisierungsfazilität (EFSF), das Programm der Euro-Länder von Kreditgarantien über 440 Mrd. Euro (zu den 440 Mrd. Euro kommen im Ernstfall noch rd. 60 Mrd. Euro aus dem EU-Haushalt und etwa 250 Mrd. Euro vom IWF, sodass sich ein

	Paket von insgesamt 750 Mrd. Euro ergibt), an den Start gehen. Bundesfinanzminister Schäuble lehnte Verhandlungen mit der Slowakei ab: »Die Solidarität innerhalb der Euro-Zone ist eine Solidarität aller für alle, und deswegen sollte sich niemand ausschließen.« (»Blockade in der Euro-Familie, Slowaken schalten auf stur«, n-tv, 13.07.2010)
21.11.2010	Irland beantragte Hilfe aus Mitteln des neuen Rettungsschirms.
16.12.2010	Die EZB verdoppelte ihr Grundkapital wegen der Risiken aufgrund des Ankaufs von Staatsanleihen.
12.01.2011	EU-Kommissionspräsident Barroso unter Bezug auf den Rettungsschirm: »Wir glauben, dass die Ausleihkapazität verstärkt und der Aktionsradius erweitert werden muss«. (»EU-Kommission will Rettungsschirm erweitern«, in: FAZ.NET vom 12.01.2010)
04.02.2011	Kanzlerin Angela Merkel und Frankreichs Präsident Nicolas Sarkozy schlugen auf dem EU-Gipfel einen »Pakt für Wettbewerbsfähigkeit« vor, Europa soll sich zu einer abgestimmten Wirtschaftspolitik durchringen.
14.02.2011	Der neue dauerhafte Euro-Rettungsfonds für die Zeit ab 2013 soll ein Volumen von 500 Mrd. Euro umfassen. Darauf einigten sich in Brüssel die Finanzminister der Euro-Staaten und anderer EU-Länder, die an diesem Stabilitätsmechanismus teilnehmen wollen, wie der luxemburgische Ministerpräsident und Eurogruppenchef Jean-Claude Juncker bekannt gab. Die Summe soll alle zwei Jahre überprüft werden. Der EU-Vertrag muss für den permanenten Rettungsschirm ergänzt werden (Deutsche Welle).
24.02.2011	189 Wirtschaftsprofessoren haben sich gemeinsam gegen die geplante Ausdehnung des Euro-Rettungsschirms ausgesprochen. Nach ihrer Ansicht sei eine dauerhafte Garantie der EU, die Zahlungsfähigkeit insolventer Staaten zu sichern, »mit gravierenden negativen Folgen« verbunden. Günstige Kreditkonditionen und die Haftung der europäischen Staatengemeinschaft würden Anreize bieten, »die Fehler der Vergangenheit zu wiederholen und eine Verschuldungspolitik zulasten der EU-Partner fortzusetzen«. Der von Bundeskanzlerin Angela Merkel (CDU) angeregte »Pakt für Wettbewerbsfähigkeit« sei nicht durchsetzbar und kein geeignetes

	Mittel, warnten die Professoren. Blieben die Fehlanreize bestehen, werde sich mittelfristig die Schuldenkrise weiter verschärfen (zitiert aus Philipp Plickert: »Ökonomen gegen größeren Euro-Rettungsschirm«, in: *FAZ.NET* vom 24.02.2011). An Warnungen aus der Wissenschaft mangelt es damit nicht.
11.03.2011	Aus Angela Merkels »Pakt für Wettbewerbsfähigkeit« wird der »Pakt für den Euro«. Aus der Währungsunion wird nur dann eine dauerhafte Haftungsgemeinschaft, wenn die Wirtschaftspolitik im Euro-Raum deutschen Prinzipien folge. Ersteres wäre aber ein Verstoß gegen das No-Bailout-Versprechen und das Letztere zu fordern, eine Überschätzung der deutschen Möglichkeiten, die EU-Politik zu gestalten. (Holger Steltzner: »Retter in Not«, in: *Frankfurter Allgemeine Zeitung* vom 12.03.2011, S.11) »Die Eurostaaten stärken ihren Rettungsfonds für überschuldete Mitgliedsländer. Nach harten Verhandlungen einigten sich die 17 Länder der Eurozone, künftig die gesamten 440 Mrd. des Rettungsfonds für Kredite zur Verfügung zu stellen. Bisher konnten nur 250 Mrd. des Krisenfonds effektiv genutzt werden. Dies bedeutet, dass alle Eurostaaten ihre Garantieleistungen erhöhen müssen«, wie EU-Ratspräsident van Rompoy nach einem Sondergipfel in Brüssel bekannt gab. Kanzlerin Merkel sprach freilich nicht von einer Erweiterung des Rettungsschirms, sondern von »Ertüchtigung«. Der künftige ESM-Krisenfonds, der von 2013 an eingerichtet werden soll, wird einen Umfang von 500 Mrd. Euro haben. Die Reform des Euro soll am EU-Gipfel vom 24.03. verabschiedet werden. Es ist die größte Reform der Einheitswährung, die seit 1999 gilt. (Zitiert aus »Gipfel stärkt Euro-Rettungsschirm«, Schweizer Radio und Fernsehen (SRF), SR DRS, 12.03.2011, siehe auch Jan Hildebrand: »Merkel schafft kein Vertrauen in den Euro«, in: *Welt online* vom 13.03.2011)
16.03.2011	Die Einrichtung des geplanten neuen Euro-Schutzschirms (ESM) wird die Bundesregierung nach Informationen der *Süddeutschen Zeitung* teuer zu stehen kommen. Wie die Zeitung unter Berufung auf Koalitionskreise berichtete, wird Deutschland womöglich bis zu 25 Mrd. Euro zum Eigenkapital des ESM beisteuern müssen (»Euro-Schirm kommt Deutschland offenbar teuer zu stehen«, *AFP* vom 16.03.2011).
21.03.2011	Umstritten war bis zuletzt, auf welchem Weg sich sicherstellen lässt, dass der ESM wie beschlossen 500 Mrd. Euro an bedürftige Euro-Staaten verleihen kann. Die Minister lösten dies dadurch, dass sie das nominale Volumen des neuen Krisenfonds auf 700 Mrd. Euro erhöhten. Damit soll die notwendige Übersicherung der ESM-

	Kredite sichergestellt werden, die das gewünschte Top-Rating (»AAA«) garantiert. Da nicht alle 17 Euro-Länder die höchste AAA-Bonität am Markt genießen, muss die Garantiesumme höher sein. »Damit wir eine effektive Ausleihkapazität von 500 Mrd. Euro haben, brauchen wir dafür 700 Mrd. Euro Kapital«, erklärte EU-Währungskommissar Olli Rehn. Im Vorfeld des Gipfeltreffens einigten sich die Finanzminister auch darauf, dass Deutschland einen leicht höheren Anteil für den 700-Mrd.-Euro-Rettungsfonds ESM, der ab dem Jahr 2013 gilt, zahlt, als nach dem Verteilungsschlüssel der EZB vorgesehen. Deutschland muss fast 22 Mrd. Euro des ESM-Grundkapitals beisteuern (27,1 Prozent von 80 Mrd. Euro). Der Rest von 620 Mrd. Euro soll über abrufbares Kapital oder Garantien bereitgestellt werden, Schäuble hatte schon vor dem Treffen erklärt, dass deshalb von 2013 an eine höhere Neuverschuldung notwendig werden könne, weil das Geld durch Schulden beschafft werden müsse. (Werner Mussler/Henrike Rossbach: »Der neue Euro-Krisenfonds steht«, in: *FAZ.NET* vom 22.03.2011)
22.03.2011	Mittlerweile schließt Portugal nach Meldungen nicht mehr aus, unter den bis 2013 befristeten Euro-Rettungsschirm EFSF zu schlüpfen.
08.04.2011	Belgien ist Medienberichten zufolge laut einer Analyse des IWF massiv gefährdet: »Der hohe Schuldenstand, die Fälligkeiten der Staatsanleihen und die Abhängigkeit von ausländischem Kapital bergen hohe Kreditrisiken, wenn sich die Stimmung der Investoren verschlechtert«.

Chronologische Übersicht zum Niedergang des Euro

Ein symbolkräftiger Tag in Europa: Während Kanzlerin Merkel am 09.05.2010 mit Putin bei der Siegesparade zum 65. Jahrestag des Sieges über Hitler-Deutschland in Moskau weilte, wurden am frühen Morgen die Karten im Euro-Raum neu gemischt und die neue Sozial- und Transferunion installiert (es wird sich zeigen, ob diese neue Sozial- und Transferunion nachhaltig bestehen bleiben kann). Sarkozy und Berlusconi sagten die Moskau-Reise ab.

Sehr detailliert wurden die Ereignisse vom 07. bis 09.05.2010 im *Spiegel* (Fiona Ehlers/Marco Evers/Jan Fleischhauer/Wolfgang Reuter/Hans-

Jürgen Schlamp/Stefan Simons/Holger Stark/Helene Zuber: »Wir haben nur einen Schuss«, *Der Spiegel* 20/2010 vom 17.05.2010) geschildert; der Bericht wird hier leicht kommentiert in gekürzter Form wiedergegeben:

Bereits zwei Tag zuvor, am 07.05.2010, traf Sarkozy den italienischen Regierungschef Berlusconi und Portugals Premier José Sócrates sowie den Spanier José Luis Rodríguez Zapatero vertraulich und unterbreitete vorab den »französischen Plan« für eine einheitliche europäische Finanz- und Wirtschaftspolitik, der auch die Ausgabe einer europäischen Anleihe vorsieht, für die alle Länder gemeinsam haften. Mit den Euro-Bonds gebe es keine Zinsunterschiede mehr in der Euro-Zone und damit auch keine Strafen für die Länder, die nach Meinung der Anleger weniger solide wirtschaften. Sarkozy erklärte, dass der »Rettungsschirm« für den Euro zu »95 Prozent« die französische Handschrift trüge. Berlusconi spricht von einer »Ausnahmesituation« und ergänzt: »Wenn das Haus brennt, ist es egal, woher das Wasser kommt. Ich bin sehr zufrieden mit diesem Abend, Frankreich und Italien haben sich durchgesetzt.« Deutschland muss den höchsten Hilfsbeitrag leisten.

Da Finanzminister Schäuble am nächsten Tag (08.05.2010) ins Krankenhaus eingeliefert wurde, übernahm Innenminister Thomas de Maizière die Verhandlungsführung bei dem Krisentreffen. Den Vorschlag der EU-Kommission, eine europäische Anleihe aufzulegen, für die alle Mitgliedstaaten gemeinsam bürgen, lehnte De Maizière schon aus verfassungsrechtlichen Gründen ab. Nachdem die Idee gegen 22 Uhr vom Tisch war, blieben nur noch zweieinhalb Stunden (dann öffnete die Börse in Sydney), bis den Finanzmärkten angeblich ein Stabilisierungssignal gesendet werden musste. Die Verhandlungen um die Lösung der Schuldenkrise in Europa wurden damit unter einen erheblichen Zeitdruck gesetzt.

Um die Märkte am Leben zu halten, wollte die Europäische Zentralbank in Zukunft zur Not auch Anleihen von hoch verschuldeten Euro-Staaten oder auch privaten Schuldnern aus diesen Ländern kaufen. Bundesbankchef Weber meldete sich noch um 22.30 Uhr bei seinen Kollegen mit den neuesten Nachrichten aus Berlin und Brüssel und berichtete, dass die

EZB dazu entschlossen sei, Anleihen kreditbedürftiger Länder aufzukaufen, notfalls schon ab Montag.

> »Für einen Moment herrscht konsterniertes Schweigen; allen, die zugeschaltet sind, ist klar, was das bedeutet: Der Maastricht-Vertrag ist außer Kraft gesetzt, die Euro-Zone haftet nun gesamtschuldnerisch für alle Mitgliedstaaten, die Europäische Zentralbank verliert ihre Unabhängigkeit, indem sie dem politischen Druck nachgibt und in die monetäre Staatsfinanzierung einsteigt.
>
> Einer aus der Runde der Bundesbanker fragt Weber, ob er die Kanzlerin auf die Konsequenzen hingewiesen habe. Weber antwortet, dass er im Zentralbank-Rat gegen den Ankauf von Staatsanleihen votiert habe, er sei aber überstimmt worden. Neben Weber waren auch EZB-Volkswirt Jürgen Stark und der niederländische Notenbankchef Nout Wellink dagegen.
>
> Ganz ohne Zustimmung der Bundesbanker geht es allerdings nicht: Deutschland hat sich zum Kauf von Anleihen in Höhe von acht Mrd. Euro verpflichtet, was nun einen entsprechenden Vorstandsbeschluss erforderlich macht. Eine Formalie, aber jetzt eine bedeutsame. Die Vorstände diskutieren, ob sie die Zustimmung verweigern sollen, sie halten die Entscheidung für unwirksam, weil sie nach ihrer Meinung der Satzung widerspricht, die eine Staatsfinanzierung eigentlich ausschließt. Nach kurzer Beratung entscheidet sich das Gremium gegen diesen Schritt: Man will sich nicht gegen die EZB stellen und einen Beschluss, den alle anderen Zentralbanken gebilligt haben.«

Bei dem Finanzministertreffen in Brüssel ist es inzwischen früher Morgen geworden. Bis zur Börseneröffnung in Sydney um 0.30 Uhr wurde noch keine Einigung erzielt. Es ist 1.45 Uhr, als der nächste Entwurf vorliegt, 15 Minuten vor der Börsenöffnung in Tokio. Die Euro-Bonds sind inzwischen endgültig raus, auch die bilateralen Hilfen, dafür gibt es eine neue Institution, für deren Bonität die Mitgliedstaaten einstehen sollen. De Maizière beharrt in letzter Sekunde auf der zeitlichen Begrenzung des

Rettungspakets auf drei Jahre (Anmerkung des Verfassers: die zeitliche Begrenzung ist inzwischen wieder geschliffen worden). In Brüssel geht um 2.09 Uhr auf dem Handy eines französischen Delegationsmitglieds eine SMS aus dem Elysée ein. Die Botschaft ist denkbar knapp: »Bravo.«

So weit der gekürzte und kommentierte *Spiegel*-Bericht.

Mit dem Gewährleistungsgesetz (Hilfspaket über 750 Mrd. Euro) im Jahr 2010 wurde der Währungsbegriff auf seine ursprüngliche Bedeutung zurückgeführt, das mittelhochdeutsche »werunge« steht für »Gewährleistung«. Deutschland wird zum Auffangen finanziell klammer Euro-Staaten noch mehr Geld zahlen müssen nach der Aufstockung des Rettungsschirms, dessen effektives Volumen für die Zeit ab 2013 auf eine halbe Bio. Euro verdoppelt wird. »Dafür wird auch unser Beitrag ein Stück höher werden müssen«, machte Bundesfinanzminister Wolfgang Schäuble bereits am 15.02.2011 in Brüssel klar.

Zu dem im Mai 2010 aufgespannten befristeten Schirm (EFSF) steuert Deutschland bereits Garantien in Höhe von 123 Mrd. Euro bei, die auf über 200 Mrd. Euro steigen dürften. Der bestehende Schirm hat nur auf dem Papier ein Volumen von 500 Mrd. Euro. Ein Großteil davon muss als Sicherheiten hinterlegt werden.[139] Bei dem ab 2013 bestehenden permanenten Rettungsschirm (ESM) trägt Deutschland 190 Mrd. Euro bei, dabei betreffen rund 22 Mrd. Euro Einzahlungen für das ESM-Grundkapital und der Rest von 168 Mrd. Euro Garantien. Die Belastungen aus EFSF- und ESM-Schirm (ab 2013) werden sich im schlechtesten Fall für Deutschland auf rund 400 Mrd. Euro belaufen (Hilfszusagen von 1542 Mrd. Euro insgesamt, Deutschland haftet mit 391 Mrd. Euro).[140]

Eine fragwürdig hohe Gewährleistung des Landes mit der höchsten Bonität für ein immer politischeres Geld. Im Inland werden keine Steuersenkungen durch die »Euro-Rettung« möglich sein. Der Weg zur Währungsreform ist vorgezeichnet und wird später noch näher beschrieben.

[139] In: »Euro-Schirm wird für Deutschland teurer«, in: *RP Online*, 15.02.2011.

[140] Vgl. Hans-Werner Sinn »Tickende Zeitbombe«, in: *SZ Online*, 03.04.2011, S. 7.

Eine Euro-Transfergemeinschaft ist mit der Demokratie schwer vereinbar, da sich für diesen Politikwechsel zumindest in Deutschland kaum Mehrheiten finden ließen. Fast wie ein heiliger Schwur galt vor der Euro-Einführung, dass jeder Mitgliedstaat auch künftig für seine Schulden aufkommen muss (No-Bailout-Klausel). Den deutschen Bürgern hätte man bei der Einführung des Euro kaum vermitteln können, dass sie doch für die Schulden anderer Staaten bürgen müssen. Eine politische Lüge (mit schwieriger Täterermittlung durch die organisierte Unverantwortlichkeit im Euro-Verbund)!

Mit dem neu gestalteten Euro-Verbund werden potenzielle Stabilitätsprobleme im Euro-Raum auf die reicheren Länder verlagert. Auch sie wären dann von einer Bonitätsabstufung bedroht. Rettungsaktionen zugunsten von früheren Weichwährungsländern (vor der Euroeinführung) werden die inländischen Steuerzahler belasten und die Bonität zulasten der jetzt noch solider finanzierten Staaten in der EU verschieben. Warnend schrieb die Börsen-Zeitung:

»Denn das von den Euro-Staaten geschnürte Hilfspaket für Griechenland bedeutet wirtschaftlich den endgültigen Übergang von der Stabilitätsgemeinschaft zur Transferunion, juristisch einen flagranten Vertragsbruch und politisch den europäischen Sündenfall schlechthin. Damit ist dieser Bail-Out der Anfang vom Ende des Jahrhundertprojekts Europäische Währungsunion. Die Rückkehr zum nationalen Geld in den Mitgliedsländern erscheint geboten.«[141]

Hätten doch die Griechen im übertragenen Sinn den Spruch von Woody Allen beachtet: »Ich möchte nie einem Club beitreten, der Leute wie mich als Mitglieder aufnimmt«.[142]

Nicht der Euro war in Gefahr, sondern hoch verschuldete Banken und finanziell marode Staaten, die gerettet werden mussten. Die Rettungsprogramme selbst und die sich dadurch weiter auftürmenden Schulden auch

[141] Bernd Wittkowski: »Der Anfang vom Ende«, in: Börsen-Zeitung, 13.04.2010, S. 1.

[142] www.woody-allen.de

für noch finanziell gesündere Staaten sind eine Gefahr für den Euro. Die Politiker haben den Sachverhalt geschickt verdreht.[143] Mit der verkündeten Strategie, den Euro retten zu wollen, koste es was es wolle, forderten sie die Spekulanten erst richtig heraus und zeigten, dass sie von den Märkten nichts verstehen. Auch Politiker können auf Dauer nicht gegen ökonomische Logik gewinnen, dies zeigte die Geschichte, zum Beispiel der Niedergang der kommunistischen Staaten in Europa.

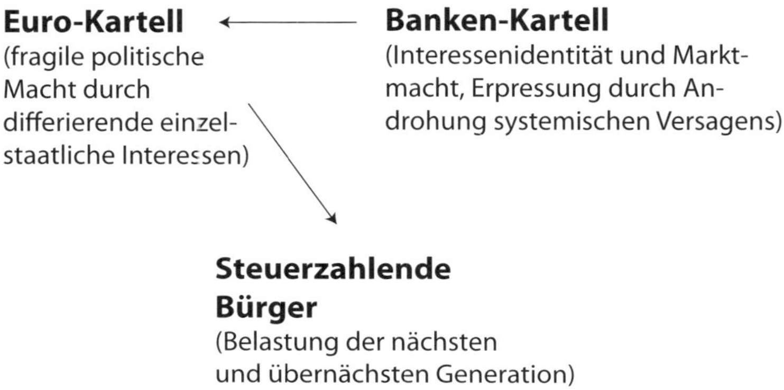

Der Teufelskreis bei der Rettung des Euro

Der Volkswirt Professor Wolf Schäfer von der Helmut-Schmidt Universität in Hamburg spricht von einem politischen Euro-Kartell, das sich nicht gegen das andere Kartell, die Gläubigerbanken, durchsetzen konnte.[144] Organisierte Interessengruppen schädigen damit das Gemeinwohl.[145]

Das kleine Griechenland wurde völlig überraschend zu einem systemischen Risiko für den gesamten Euro-Raum. Indem die Tabus gebrochen wurden, dass einerseits EU-Staaten nicht für die Schulden anderer Mitgliedsländer haften und andererseits die EZB unabhängig agiert und keine griechischen und andere Schrottpapiere aufkaufen muss, wurde viel

[143] Vgl. Claudia Aebersold Szalay: »Die Mär von der Euro-Rettung,« in: *Neue Zürcher Zeitung*, 07.04.2011, S. 11.

[144] In: *Frankfurter Allgemeine Zeitung*, 25.05.2010, S. 12.

[145] Vgl. dazu Mancur Olson: Aufstieg und Niedergang von Nationen, wo aufgezeigt wird, dass Interessenverbände sich ungünstig auf das Wirtschaftswachstum auswirken.

Vertrauen zerstört und damit zur anschließenden Euro-Schwäche beigetragen. Das Gläubigerrisiko der Banken wurde auf die Steuerzahler übertragen, deren Präferenzen unterschiedlich sind und die kein ausreichend schlagkräftiges Gegenkartell bilden können.[146] Nicht die vollmundig erklärte Rettung des Euro und Europas standen im Vordergrund, sondern lediglich ein Refinanzierungsproblem von Defizitländern durch die steigenden Staatsanleihenzinsen. Durch das Gewährleistungsgesetz ist diesen Schuldnerstaaten die Sorge genommen worden; für die deutschen Steuerzahler bedeutet es hingegen ein unkalkulierbares Abenteuer und für das Inland eine Wachstumsbremse. Bereits bei der Euro-Ankündigung in der zweiten Hälfte der 1990er-Jahre gingen die Investitionen in Deutschland zurück, das Land »erschlaffte«.[147] Der breit gespannte Schutzschirm erhöht das moralische Risiko für Euro-Kartellpolitiker und die Banken, die die Politiker mit dem Hinweis auf das systematische Versagen und mit dem Horrorbild eines dominoartigen Zusammenbruchs mehrerer Banken dazu erpressen, Stützungsmaßnahmen vorzunehmen. Zulasten Dritter, der künftigen Steuerzahler, werden Schirme mit riesigen Deckungssummen gespannt. Diese Belastung können künftige Generationen nicht mehr tragen, vor allem, wenn die Beträge immer astronomischer werden. Dadurch wird das Vertrauen in die Währung weiter zerstört.

Die EZB muss lediglich die Preisniveaustabilität verteidigen, nicht den Außenwert. Sie darf sich nicht für die politische Verteidigung bestimmter Wechselkurse vereinnahmen lassen, die Geldwertstabilisierung wiederum gestaltet sich durch den Ankauf zweitklassiger Papiere schwieriger. Die Politiker laufen Gefahr, um jeden Preis ihre Macht und ihren Einfluss zulasten des Portemonnaies der Bürger zu verteidigen. Sie sollten eingestehen, das ihr Euro-Experiment bereits jetzt durch die Aufweichung der Stabilitätskriterien gescheitert ist und den Marktkräften nicht entgegenarbeiten. Ansonsten wird es noch teurer für die Bürger. Die politischen Folgen sind dann möglicherweise durch die weitere Zerrüttung der Staatshaushalte noch weit dramatischer.

---

146 Wolf Schäfer: »Was tun gegen das politische Euro-Kartell? Die EU-Staatschefs schädigen die deutschen Steuerzahler«, in: *Frankfurter Allgemeine Zeitung*, 25.05.2010, S. 12.

147 Siehe Hans-Werner Sinn: Euro-Krise, 20.05.2010, S. 7, 9.

Die Transferunion ist der falsche Weg zur Stabilisierung des Euro. Dies schafft falsche Anreize für Schuldner. Entweder beachten die EU-Staaten wieder die ursprünglich ausgehandelten Stabilitätsbedingungen, oder es kommt zu Staatsbankrotten mit anschließenden Währungsreformen, und dann wird eine gleichzeitige Rückkehr zur nationalen Währung unumgänglich. Wenn so viel »Vertrauenskapital« durch das Kartell der Banken und der Politiker zerschlagen wird, wird sich vermutlich auch keine kleine Euro-Zone (zum Beispiel mit den wirtschaftlich vergleichbaren Ländern Deutschland, den Benelux-Staaten und Österreich) mehr durchsetzen lassen. N. Roubini und S. Mihm formulierten ihre Bedenken ebenfalls sehr klar angesichts der unterschiedlichen Vorstellungen der Regierungen im Euro-Raum: Der Fortbestand des Euro …

> »… hängt von der Einigkeit einer uneinigen Gruppe von Ländern ab, die unter erdrückenden Defiziten, einer alternden Bevölkerung und einem zunehmenden Wettbewerb durch Schwellenländer ächzen …«[148]

Laut einem Vortrag zum Thema »Staatsverschuldung und Euro-Krise« von Thilo Sarrazin, damals noch Mitglied des Vorstands der Deutschen Bundesbank, am 14.06.2010 bei der Cesifo GmbH in München werden seit 20 Jahren 100 bis 150 Mrd. Euro jährlich (das sind in der Summe bereits 2 bis 3 Bio. Euro seit 1990 oder auf einen Westdeutschen bezogen jährlich 1.250 bis 1.875 Euro oder in den letzten 20 Jahren insgesamt 25.000 bis 37.500 Euro) als Transfer von West- nach Ostdeutschland gezahlt, dies erscheint aus seiner Sicht noch als tragfähig. Nicht zu vergessen ist, dass dieser Finanztransfer innerhalb Deutschlands, der weitgehend unumstritten ist, Westdeutschland ärmer gemacht hat.

Etwa 60 Millionen Westdeutsche sind noch in der Lage, 17 Millionen Ostdeutsche zu subventionieren, aber 80 Millionen Deutsche können nicht mehr die restlichen 250 Millionen Mitglieder des Euro-Raums finanziell stützen. Dies wird auch die deutsche Wirtschaftskraft überfor-

[148] Nouriel Roubini/Stephen Mihm: Das Ende der Weltwirtschaft, S. 345 f.

dern. Auch das viel zitierte Profitieren der deutschen Wirtschaft von der Euro-Schwäche ist ein Mythos. So ist die Exportstärke der deutschen Wirtschaft nach Sarrazin außerhalb des Euro-Raums (USA, China, Indien) deutlich größer als nur bezogen auf den Euro-Raum. Besonders schwach innerhalb des Euro-Raums war der Importzuwachs aus deutscher Sicht. Die Stützungsmaßnahmen innerhalb des Euro-Raums sind daher abzulehnen. Auch wenn Kanzlerin Merkel erklärt, dass es eine Transferunion mit ihr nicht geben wird, die eingeleiteten Rettungsprogramme sprechen dagegen.[149] Sogar die USA greift ihren notleidenden Bundesstaaten finanziell nicht unter die Arme. Durch die Hilfen wird ein problematischer Anreiz für Defizitländer geschaffen, verstärkt über die eigenen wirtschaftlichen Verhältnisse zu leben. Es wächst die Erwartung, dass Deutschland und andere EU-Staaten mit höherer Bonität zahlen bzw. für die Schulden bürgen. Die No-Bailout-Klausel wäre dann auf dem Altar der kostenträchtigen europäischen Solidargemeinschaft geopfert worden.

Wie lange die Quersubventionierung, die auch innerhalb Deutschlands umstritten ist, auf europäischer Ebene politisch durchgesetzt werden kann, bleibt offen. Die Finanzmärkte werden nach Griechenland, Irland, Portugal jetzt auch die größeren Staaten Spanien und Italien ins Visier nehmen und Stresstests unterziehen, die Politiker schon bei Eintritt in die Währungsunion hätten durchführen müssen. Stattdessen wurden auch frühere Weichwährungsländer trotz Statistiktricksereien bei den Verschuldungsdaten bereitwillig allzu schnell aufgenommen. Auf Dauer ist die eingeschlagene Politik einer Transfer- und Sozialunion aufgrund der Fehlanreize und der Überbeanspruchung der Staatshaushalte der Geberländer – hierzu zählt insbesondere Deutschland – nicht finanzierbar. Bereits nach wenigen Jahren wird der Systemkollaps ohne nachhaltige Reform nicht zu vermeiden sein.

Das Scheitern des Euro ist vorprogrammiert, und damit auch die kommende Währungsreform. Was danach kommt, muss man sehen.

[149] »Jedes Land ist für seine Schulden selbst verantwortlich«, in: *Bild.de*, 11.03.2011.

Fazit: Die Umstellung von D-Mark auf Euro war eine Währungsreform und angesichts der Staatenvielfalt ein Experiment (frei nach dem Motto: Was nicht zusammenpasst, wird passend gemacht).

13. Zur Bedeutung/Relevanz von Zukunftsprognosen – was will die EU?

»Vorhersagen vermitteln das Gefühl, den Markt kontrollieren zu können«.

Joachim Goldberg, Rüdiger von Nitzsch[150]

Auch wenn es schwerfällt, Sie müssen sich damit abfinden, dass auch hochgepriesene Experten keine Kristallkugel besitzen, die Ihnen sicher die Zukunft vorhersagt. Dennoch präsentieren sich viele Marktbeobachter so, als besäßen sie exklusives Zukunftswissen, das sich finanziell verwerten lässt. Nach John Kenneth Galbraith gibt es zwei Klassen von Schätzern: »Diejenigen, die nichts wissen, und solche, die nicht wissen, dass sie nichts wissen.«[151]

Die Banken, schrieb Galbraith in seinem letzten Werk, verkauften nach wie vor ihre Vorhersagen des Unvorhersagbaren, der Finanzmärkte nämlich, und wiegten ihre Anleger in Sicherheit.[152] Die Welt ist viel zu kompliziert für die Ökonomie, um sie mit einigen wenigen und oft noch falschen Formeln erfassen zu wollen. Die jüngsten Fehleinschätzungen der Ökonomen vor der Finanzkrise sprechen für sich. So fragte auch die britische Queen: »It's awful – why did nobody see it coming?«[153]

---

150 In: Joachim Goldberg/Rüdiger von Nitzsch: Behavioral Finance. Gewinnen mit Kompetenz, 4. Aufl., München 2004, S. 144.

151 »Those who don't know and those who don't know they don't know«, siehe Jeremy J. Siegel: The Future for Investors – Why the tried and the true triumph over the bold and the new, 2005, S. 179.

152 Vorwort von Uwe J. Heuser, in: John K. Galbraith: Eine kurze Geschichte der Spekulation, S. 16.

153 In: Mail Online, 06.11.2008.

Nur selten wurde rechtzeitig gewarnt, wie zum Beispiel von Max Otte in seinem Buch »Der Crash kommt«. Es ist jedoch anscheinend für Ökonomen schwer, sich gegen den Mainstream zu stemmen, dies gilt auch für Journalisten. In einer selten schonungslosen Analyse wies Heike Faller in ihrem Artikel »Musste das sein?« darauf hin, dass nur wenige Journalisten vor der Finanzkrise warnten. Viele wussten danach vieles, »aber es fehlte der Blick aufs Ganze«. Journalisten würden »nicht nach der Wahrheit, sondern nach Geschichten« suchen.[154] Wenn bei Journalisten die Auflage zählt, so ist es bei Finanzanalysten der kommerzielle Erfolg (höhere Umsätze), der eine objektive Beurteilung und den Blick für das Ganze verstellt. Das karrierefördernde Wohlverhalten, »nicht aus der Reihe zu tanzen«, ist ein weiterer Aspekt für Ökonomen. Es kommt hinzu, dass es nicht prognostizierbar ist, wann eine Fehlbewertung an Märkten korrigiert wird. Ein Finanzanalyst kann allenfalls auf Ungereimtheiten bei der Bewertung hinweisen. Oft gibt erst ein plötzliches, unerwartetes Ereignis, ein sogenannter externer Schocker, den Anstoß. Die Signale waren aber eindeutig: Seit Jahren war erkennbar, dass die US-Immobilienpreise eine gefährliche Blasenbildung zeigten. Dieser bedrohliche Aspekt wurde allzu häufig beiseitegeschoben. Auch die massive Geldmengenexpansion, die wachsende Verschuldung, die die Blasenbildung verstärkte, wurde verdrängt. Führende Ökonomen sprachen noch vom Aufschwung, der allenfalls unterbrochen wird, als die Signale für die sich anbahnende Finanzkrise immer deutlicher wurden.

Warum scheitern die Experten fast regelmäßig? Liegt es an ungünstigen Rahmenbedingungen, Rücksichtnahmen auf Berufskollegen in anderen Häusern (Konsens) bzw. gegenüber dem eigenen Arbeitgeber, oder sind sie schlicht unfähig? Der frühere Finanzmathematiker und Philosoph Nassim Nicholas Taleb ist der Ansicht:

> »... das Problem mit den Experten ist, dass sie nicht wissen, was sie nicht wissen. Bei ihnen kommen fehlendes Wissen und Verblendung im Hinblick auf die Qualität ihres eigenen Wissens zusammen.«[155]

[154] In: *Zeit Magazin*, Nr. 16, 14.04.2011, S. 10 f.
[155] Vgl. Nassim N. Taleb: Der Schwarze Schwan. Die Macht höchst unwahrscheinlicher Ereignisse, S. 186.

Auch Warren Buffett äußerte sich häufig kritisch zur Prognosegläubigkeit der Finanzwelt. So meinte Buffett, dass die Vorhersagen mehr über den erzählen, der sie aufstellt, als über die Zukunft.[156] Im gleichen Sinne äußerte Buffett sich 1994 in seinem Aktionärsbrief (Berkshire Hathaway):

> »Wir werden weiterhin politische und wirtschaftliche Prognosen ignorieren, die bloß eine teure Ablenkung für viele Investoren und Geschäftsleute sind. Vor 30 Jahren konnte niemand die große Ausweitung des Vietnamkriegs, Lohn- und Preiskontrollen, zwei Ölschocks, den Rücktritt eines Präsidenten, die Auflösung der Sowjetunion, einen Tagesverlust des Dow von 508 Punkten oder Schatzbriefrenditen, die zwischen 2,8 und 17,4 Prozent schwanken, vorhersehen. Aber, welch Überraschung; keines dieser Knüllerereignisse hat auch nur die kleinste Schramme an Ben Grahams Investitionsprinzipien verursacht.«

Die Marktprognosen werden so präsentiert, dass in der Regel nur das Hauptszenario dargestellt wird, eine Aufspaltung nach den geschätzten möglichen Eintrittswahrscheinlichkeiten der Ereignisse findet nicht statt. Für die Leser wäre dies zu kompliziert, wird gern entlastend behauptet. Wie rücksichtsvoll! Ehrlicher wäre es, die Komplexität möglicher Zukunftsvarianten anzudeuten. Dann würde auch die Sinnlosigkeit sogenannter Punktprognosen schnell deutlich. Stattdessen wird »Infotainment« betrieben, das Zukunftswissen suggeriert und politische Zuverlässigkeit vortäuscht: »THE SHOW MUST GO ON«. Es wird viel Geld bei den Banken damit verdient, die Kunden zu steuern und irrezuführen. Es gehört dagegen für den Verfasser einer Zukunftsanalyse Mut dazu, den »Mainstream«-Konsens zu verlassen, auf das eingeschränkte Wissen hinzuweisen und die üblichen schönfärberischen und beruhigenden Formulierungen abzulegen. Offenheit und eine klare Wortwahl sind hilfreicher. Wer Zeit hat, sollte bei den Sachverständigengutachten zum Beispiel auch die abweichenden Mindermeinungen lesen. Angesichts »beratungsresistenter« Politiker ist es ohnehin schade um das reichlich bedruckte Papier. Derartige Prognosen werden in der Öffentlichkeit oft überschätzt, und manchmal glauben oft

[156] Siehe Mary Buffett/David Clark: Das Tao des Warren Buffett, S. 93.

diejenigen, die sie erstellen, selbst daran und setzen ein zu großes Vertrauen auf ihr Können. Vielfach sind sie einfach die besseren Märchenerzähler oder sie vernebeln ihre Unkenntnis meisterlich mit komplizierten mathematischen Modellen. Seltene Ereignisse werden ausgeblendet. So fordert Taleb, dass Politiker, Entdecker und Unternehmer in Krisenzeiten bei ihrer Strategie weniger auf Top-down-Planung setzen sollten, sondern sich auf maximales Herumprobieren und das Erkennen der Chancen, die sich ihnen bieten, konzentrieren sollten. Die Planbarkeit der Welt ist eine Illusion, an der kommunistische Diktaturen mit ihren bürokratischen Fünfjahresplänen scheiternd festhielten. Dagegen steht der Kapitalismus aus Sicht von Josef Schumpeter für dynamische Veränderungen, wofür das von ihm entwickelte »Konzept der schöpferischen Zerstörung« steht: »Dieser Prozess der ›schöpferischen Zerstörung‹ ist das für den Kapitalismus wesentliche Faktum. Darin besteht der Kapitalismus und darin muss auch jedes kapitalistische Gebilde leben.«[157]

Viele große Erfindungen waren schlichtweg Zufallsprodukte, so wurde oft an etwas ganz anderem geforscht und nebenbei dabei eine epochal wichtige Entdeckung gemacht. Freie Märkte funktionieren nach Taleb, weil sie den Leuten erlauben, dank aggressivem Trial und Error Glück zu haben.[158]

Auch Finanzmärkte sind nach Mandelbrot turbulent, sie sind »dynamische, unvorhersagbare und manchmal gefährliche Systeme zur Übertragung von Reichtum und Macht«.[159]

Vor diesem Hintergrund der unberechenbaren Finanzmärkte erscheint der Versuch, mit Prognosen zu hantieren, noch hilfloser. Wenn die Prognosen nicht aufgehen, können sich die »Experten« meist leicht »herausreden« mit Argumenten wie

- »Ich habe beinahe richtiggelegen« oder
- »Die Daten waren mangelhaft« oder
- »Es gab Ausreißer, die nicht zu erkennen waren«.

---

157 Joseph A. Schumpeter: Kapitalismus, Sozialismus und Demokratie, S. 137.
158 Siehe Nassim N. Taleb: Der Schwarze Schwan. Die Macht höchst unwahrscheinlicher Ereignisse, S. 270.
159 Benoît B. Mandelbrot/Richard L. Hudson: Fraktale und Finanzen, S. 176.

Außergewöhnliche äußere Umstände werden als Ausrede für das Scheitern genannt, oder es werden schöne, auf den ersten Blick plausibel wirkende Geschichten erzählt. Wenn die Experten richtiglagen, schreiben sie es demgegenüber ihrer erneut ausgewiesenen Fachkenntnis zu. Die Experten unterliegen damit einer Asymmetrie der Wahrnehmung, mit der sie sich einzigartig fühlen.[160]

Noch einmal zurück zu der Beurteilung von Goldberg und Nitzsch, dass Vorhersagen das Gefühl vermitteln, den Markt kontrollieren zu können.[161] Auch die Politiker suggerieren den Bürgern mit weitreichenden Visionen, dass sie »alles im Griff« haben. Im Zweifel sagt man, wenn es schiefgehen könnte, dass der Euro gerettet wird, koste es, was es wolle. Wer es bezahlt, wird nicht gesagt. Manchmal muss man sich fragen, ob die Politiker selbst an ihre vollmundigen Behauptungen glauben. Falls ja, hätten sie vielfach jegliche »Bodenhaftung« verloren.

Was will die EU? Sie will derzeit anscheinend den Euro stabilisieren, koste es, was es wolle, dabei liegt gar keine Wechselkurskrise vor, die zu Interventionen zwingen würde. Stattdessen lebten einzelne Defizitstaaten über ihre wirtschaftlichen Verhältnisse, was zu einer Schuldenkrise führte. Als die EU noch Europäische Wirtschaftsgemeinschaft oder kurz EWG (1957 bis 1993) hieß, wäre eine derartige Selbstüberhebung von EU-Politikern gegenüber ihren Bürgern noch undenkbar gewesen. Die dienende Rolle von Politikern gegenüber ihrem Gemeinwesen sollte das Führen von Währungskriegen ausschließen. Auch sollte der Grundsatz beachtet werden, dass Preise von den Märkten bestimmt werden und von Politikern nicht diktiert werden können.

Ist die Kontrolle über Märkte und Menschen ein wesentliches Motiv der nicht zuletzt von Lobbyisten geprägten Tätigkeit der EU, die die Demokratie immer mehr an den Rand zu drängen scheint? Die EU-Agrarmarktordnung mit Milchseen oder das Glühlampenverbot, das den Herstellern zugutekommt und dem Verbraucher hohe Kosten beschert, sind nur Bei-

160 Vgl. Nassim N. Taleb: Der Schwarze Schwan, »Tetlocks Experiment«, S. 190 f.

161 Joachim Goldberg/Rüdiger von Nitzsch: Behavioral Finance, S. 144.

spiele für die Regelungs- und Kontrollwut in der EU. Da die EU nicht mit einer Stimme spricht, sondern ein Bild tiefer Zerstrittenheit zeigt, ist eine Prognose über ihr künftiges Handeln ohnehin kaum möglich. Beim Euro scheint eine Einigung unter den europäischen Politikern bislang möglich zu sein, solange das Experiment noch finanziert werden kann. Auch mit dem Hinweis auf die eigene Prognoseunsicherheit könnte es daher gut sein, dass der Euro bis zu seinem bitteren Ende durchfinanziert wird, koste es, was es wolle. Dann stehen aber auch die reicheren Euro-Staaten finanziell am Scheideweg. Aber das ist nur ein Szenario, das später noch erörtert wird.

Warum werden überhaupt in so großem Umfang Prognosen erstellt, wenn sie so umstritten sind? Was sind die Motive, warum gibt es dafür einen Markt?

Finanzprognostiker beziehen zuweilen sehr hohe Gehälter. Für sie gibt es keine Veranlassung, diese zudem sehr angenehme Tätigkeit aufzugeben. Vor der Finanzkrise hatte der Berufsstand auch noch ein gewisses »soziales Standing«. Trotz der schlechten Performance ist die Selbstwahrnehmung vieler Experten immer noch unerschüttert, und sie fahren vollkommen unbeeindruckt mit ihrem Tun fort, frei nach dem Spruch, der dem ersten deutschen Bundeskanzler, Konrad Adenauer, zugeschrieben wird: »Was stört mich mein Geschwatz von gestern.«

Außerdem wird ein »Markt« bedient. Die Unsicherheit wird von vielen in der Wirtschaft oder von den Anlegern als quälend empfunden. Bevor man gar nichts hat, ist auch ein »Hofnarr« willkommen. Wir neigen nach Taleb schon von Natur aus dazu, auf die Experten zu hören, sogar auf Gebieten, wo es vielleicht gar keine Experten gibt. Aufgrund dieser Erwartungshaltung gehört schon seltener Mut dazu, zu sagen: »Das weiß ich nicht.«[162] Manipulationsaspekte stehen bei den Prognosen häufig im Vordergrund: Prognosen sind häufig nur Wunschdenken von Politikern oder Managern. Politiker malen insbesondere vor Wahlen eine heile Welt, um sich erfolgreich in Szene setzen zu können. Vorhersagen von Bürokraten sollen eher

162 Vgl. Nassim N. Taleb: Der Schwarze Schwan, S. 235 f.

Ängste beschwichtigen, als dass sie die Entwicklung angemessener politischer Richtlinien ermöglichen.[163] Auch die führenden Angestellten in Wirtschaftsunternehmen geben sich häufig schönfärberisch. Bei Unternehmenspräsentationen sind die Gesellschaften darin geschult, Journalisten und Analysten »einzuwickeln«; solche Veranstaltungen gleichen oft einer »Werbeverkaufsschau«. Die Meinungsmultiplikatoren schreiben dann freundliche Berichte oder Gefälligkeitsanalysen sowohl im Sinne der beobachteten Unternehmen als auch für ihren Arbeitgeber.[164] Ein derartiges Verhalten fördert eher die Karriere. Dass die Analysten durch einen solchen institutionellen Rahmen manipuliert sind, bemerkt der Anleger in der Regel nicht. Mit den Prognosen können sie Marktteilnehmern oder auch ihrem eigenen Arbeitgeber bestätigen, dass der eingeschlagene Kurs der richtige ist. Prognosebeiträge von möglichen Marktspekulationsgewinnern sind besonders kritisch zu hinterfragen. Am Beispiel der Finanzierungskrise in Griechenland lässt sich zeigen, dass Spekulanten selbst durch ihre Prognosen und Einschätzungen Märkte mit bestimmen können. So äußerte George Soros, dass die Voreingenommenheiten der Marktteilnehmer genau jene Fundamentaldaten beeinflussen, die eigentlich dazu gedacht seien, die Marktpreise zu bestimmen. Knapp vereinfacht übersetzt bedeutet dies, dass »die Meinung über die Dinge die Dinge selbst ändern kann, das Bewusstsein wirkt also auch auf das Sein, das gilt an den Finanzmärkten im Allgemeinen als auch im Speziellen«.[165]

Im Fall Griechenlands prägt die Sicht der Marktteilnehmer die offene Frage, ob Griechenland die Schuldenkrise aus eigener Kraft meistern kann und will.

Jede Aussage über künftige Entwicklungen in Politik und Wirtschaft ist spekulativ, dies sollte in diesem Kapitel deutlich geworden sein. Selbst die Ist-Daten müssen nicht stimmen, denn auch die offiziellen Angaben über Vermögen und Schulden eines Staates können manipuliert sein. Mit zunehmender Prognosedauer nimmt die Komplexität zu, das Vorgehen er-

163 Vgl. Nassim N. Taleb: Der Schwarze Schwan, S. 203.

164 Vgl. Hans-Peter Siebenhaar: »Die Dekonstruktion der Wahrheit«, in: *Handelsblatt Online*, 22.02.2011.

165 Siehe Alexander Armbruster: »Das Bewusstsein bestimmt das Sein«, in: *Frankfurter Allgemeine Zeitung*, 20.03.2010, S. 21.

innert an »Kaffeesatzleserei«. Der Informationswert von Prognosen oder Einschätzungen von Rating-Instituten ist sehr zweifelhaft. Das Problem fängt schon mit der Delegation des eigenen Nachdenkens durch Entscheider an. Dies gilt genauso für Anleger, die Tipps von anderen nicht ohne genaue Prüfung befolgen sollten. Ansonsten wird man leicht notgedrungen aus Schaden klug. Die Finanzkrise brachte auch die Erkenntnis mit sich, dass Analysten und Rating-Agenturen den Anlegern keine verlässliche Sicherheit in einem grundsätzlich unsicheren Umfeld bieten können. Das formale Vertrauen auf diese Ausarbeitungen, die oft ihr Papier nicht wert waren, und der Glaube der Manager an einen friktionsfreien Risikotransfer im Bedarfsfall mithilfe der modernen Finanzalchemie wirkten krisenverstärkend.

Angesichts der genannten Vorbehalte zur Prognosefähigkeit und -güte handelt es sich bei der kommenden Währungsreform um ein Szenario – wie sich später genauer zeigen wird aber um ein sehr plausibles, das durch die Eigendynamik von Schulden und durch den politisch fehlgesteuerten Euro erklärbar ist. Es soll Sie aufrütteln, damit Sie sich rechtzeitig finanziell absichern, um Geldvermögensverluste zu vermeiden.

Fazit: Fehlbewertungen lassen sich analysieren, nicht aber das Timing von Marktkorrekturen. Zukunftsprojektionen sind grundsätzlich mit Unsicherheiten behaftet, das Szenario einer kommenden Währungsreform ist jedoch plausibel begründbar und soll Sie aufrütteln, damit Sie sich rechtzeitig finanziell absichern.

14. Über politische Krisen in der Neuzeit und den Weg in die Transferunion

»Die Rückführung der Staatsschulden ist, wenn überhaupt, immer durch einen Bankrott erfolgt.«

Adam Smith, schottischer Nationalökonom (1723–1790)

Auch auf die Gefahr, dass die folgende Auflistung fatal an das bereits 1918 erschienene Buch von Oswald Spengler »Der Untergang des Abendlandes – Umrisse einer Morphologie der Weltgeschichte« erinnern mag: Hier geht es um die Gegenwart, konkret ab 1971: Die folgende Auflistung »wesentlicher inländischer Warnsignale« aus Forschung, Politik und den Medien zeigt auf, dass man manchmal aufmerksamer sein muss.

Jahr	Mahner/Kritiker	Erläuterung
1971	Alfred Müller-Armack	*»Es ist bedauerlich, wenn immer noch als offizielle Doktrin vertreten wird, dass die Integration Europas nur bei festen Wechselkursen zu schaffen sei. Solange die Koordination der Wirtschafts- und Währungspolitik nicht wirksam erfolgen kann, muss den Mitgliedsländern die Möglichkeit gegeben werden, drohende Ungleichgewichte und falsch gewordene Paritäten elastischer als bisher zu korrigieren. Nicht fragwürdige währungspolitische Experimente, die vorgeblich Fortschritte auf dem Weg zur Einigung Europas sind, haben Vorrang, sondern die Stabilität.«* (Kommentar zum Scheitern des 3-Stufen-Währungsintegrations-Plans nach Werner 1971, zitiert in: Joachim Starbatty: »Eine gesellschaftliche Versöhnungsidee«, in: *Frankfurter Allgemeine Zeitung* vom 28.06.2001, S. 18).

1988	Gerhard Stoltenberg u. a.	*»Nach dem Stoltenberg-Memorandum muss zunächst der europäische Binnenmarkt geschaffen werden und eine Teilnahme aller zwölf EG-Länder am Wechselkursmechanismus des Europäischen Währungssystems erreicht werden, bevor eine einheitliche Währung eingeführt wird.«* (Bernhard Blohm: »Alles der Reihe nach«, in: *Die Zeit* vom 25.03.1988, Nr. 13)
1991	Hans-Werner Sinn	Hans-Werner Sinn: Buch »Kaltstart«, zu den Fehlern im Zuge der Wiedervereinigung.
1992	Richard von Weizsäcker	Der damalige Bundespräsident kritisierte, dass sich der Einfluss der Parteien auf die gesamte Gesellschaft ausgeweitet habe. Sie seien längst zu einem sechsten Verfassungsorgan geworden, aber, im Gegensatz zu den anderen, keiner Kontrolle unterworfen.
1992	Erwin und Ute Scheuch	1992 erschien das Buch von Erwin und Ute Scheuch »Cliquen, Klüngel und Karrieren: Über den Verfall der politischen Parteien«.
1992	62 Professoren warnen vor dem Euro	Manifest gegen den Vertrag von Maastricht: 62 Ökonomen, darunter die Hohenheimer Professorin Renate Ohr und ihr Hamburger Kollege Wolf Schäfer, warnten vor der Euro-Einführung. Die Europäische Zentralbank werde nach Ansicht der Professoren die Preisstabilität in Europa nicht durchsetzen.
1993	Herbert von Armin	Der Staatsrechtler kritisierte in mehreren Büchern das Verhalten der politischen Führung, zum Beispiel 1993 mit »Staat ohne Diener: Was schert die Politiker das Wohl des Volkes?« oder »Demokratie ohne Volk: Plädoyer gegen Staatsversagen, Machtmissbrauch und Politikverdrossenheit«.
1994	Karl Schiller	*»Die Europäische Währungsunion soll verschoben, erst das ›eigene Haus in Ordnung‹ gebracht werden.«* (Karl Schiller: Der schwierige Weg in die offene Gesellschaft, 1994)
1997	Roman Herzog	»Ruck-Rede« des früheren Bundespräsidenten (Berlin, 26.04.1997).
1997	Alan Greenspan	*»Der Euro wird kommen, aber er wird keinen Bestand haben.«* (in: *International Herald Tribune* vom 02.05.1997)

1997	Arnulf Baring	*»Die Währungsunion wird daher am Ende auf ein gigantisches Erpressungsmanöver hinauslaufen. Man wird uns sagen: Wenn ihr wollt, dass die Währungsunion funktioniert und uns Europa nicht um die Ohren fliegt, dann müssen wir künftig Transferzahlungen leisten. Deshalb sind die Steuern zu erhöhen, ist unsere Konkurrenzfähigkeit gegenüber Drittländern entsprechend zu reduzieren.«* (Arnulf Baring: Scheitert Deutschland?, 1997, S. 210)
1998	Aufruf von 155 Professoren	Der Euro komme zu früh, meinten 155 deutsche Professoren und forderten, die Währungsunion zu verschieben. Die Politik versicherte dagegen, dass der Euro nur Vorteile haben würde. (Daniel D. Eckert: Weltkrieg der Währungen, 2010, S. 173)
2001	Rudolf Augstein	*»Die Märkte, besonders verdächtig in Paris, lassen sich nicht beschwören. Weder von einer Behörde noch von einem Voodoo-Meister« »Der Euro befindet sich nicht in einer Sackgasse, wie manche Wissenschaftler feststellen. In einer Sackgasse kann man umkehren. Für den Euro gibt es keine Umkehr.«* (»Euro-Propheten-ratlos«, in: *Der Spiegel* 29/2001 vom 24.03.2001, S. 29)
2001	Wilhelm Hankel	2001 erschien von Wilhelm Hankel u. a.: »Die Euro-Illusion. Ist Europa noch zu retten?«
2002	Arnulf Baring	In der *Frankfurter Allgemeinen Zeitung* erschien am 19.11.2002 der Artikel von Baring mit dem Titel »Bürger auf die Barrikaden«, in dem er das »erstarrte Parteiensystem« für die Reformschwäche der Bundesrepublik verantwortlich machte.
2003	Deutsche Bundesbank	Die Deutsche Bundesbank trat u. a. mit der Publikation »Wege aus der Krise« an die Öffentlichkeit.
2003	Hans-Werner Sinn	»Ist Deutschland noch zu retten?«, speziell hier in Kapitel 8 »Die neue EU-Verfassung: der Weg in die Europäische Sozialunion«, S. 493 ff.

2003	Patrick Welter	*»Ohne Frage ist das reale Zinsniveau in Wachstumsländern wie Spanien, Griechenland oder Irland zu niedrig. Erstaunlich ist, wie gelassen die Bevölkerungen die dadurch ausgelösten Verwerfungen bisher tragen. Mit der offenkundigen Missachtung des Stabilitätspakts durch die großen Euro-Staaten steht eine dieser Bruchstellen unter Druck. Halten sich die Großen nicht daran, werden auch die kleinen Staaten die fiskalische Disziplin aufgeben. Dann kommt es zum Konflikt mit der Geldpolitik, der die Währungsunion sprengen könnte.«* (»Ein brüchiger Bund fürs Leben: Euro-Skeptiker könnten doch recht behalten. Ein Szenario für den Zerfall der Währungsunion«, in: *Frankfurter Allgemeine Sonntagszeitung* vom 14.09.2003).
2004	Gabor Steingart	»Deutschland: Abstieg eines Superstars«.
2005	Axel Weber	*»Wachstumsmängel können nicht durch die gemeinsame Geldpolitik behoben werden.«* (Anlässlich eines Treffens haben Volkswirte angeblich das Risiko erwähnt, dass die Währungsunion über größere Wachstumsunterschiede auseinanderbrechen könne, Diskussion über ein Ende des Euro, *Frankfurter Allgemeine Zeitung* vom 02.06.2005, S. 11).
2005	Friedrich Merz	»Nur wer sich ändert, wird bestehen: Vom Ende der Wohlstandsillusion – Kursbestimmung für unsere Zukunft«, hier insbes. Kap. 7: »Die Organisation der Politik: Reform der Institutionen«, S. 180 ff. Bereits im Vorjahr (September 2004) hatte Merz eine entsprechende Denkschrift vorgelegt.
2006	Paul Kirchhof	»Das Gesetz der Hydra: Gebt den Bürgern ihren Staat zurück!« war im Jahr 2006 ein breit diskutiertes Buch, in dem der Staat als Ungeheuer beschrieben wurde. Das Ungeheuer beginnt als Wohltäter mit immer neuen Versprechen und mutiert dann zunehmend zu einem bürokratischen Übeltäter, der von seinen Bürgern immer höhere Steuern einfordert.
2008	Horst Köhler	Der frühere Bundespräsident warnt vor dem »Monster«: *»... dass sich die internationalen Finanzmärkte zu einem Monster entwickelt haben, das in die Schranken gewiesen werden muss.«* (*Stern*-Interview vom 14.05.2008).

2009	Horst Köhler	Im Oktober: »*Ich sehe das Monster noch nicht auf dem Weg der Zähmung.*«
2009	Fünf Wirtschaftsweise	13. November, Jahresgutachten der fünf Wirtschaftsweisen: In der schnell wachsenden Staatsverschuldung sehen sie eine ernste Gefahr für das Wirtschaftswachstum und eine Bedrohung für die Zukunft des Landes. Die »Politikerkaste« ließ die Kritik erneut kalt.
2010	Horst Köhler	Köhler forderte eine »Lösung für das Megaproblem Schulden«: »*Wir müssen weg von schuldengetriebenem Konsum. Davon wieder runterzukommen, ist schwer wie ein Drogenentzug, aber unumgänglich für nachhaltiges Wachstum, das allen Menschen dient.*« (*Focus*-Interview, »Köhler rüffelt die Koalition«, in: *Focus Online* vom 20.03.2010).
2010	Wolfgang Clement und Friedrich Merz	»Was jetzt zu tun ist: Deutschland 2.0« mit einer kritischen Auseinandersetzung zur Lage der Parteien und des Staatskapitalismus.
2010	Otmar Issing	Kritik an dem Ankauf von Staatsanleihen durch die EZB. Die Regierungen hätten die Krise eindämmen müssen. Aus dem entpolitisierten Euro wird »politisches« Geld. (Vortrag, 05.11.2010).
Februar 2011	Axel Weber	Der Verfechter einer strengen Stabilitätspolitik, lehnt den Ankauf von Staatsanleihen durch die EZB ab. Mitte Februar begründete er den Verzicht auf die Kandidatur als EZB-Präsident damit, dass er bei einigen wichtigen Entscheidungen in den vergangenen zwölf Monaten klare Positionen bezogen habe und damit auf wenig Gegenliebe gestoßen sei: »Die Positionen mögen für die Akzeptanz meiner Person bei einigen Regierungen nicht immer förderlich gewesen sein.« (»Weber vermisste Rückhalt von Euro-Regierungen«, in: *Spiegel online* vom 12.02.2011).

Mahnende und kritische (wirtschafts-)politische Stellungnahmen

Die kritischen Anmerkungen von Politikgestaltern und -beobachtern zu Fehlentwicklungen verlagern sich derzeit eher auf die Probleme im Euro-Raum, nachdem Deutschland selbst derzeit durch eine vergleichsweise hohe Stabilität im europäischen Vergleich positiv auffällt. Im Euro-Raum ist die ausufernde Staatsverschuldung derzeit das immer mehr in den Fokus rückende Problem. Das hätte so nicht passieren dürfen. 1992 wurden in Maastricht folgende Haushaltsstabilitätskriterien festgelegt, die beide prozentual zum nationalen BIP berechnet werden: So darf das jährliche öffentliche Defizit (Nettoneuverschuldung) zum einen nicht mehr als 3 Prozent des BIP betragen, zum anderen darf der öffentliche Schuldenstand insgesamt nicht mehr als 60 Prozent des BIP ausmachen (Ausnahme: Es ist insgesamt eine deutlich rückläufige Tendenz ersichtlich). Die von der EU festgelegten Grenzwerte ergaben sich aus Modellüberlegungen über die Zusammenhänge zwischen Wirtschaftswachstum, Defizitquote, Zinssätzen und Schuldenstand, die in allgemeiner Form bereits 1944 von Jewsei Deiwid Domaschewizki theoretisch dargestellt wurden.[166]

Defizit und Schuldenstand in Deutschland (Anteil am BIP in Prozent)	2006	2007	2008	2009	2010
Defizit (–)/Überschuss (+) Deutschland	–1,6	0,2	0,0	-3,3	-3,3
Defizit Höchstgrenze EU	-3,0	-3,0	-3,0	-3,0	-3,0
Schuldenstand Deutschland	67,6	64,9	66,3	73,5	83,2
Schuldenstand Höchstgrenze EU	60,0	60,0	60,0	60,0	60,0

Defizit und Schuldenstand in Deutschland

Quelle: Deutsche Bundesbank

Mit einem Jahresdefizit von 3,3 Prozent (gemessen am BIP) im Jahr 2010 wurde das vor allem von deutscher Seite vor der Euro-Einführung propagierte Maastricht-Ziel erneut nach oben übertroffen. In der Zwischenzeit von 1991 bis heute stieg die Verschuldung in Deutschland dramatisch: gemessen an der Staatsschuldenquote – Verschuldung in Relation

[166] Jewsei D. Domaschewizki »The Burden of Debt and National Income«, in: *American Economic Review* 34, S. 798–827.

zum BIP – von rund 40 Prozent auf über das Doppelte. Im Jahr 2010 lag sie bereits bei über 83 Prozent. Allein gegenüber dem Vorjahr nahm die Schuldenquote um fast 10 Prozentpunkte zu, eine negative Dynamik, die schwer zu stoppen ist. Deutschland war zwischenzeitlich auf dem Weg vom finanziellen Musterknaben zum Schuldenkönig. Erst mit der dramatischen Zunahme der Schulden in den südeuropäischen Ländern trat dieser Aspekt in den Medien wieder in den Hintergrund. Die vereinbarten Sanktionsmechanismen in Europa wurden letztlich de facto außer Kraft gesetzt.

Staatsgebilde sind sehr krisenresistent, sie überstehen auch Währungsreformen. Im Zweifel zahlen die Bürger, deutsche Sparer erlebten dies in der jüngeren Geschichte bereits mehrfach. Ohne Vertrauen funktionieren Märkte nicht. Fehlt ein funktionsfähiger Ordnungsrahmen und lebt der Staat dauerhaft über seine Verhältnisse, wird die Geldpolitik immer mehr von politischen Interventionen dominiert. Mit zunehmenden Reparaturmaßnahmen, die mit Verstößen gegen die Ordnungspolitik verbunden sein können, wird es schwer, das verlorene Vertrauen wieder zurückzugewinnen. Die Regeln, die das Vertrauen sichern bzw. wiederherstellen können, müssen auch angewandt werden. Aus Sicht von Silvio Borner sind die Finanzmärkte regulierungsbedürftig und gleichzeitig regulierungsresistent: »Die Finanzmärkte sind die Schattenhalde des blühenden Kapitalismus.«[167]

Krise	Bestimmende Akteure	Hauptaspekt	Erläuterungen
Ordnungspolitik (Rahmenbedingungen)	Gesetzgeber bzw. Politiker und Verbandsfunktionäre	Passendes Regelwerk?	Hyman Minsky: Instabilität des Kapitalismus bei einem ungeeigneten Ordnungsrahmen, fragwürdige Erlaubnis stabilitätsgefährdender Finanzgeschäfte.

[167] Silvio Borner: »Blühender Kapitalismus«, in: *Weltwoche* 29/2009, S. 19.

Geldpolitik	EZB (EU), Fed (USA)	Geldwertstabilität (Bundesbank und EZB), Geldwertstabilität und Konjunktursteuerung (Fed)	Mit steigender Verschuldung und der Europäisierung wird das Ziel der Geldwertstabilität erschwert und die Unabhängigkeit der EZB eingeschränkt. Es besteht die Gefahr einer zunehmenden Transferunion, wenn die Büchse der Pandora (Prof. Hankel) erst einmal geöffnet ist.
Staatsschuld	Finanzgebaren der Politiker	Schuldenmechanik	Mit steigender Verschuldung nehmen die Zinslasten zu. Die Finanzierungsspielräume sinken, die Lasten werden ohne Verschuldungsverbot auf die nachfolgenden Generationen übertragen.
Vertrauen	Reaktion der Bevölkerung	Psychologie, negative Multiplikatoreneffekte	Vertrauen in das Geld ist die Voraussetzung für eine moderne arbeitsteilige Gesellschaft. Merkel und Steinbrück am 05.10.2008: »Die Spareinlagen sind sicher.«. Bei fehlendem Vertrauen gehen Investitionen und Konsum zurück. Im Fall der Panik kommt es zum Beispiel zu finanziellen Fluchtreaktionen und Hortungsverhalten.

Krisenaspekte und ihre Wechselwirkungen

Die Überzeugungsversuche der Politiker laufen bei einer sich verstärkenden Destabilisierung ins Leere. Auch mit einem erhöhten Einsatz von Politikerrhetorik ist das Vertrauen der Bevölkerung dann nicht mehr zurückzugewinnen. Wenn die Staatsschulden bereits zu hoch sind, wird auch ein strenger Ordnungsrahmen, der zur Erhaltung einer sozialen Marktwirtschaft unumstößlich schien, als störend empfunden. Die stabilitätssichernden Regeln werden nicht mehr angewandt. Die Lockerung der Standards wirkt sich dann erneut destabilisierend aus. So wurde von den Vätern der Währungsunion vereinbart, dass die Euro-Länder untereinander nicht für die Schulden haften. Dieses Verbot wurde zur Sicherung des Euro außer Kraft gesetzt. Dieser neue Freibrief fürs Schuldenmachen für tricksende und über die Verhältnisse lebende Staaten wird erst recht den Euro schwächen, was auch von den Vätern der Währungsunion bereits so befürchtet wurde. Daher das Verbot. Eine Transferunion beschleunigt das Scheitern des Euro. Durch die oft hohlen Phrasen der Politiker geht Bürgernähe verloren, die Entfremdung nimmt zu.

Die Gefahren durch das Politikversagen zeichneten sich seit Langem ab. Das langjährige Wegschauen der Politiker zum Beispiel im Fall Griechenlands führte zu einem Desaster. Die Schwierigkeiten waren vorhersehbar, viele Politiker versagten, da sie die Stabilitätsregeln außer Kraft setzten. Gleichzeitig bot die Europäisierung auch die Chance, deutsche geldpolitische Fesseln abzulegen. Die unabhängig agierende Bundesbank war nicht nur im Ausland, sondern auch im Inland umstritten, da sie Politikspielräume begrenzte. Selbst die durch ihre relative Unabhängigkeit vom Staat bislang sehr angesehene Notenbank wird durch den Ankauf maroder Staatsanleihen zunehmend zu einem Spielball der Politik. Fast zynisch lässt sich feststellen, dass die Fed, die seit März 2006 keine M3-Zahlen mehr veröffentlicht, durch den Ankauf toxischer Wertpapierkäufe zu einer »Bad Bank« mutierte. Auch die EZB marschiert in die gleiche Richtung. Besonders problematisch ist, dass stabilitätsgefährdende Finanzgeschäfte in weitem Umfang nach wie vor möglich sind. Auf den Märkten nimmt das Misstrauen zu. So flüchten die Anleger in vermeintlich sichere Häfen oder lassen sich von der Gier treiben. Emotionsgeladene Tagesmeldungen vernebeln oft die Sicht und erschweren die Fähigkeit, Wichtiges vom Unwichtigen zu trennen.

Den Politikern muss die Möglichkeit genommen werden, darüber entscheiden zu können, dass sich ein Staat verschulden kann. Das würde das Vertrauen wieder stabilisieren. Wer sich die Fälligkeitsstruktur und das Volumen der griechischen Staatsverschuldung anschaut, wird verstehen, was ich meine. Zur Sicherung der Stabilität des Finanzsystems sind Anreize zum Betrug und Bankrott systematisch auszuschließen. Wenn es gelingt, ungestraft auf Kosten gutgläubiger Dritter Profite zu erzielen, findet dies ansonsten sofort Nachahmer.

Wie kann das Vertrauen wiederhergestellt werden? Auf den US-Geldscheinen und Münzen steht seit 1955 der Leitspruch »In God we trust«. Gottvertrauen ist ohnehin angesichts der explodierenden Schulden gut. Das zunehmend fragile Umfeld spricht dafür, dass das Vertrauen sich weiter verlagert. Banker und Politiker können Vertrauen nicht erzwingen, die Regeln müssen stimmen. Mir fällt da die Geschichte von »Holy Joe« ein, die mein damaliger Professor für betriebliche Finanzwirtschaft, Reinhard Schmidt, in den 1980er-Jahren erzählte. Der Schwur des Holy Joe sollte Skepsis und Misstrauen beseitigen. Die Geschichte ging folgendermaßen:

Holy Joe ist ein kleiner Gauner und Schmuggler ohne festen Wohnsitz. Er weiß von einer Gelegenheit, an einer bestimmten, nur ihm bekannten Stelle an der Grenze einen Mittelsmann zu treffen, der ihm eine Wagenladung Schmugglerware zum Weitertransport über die Grenze geben soll. Wenn Holy Joe den Mittelsmann trifft, verdient er als Transportlohn 30 Dollar. Trifft er den Mittelsmann nicht, verändert sich für Holy Joe nichts. Holy Joe schätzt die Erfolgswahrscheinlichkeit auf 50 Prozent und ist risikoneutral. Zur Abwicklung des Transports braucht Holy Joe eine Kutsche oder einen Wagen. Da er selbst nicht über ein derartiges Fortbewegungsmittel verfügt, geht er zu dem wohlhabenden Grundbesitzer Don Pedro, der über eine Kutsche verfügt und sie gegen eine Erfolgsbeteiligung zu verleihen bereit sein könnte. Holy Joe bietet die Hälfte des möglichen Gewinns als Gegenleistung für die Überlassung der Kutsche. In der auch möglichen gesetzestreuen Verwendung des Wagens würde Don Pedro mit Sicherheit fünf Dollar verdienen. Auch Don Pedro ist risikoneutral. Durch seine Selbstbindung mit dem Schwur, dass er die Kutsche nicht verkauft und nicht verschwindet, verändert Holy Joe das Entscheidungsfeld so, dass der Gauner Don Pedro ihm nun vertrauen kann.

Auch dieses Beispiel zeigt die elementare Bedeutung des Vertrauens, das Märkte beeinflusst und Geschäfte ermöglicht. Ob die Bilanzierung in den

Banken und Konzernen noch dem Grundsatz einer ordnungsgemäßen Buchhaltung mit den Aspekten Klarheit, Richtigkeit und Vollständigkeit entspricht, ist nach den vielen Hiobsbotschaften aus der Wirtschaft zweifelhaft. Auch hier geben die Gesellschaften aber einen klassischen Schwur ab: »Ich schwöre, dass ich die Wahrheit sage, die ganze Wahrheit und nichts als die Wahrheit«.[168] Wenn sich herausstellt, dass gelogen wurde, ist dies zunächst ein unternehmensindividuelles Problem.

Wenn der falsche Schwur aber zu einem Kollektivverhalten geworden ist, wird dem Wirtschaftssystem die Steuerungsgrundlage entzogen. Verschleierte Informationen stärken die Schattenwirtschaft und destabilisieren auf die Dauer auch die Währung, die von der Solidität aller Marktteilnehmer und einem funktionierenden Ordnungsrahmen getragen wird. Das Vertrauen in das Geld ist die elementare Grundlage des Wirtschaftens. Ist diese Infrastruktur zerstört, fallen moderne Gesellschaften wieder in den archaischen Zustand einer Tauschwirtschaft zurück. Dagegen sind die immer wieder neu auftretenden Blasenphänomene nur »Peanuts«, um ein abgegriffenes Wort aufzugreifen. Durch die aktuellen politischen Fehler könnte sich die Krise noch verstärken. Wesentliche Alarmzeichen wurden im folgenden Überblick aufgezeichnet.

1.	Aufweichen der Bilanzierungsvorschriften und von stabilitätsfördernden Regelungen.
2.	Reduktion von Informationsstandards und Vertuschen von Negativnachrichten.
3.	Schaffung einer europäischen Wirtschaftsregierung und politische Blankoschecks in der Euro-Zone (Griechenland u. a.).
4.	Preisinterventionen (Rettungsschirme zur Stützung des Euro).
5.	Statt einer internationalen Abstimmung über Finanzregeln Politik des »kurzfristigen Durchwurschtelns«.

Alarmzeichen für eine Verstärkung der Krise durch politische Fehler

[168] Siehe Max Otte: Der Informationscrash, S. 155.

Mit dem Eintritt in die Währungsunion war das an den Märkten als glaubwürdig empfundene Commitment damit verbunden, dass sich die Staaten weiter wirtschaftlich und fiskalpolitisch aufeinander zubewegen. Zunächst wurde in Südeuropa und in Irland investiert und die Anpassung scheinbar bestätigt. Nach der Party in den GIIPS-Ländern im Zuge der ungewohnt niedrigen Zinsen sowie der Hoffnung auf unbegrenzte Kredite ist die Glaubwürdigkeit verspielt. Das Commitment, den Euro retten zu wollen, vergrößert die Chance auf unbegrenzten Kredit, die durch immer größere Rettungsschirme repräsentiert wird. Das Dogma von der unauflösbaren Währungsunion hat in dieser Hinsicht ein gefährliches Fehlsignal gesetzt.[169]

> »Die Glaubwürdigkeit der EWU sinkt, wenn für die Regierung eines Mitgliedslandes die Differenz zwischen den Kosten eines Austritts und des Nutzens eines Austritts aus der EWU kleiner wird. Wenn die Nutzen eines Austritts die damit verbundenen Kosten übersteigen, befindet sich die EWU in einer Glaubwürdigkeitskrise.«[170]

Solange die Euro-Solidargemeinschaft mit einem unbegrenzten Kredit fortbesteht, mag es zwar weiter Glaubwürdigkeitskrisen geben, eine Auflösung aus Sicht der steigenden Anzahl der Nehmerländer ist eher unwahrscheinlich. Nur im Zuge von steigenden politischen Spannungen und einer mangelnden Zahlungsbereitschaft der Geberländer – und hier vor allem Deutschlands – wäre das Ende der EWU markiert.

Währenddessen wird der Euro »zu Tode« gerettet. Wie ein heiliger Schwur wirkte vor der Einführung des Euro in Deutschland, dass Staaten nicht für die Schulden anderer Länder aufkommen dürfen. Bei einem ehrlichen Risikohinweis wäre die Abschaffung der D-Mark noch schwieriger durchzusetzen gewesen. Das Demokratiedefizit des derzeitigen Euro-Regimes wird dadurch noch verschärft. Die Rettungsschirme werden immer größer. Der Vertrag von Maastricht wurde bereits mit dem »Rettungspaket« für Griechenland zu Grabe getragen[171]. Von den Stabilitätsanforde-

---

[169] Siehe dazu auch Tammo Greetfeld: Glaubwürdigkeit, S. 26, 31.

[170] Zitiert aus Tammo Greetfeld: Glaubwürdigkeit, S. 115.

[171] Siehe »Beerdigung erster Klasse«, in: *Handelsblatt,* 13.04.2010, S. 6.

rungen hat man sich weit entfernt, Sanktionen sind nicht zu erwarten. Auch der alte Lissabon-Vertrag wird »zu Grabe getragen«. Um den dauerhaften Euro-Rettungsschirm ESM finanziell ab Juli 2013 unterstützen zu können, ohne Probleme mit dem Verfassungsgericht in Karlsruhe zu bekommen, muss der Vertrag geändert werden. Die »begrenzte« Änderung soll mit einem vereinfachten Verfahren durchgezogen werden, damit keine Referenden erforderlich werden. Zwei Sätze sollen in den Artikel 136 eingefügt werden, der Sonderbestimmungen über die Euro-Zone enthält:

»Die Mitgliedstaaten, deren Währung der Euro ist, können einen Stabilitätsmechanismus einrichten, der aktiviert wird, wenn dies unabdingbar ist, um die Stabilität des Euro-Währungsgebiets insgesamt zu wahren. Die Gewährung aller erforderlichen Finanzhilfen im Rahmen des Mechanismus wird strengen Auflagen unterliegen.«[172]

Da die Länderratings im Euro-Raum unter Druck geraten, nimmt die Überdeckung zu. Bereits bisher verlangten die Rating-Institute von den Mitgliedsländern, ihre Darlehen an notleidende Staaten um bis zu 20 Prozent zu »übersichern«. Das bedeutet, dass die Euro-Partner für die Auszahlung einer Hilfe in Höhe von beispielsweise 100 Mrd. Euro eine Bürgschaft von 120 Mrd. Euro zur Verfügung stellen müssen. Der Grund für die Überdeckung ist, dass EFSF und ESM (beim ESM ab 2013 ist die Überdeckungs sogar noch höher als beim EFSF) Spitzenratings am Kapitalmarkt bekommen, was die Refinanzierungskosten senkt.

Euro-Rettungsschirme	Nominal	Effektiv (ohne Überdeckung) EFSF und ESM
EU-Rettungsfonds bis 2013	60 Mrd. Euro Notfallfonds	
	440 Mrd. Euro EFSF	366 Mrd. Euro EFSF
	250 Mrd. Euro IWF	
ESM ab 2013	700 Mrd. Euro	500 Mrd. Euro

Nominale und effektive Kosten der Euro-Rettungsschirme

172 Elektronische Vorabfassung Deutscher Bundestag, 17. Wahlperiode, Drucksache 17/5094, 16.03.2011.

Die EU-Finanzminister beschlossen bereits am 02.05.2010, Griechenland mit insgesamt 110 Mrd. Euro zu unterstützen. 80 Mrd. Euro werden von den Staaten der Euro-Zone, der Rest vom Internationalen Währungsfonds (IWF) aufgebracht. Die Unterstützung für Griechenland wurde vor der Etablierung der EFSF am 07.06.2010 im Rahmen eines bilateralen Kreditprogramms gewährt. Nachdem bereits etwa die Hälfte der Gelder des Notfonds abflossen, wird die griechische Haushaltslage bis spätestens Anfang des Jahres 2012 erneut diskutiert werden, wahrscheinlich bereits früher, um Planungssicherheit zu schaffen. Irland hat im Rahmen seines finanziellen Unterstützungsprogramms über 85 Mrd. Euro auch bei der EFSF angeklopft. Irland übernimmt selbst 17,5 Mrd. Euro. Die externen Hilfen von 67,5 Mrd. Euro stammen vom IWF (22,5 Mrd. Euro), vom EFSM (22,5 Mrd. Euro) sowie von der EFSF, die 17,5 Mrd. Euro beisteuerte. Der Rest von 4,8 Mrd. Euro wurde durch bilaterale Kredite finanziert. Sowohl im Fall Griechenlands als auch Irlands ist damit zudem der IWF zu Hilfe geeilt. Er wird sich auch künftig an Rettungsaktionen in der Euro-Zone beteiligen. Als drittes Land benötigt schließlich Portugal Finanzhilfen. Die »Portugal«-Rettung wird in den nächsten drei Jahren voraussichtlich 78 Mrd. Euro (54 Mrd. Euro kommen von der EU, der Rest vom IWF) kosten. Wenn Spanien und Italien noch Hilfen brauchen, muss über eine Ausweitung der Rettungsschirme nachgedacht werden. Auch die EZB hat bereits bis Mitte März 2011 in einem Volumen von 77 Mrd. Euro Anleihenkäufe am Sekundärmarkt (also nicht direkt vom ausgebenden Staat, sondern von Dritten) getätigt. Das schafft kein Vertrauen.

Politiker werden zur Rettung der Staatsfinanzen kreativ und pragmatisch. Mit steuerlichen Entlastungen für die Bürger ist vor diesem Hintergrund nicht zu rechnen. Die Politiker stehen vor der Wahl: Entweder erzielen sie gemeinsam Finanzreformen zur Konsolidierung der Staatshaushalte, am besten international abgestimmt, oder es drohen vermehrte Staatsbankrotte. Bei den maroderen Ländern, zum Beispiel in Südeuropa, ist dies nach wie vor angesichts der hohen Verschuldung eine Gefahr, während die USA noch von ihrem großen »Kredit« in der Welt durch ihre Stellung als politische und wirtschaftliche »Supermacht« lebt.

Die Staaten haben in der Historie vielfältige Möglichkeiten genutzt, um den Staatsbankrott abzuwenden:

- Geldentwertung,
- Zwangsanleihen,
- Zahlungsausfälle.

Die Ökonomen Reinhart und Rogoff weisen darauf hin, dass es eine Illusion sei zu glauben, die Staaten hätten aus den Fehlern gelernt. Auch wenn Politiker behaupten »Diesmal ist es anders« kann ein Staat wieder in die Pleite treiben, mit allen Konsequenzen für die Bürger.[173]

Ein »Weiter so!« kann es nicht geben, hörte man immer wieder von Politikern oder Wirtschaftsführern. In der Substanz änderte sich nicht viel, allenfalls wurde das Personal ausgetauscht. Man kauft sich Zeit. Die Krise ist noch nicht zu Ende, sie könnte sogar noch eskalieren. Die Staaten betreiben Insolvenzverschleppung trotz der immer dramatischeren und unbeirrbaren Mechanik der Staatsschulden. Irgendwann können nicht einmal mehr die Zinsen gezahlt werden. Die Negativbeispiele Argentinien und Griechenland sollten eine Warnung bleiben. Auch hierzulande handelt der Staat mit dem Bürger als Steuerzahler und Leistungsempfänger. Er fordert und gibt, wie in einem Dreiecksgeschäft.[174] Ohne Schuldenverbot wird der Teufelskreis eines steigenden Ungleichgewichts, das die Kosten der Staatsverwaltung noch steigert, nicht durchbrochen. »Mehr netto vom Brutto« ist angesichts der gestiegenen Steuer- und Abgabenbelastung notwendiger den je. Ansonsten wird der Arbeitsanreiz zu gering. Durch die in den letzten 20 Jahren real sinkenden Nettolöhne wurde – zugegebenermaßen etwas zynisch überspitzt – das »Leben von der Stütze« oder neudeutsch für »Hartzer« attraktiver. In den Bankbilanzen sind nach wie vor umfangreiche Risiken enthalten, über die nur begrenzte Informationen vorliegen. Die Krise ist nicht gelöst, sondern nur in die Zukunft verschoben. Die »Atempause« wurde mit Schulden erkauft, die

---

[173] Carmen M. Reinhart/Kenneth S. Rogoff: This Time is Different, 16.04.2008, S. 53 f., siehe auch Alexander Jung: »Schnitt durch den Schein«, in: *Der Spiegel Geschichte* Nr. 4, S. 115.

[174] Siehe Georg P. Hefty: »Teufelskreis Schulden«, in: *Frankfurter Allgemeine Zeitung*, 20.03.2010, S. 1.

zulasten der ganzen Gesellschaft gehen.[175] Neue Blasen entstehen durch das verloren gegangene Vertrauen der Anleger, sie suchen nach noch vermeintlich sicheren Geldanlagehäfen, ob dies Gold, Immobilien oder Aktien sind. Jetzt hat die gierige Anlegerherde wieder die Börse entdeckt und treibt dort die Preise hoch.

So war es auch 1929. Politiker müssen rechtzeitig den Wandel einleiten und nicht erst auf die ganz große Blase warten. Auch die Beamten des Federal Reserve Boards mussten sich 1929 fragen, ob sie sich für einen sofortigen oder einen späteren Tod entscheiden.[176] Das Gegensteuern ist in den Phasen der Überhitzung unpopulär. Da sehr schnell ohne Arbeit Geld verdient werden kann, wird die Gier gesteigert. Dann sind Politiker lieber untätig, um das tägliche Leben nicht durch unpopuläre Reformen zu stören, »selbst wenn dies für die Zukunft böse Auswirkungen hat. Hier liegt, ebenso wie beim Kommunismus, die Gefahr für den Kapitalismus«[177].

Der US-Ökonom Robert Shiller ist der Ansicht, dass »es wohl eine neue Führungsperson mit neuen Ideen« braucht, um das Vertrauen zurückzugewinnen, wenn die bestehende Chance vermasselt würde.[178] Möglicherweise waren die jüngsten Krisen nur die Vorbeben einer weit größeren Krise nach dem Platzen neuer Blasen.

Der Verfassungs- und Steuerrechtler Paul Kirchhof warnt, dass die Banken sich den Staat zur leichten Beute gemacht hätten. Falls es ein Gesetz gibt, nach dem 25 Banken als systemisch unverzichtbar gelten, besteht die Gefahr, dass Gewinne privatwirtschaftlich verbucht werden bei einer Ausfallgarantie des Staates. Das gibt die Verfassung laut Kirchhof nicht her.[179] Sinn u. a. kritisieren die Fehlsteuerung der Banken ebenfalls seit Langem und fordern eine höhere Eigenkapitalausstattung, um das Zocken einzudämmen. Andrew G. Haldane von der Bank of England geht sogar so weit, dass die restriktiveren Eigenkapitalregeln nach Basel III nicht rei-

---

175 Siehe auch Marcus Jauer: »Sendeschleife«, in: *Frankfurter Allgemeine Zeitung*, 20.03.2010, S. 44.

176 Siehe John K. Galbraith: Der große Crash, S. 229.

177 John K. Galbraith: Der große Crash, S. 233.

178 Interview mit Robert Shiller, in: *Handelsblatt*, 07.04.2010.

179 Paul Kirchhof: »Schuldenkrise: Nieder mit der Macht der Banken«, in: *Focus Online*, 21.01.2011.

chen würden.[180] Mit der Staatsverschuldung nimmt die Bankenmacht noch zu, der Staat wird abhängiger von den Kreditinstituten. Dadurch sieht Kirchhof sogar die Souveränität des Staates und die Demokratie gefährdet.[181] Demokratie-, Staats- und Euro-Krise treten miteinander verflochten auf – vor allem dann, wenn die EU als Transfer- und Sozialunion akzeptiert wird. Das wäre nicht verfassungskonform. Dazu noch mal Paul Kirchhof: »Es ist doch klar, dass der Staat, der besser gewirtschaftet hat, seinen Vorteil nicht an die Wähler anderer Staaten weitergeben will.«[182]

Der Baseler Professor Peter Bernholz fordert daher den ehrlichen Staatsbankrott:

> »Die Investoren sollten die Risiken ihrer Engagements übernehmen und nicht vom Staat gerettet werden. Wenn wir das einmal erleben würden, würde der Euro stark bleiben. Dann würden die Kapitalmärkte ihre Kontrollfunktion mit von Anfang an angepassten Risikoprämien stärker übernehmen, was auf die Politiker einiger Staaten eher disziplinierend wirken würde.«[183]

Nach über 60 Jahren weitgehender wirtschaftlicher sowie politischer Stabilität in Deutschland und Europa nach dem Zweiten Weltkrieg haben nur ältere Bürger noch als Zeitzeugen erlebt, was Vermögenstotalverluste, Hunger und Krieg bedeuten. Sie kennen die existenziellen Gefahren aus eigener Anschauung, die heute weitgehend verdrängt sind.

Anscheinend lautet das ungeschriebene Motto trotz des Problemdrucks: »Weiter so!«. Ohne Reformen wird der Boden für die nächste Krise geschaffen. Die zweite große Kontraktion nach 1929 führte lediglich zu einer schweren Rezession,[184] dennoch dürfte sie von der Bevölkerung wie die Weltwirtschaftskrise nicht so schnell vergessen werden. Statt die Systeme grundlegend zu reformieren, kaufen sich die Politiker und Banker

[180] Vortrag »Patience and Finance«, CESifo am 31.01.2011.

[181] Paul Kirchhof: »Schuldenkrise: Nieder mit der Macht der Banken«, in: *Focus Online*, 21.01.2011.

[182] Paul Kirchhof: »Schuldenkrise: Nieder mit der Macht der Banken«, in: *Focus Online*, 21.01.2011.

[183] Peter Bernholz: Interview mit Ingo Narat, in: *Handelsblatt*, 13.03.2010.

[184] Siehe Carmen M. Reinhart/Kenneth S. Rogoff: Diesmal ist alles anders, S. 375; die Autoren prägten übrigens den Begriff »zweite große Kontraktion«.

Zeit. Viele hoffen, dass sie so besser wegkommen. Sie sollten Nouriel Roubini (er wurde 2006 als »Dr. Doom«, also »Dr. Untergang«, bezeichnet, als er das Platzen der Blase auf dem US-Immobilienmarkt voraussagte), John Kenneth Galbraith oder Hyman Minsky lesen.

Fazit: Auch diese politische Krise geht vorbei – irgendwie.

15. EU: Symbol der Freiheit oder der Gängelung durch Bürokraten?

»Quidquid agis, prudenter agas et respice finem.«/»Was auch immer du tust, tu es klug und bedenke die Folgen.«

Vermutlich von Äsop, griechischer Dichter (um 600 v. Chr.)

»Deutschland wird zahlen.«

Georges Clemenceau, französischer Staatspräsident nach dem Ersten Weltkrieg (1841–1929)

Allgemein gilt, dass die Sorgfalt bezüglich der Vorbereitungen eine Voraussetzung für eine gute Chance ist, dass das Vorhaben gelingt.

Nach zwei Weltkriegen und wirtschaftlichen Erfolgen durch die Öffnung der Grenzen und die Schaffung eines Binnenmarktes ist das Zusammenwachsen Europas ein Anliegen, das die Menschen nach wie vor begeistert. Insofern geht es nicht um das »Ob«, sondern nur um das »Wie«!

Mit den folgenden Fragen sollen die richtigen Grundlagen für eine freiheitlich orientierte und immer stärker zusammenwachsende EU erörtert werden.

Pakt für den Euro? Gibt es bereits ein EU-Staatsvolk?

Ein europäisches Volk gibt es bislang noch nicht. Durch den Einstieg in die Transfer- und Sozialunion könnte dieser Gedanke zum Beispiel zur

Untermauerung künftiger Hilfeleistungen stärker in den Vordergrund rücken. Es ist zwar nicht auszuschließen, dass es ein europäisches Volk geben wird. Es wäre bereits vorteilhaft, wenn noch bestehende nationale Gräben überwunden würden. Fraglich ist, ob die »Euro-Klammer« dazu geeignet ist, die europäischen Bindungen zu verstärken. Die jüngsten Verwerfungen und Zerstrittenheiten innerhalb Europas lassen befürchten, dass der schlecht konzipierte europäische Ordnungsrahmen und der Euro derzeit nicht integrationsfördernd wirken. M. Roubini und S. Mihm weisen zu Recht darauf hin, dass eine Währungsunion ohne eine politische Union und Haushaltsvereinigung noch nie Bestand hatte.[185] Da die Regierungen weiterhin und nach der Krise sogar verstärkt an ihren Nationalstaaten festhalten, erscheint die Integrationskraft des Euro begrenzt zu sein. Statt des Euro-Experiments hätte auch erst eine tief fundierte politische Union geschaffen werden müssen. Erst nach der Bildung eines staatsähnlichen Gebildes wäre dann eine einheitliche Währung einzuführen. Andererseits, wahrscheinlich wäre dann die Hürde für die Zusammenlegung der Währungen zu hoch gewesen, aber dies hätte Klarheit geschaffen.

Was verbinden die Bürger mit der EU und Europa insgesamt?

Bürger bringen die EU oft in Verbindung mit den Reizthemen protektionistischer Agrarpolitik, mit ausufernder Bürokratie und einem neuen Dirigismus auch bei Kleinigkeiten. Es besteht vielfach die Sorge, dass sich ein neues Zwangssystem etabliert. So galt zum Beispiel die Bestimmung des »Krümmungsgrades von Gemüse« als Teil eines Normierungswahns, der das Spezielle, Ungerasterte immer mehr zur Ausnahme macht. Auch die Probleme aktuell rund um den Biosprit E10 schrecken ab. Völlig abwegig erschien auch der Versuch, das »Brennverhalten von Nachtwäsche« zu kontrollieren. Der Normenentwurf mit der Verordnung eines »weiten Schnitts« und der Verwendung von umstrittenen Flammschutzmitteln kam dann doch nicht durch. Das »Aus für die Glühbirne« führte zu dem verordneten Kauf der teuren Energiesparlampen durch die EU. Der Umweltschutzbeitrag ist umstritten. Nach umfassender Lobbyarbeit wurde Industriepolitik betrieben, die Bürger zahlen dafür die höheren Preise. Solche

[185] Nouriel Roubini/Stephen Mihm: Das Ende der Weltwirtschaft, S. 374.

EU-Entscheidungen werden vielfach kritisch beurteilt. 6.000 Abstimmungen im EU-Parlament, 1.500 Gesetzgebungsverfahren, 47.000 Zusatzanträge in den Jahren 2005 bis 2009, das sind die Mengendaten, die an die frühere kommunistische »Tonnenideologie« erinnern. Die Gesetzgebungsmaschinerie in Brüssel ist hyperaktiv. Über 45.000 EU-Beamte und Politiker sind mit der Ausarbeitung neuer Gesetze befasst, ob sie unter dem Strich etwas bringen, ist unklar. Positiv dagegen stimmte das Vorhaben von Kommissionspräsident José Manuel Barroso, mehr auf Verbraucherrechte, niedrigere Konsumentenpreise durch mehr Wettbewerb und auf Umweltpolitik zu setzen. Auch die Kritik der Bürger an der Bürokratie scheint zumindest angekommen zu sein. So sollen bis zum Jahr 2012 Unternehmen durch weniger Bürokratie um 150 Mrd. Euro entlastet werden. Ob dies gelingt, ist noch offen, aber nach dem derzeitigen Stand eher unwahrscheinlich.[186] Auch bei anderen wichtigen Fragen scheitert die EU. So ist sie bei der Finanzmarktregulierung noch nicht weit gekommen. Für die Bürger ist die Bürokratie ohnehin kaum nachvollziehbar, wozu auch verschleiernde »Pseudokürzel« wie ESM, ECOFIN, EFSM, EFSF u. a. beitragen.[187]

Die Gefahr einer sich verselbstständigenden und demokratisch nicht mehr legitimierten Bürokratie angesichts des supranationalen Status der EU-Behörden rückt zunehmend ins Bewusstsein der Bürger. Wenn Meinungspluralität und der Schutz freier und offener Märkte im Rahmen der Spielregeln der sozialen Marktwirtschaft nicht mehr verteidigt werden, dann werden Bürgerfreiheiten infrage gestellt. Dann sind immer weitere einschränkende Zwangssysteme nicht auszuschließen. Die Romane »1984« von George Orwell und »Fahrenheit 451« von Ray Bradbury deuteten die Probleme bereits an, vor denen eine Gesellschaft stehen kann. Beide Romane beschreiben dystopische Gesellschaften, die sich durch eine autoritäre oder totalitäre Regierungsform bzw. eine Form repressiver sozialer Kontrolle charakterisieren lassen. In dem 1946/1947 geschriebenen Roman eines totalitären Überwachungs- und Präventionsstaats des Jahres 1984 will sich Winston Smith seine eigene Privatsphäre sichern und gerät damit in Konflikt mit dem System. Der Diktator dieses repressiven Staats –

186 Siehe Christoph B. Schiltz: »Bürokratie: EU kümmert sich um Unterwäsche statt um Krise«, in: *Welt Online*, 05.06.2009.

187 Hans M. Enzensberger: Sanftes Monster Brüssel, S. 24 ff., 46.

verharmlosend großer Bruder (»Big Brother«) genannt – treibt die Kontrolle und Unterdrückung seiner Bürger zur Perfektion. Das System wird u. a. vom Zwiedenken, das dazu zwingt, offensichtliche Lügen auch noch zu glauben, und Neusprech, einer aus politischen Gründen künstlich modifizierten Sprache, geprägt. Neue politische Kampfbegriffe wie »alternativlos« führen auch in der heutigen Realität zu einer manipulativen Steuerung des Denkens oder Desinformation. Die Deutungshoheit sollte nicht allein bei Politikern und interessengeleiteten Journalisten liegen. Richard Bernstein kritisierte bereits 1990 die aufkommende Vorherrschaft des politisch Korrekten.[188] Frühere Sprachformen und andere Meinungen werden so unterbunden, da man dies angeblich »heute« so nicht mehr sagen darf. Der Roman »Fahrenheit 451« von Ray Bradbury handelt von einem Staat, in dem das Besitzen oder Lesen von Büchern ein schweres Verbrechen ist. Das System sorgt für andere Zerstreuungen. Drogen und Videowände sorgen für eine staatskonforme Unterhaltung, die selbstständiges Denken unterbindet. Mit Shows wird die Langeweile bekämpft, und destabilisierende Nachrichten, zum Beispiel über einen bestehenden Krieg, gibt es kaum. Angesichts der zunehmend ausufernden oberflächlichen TV-Shows hatte auch dieser Roman visionären Charakter. Noch taugen die beiden Romane zur Abschreckung. Die Bürger in der EU müssen wachsam und kritisch bleiben, sonst steuert sie ein lobbygetriebenes Politbüro.

Fühlen sich die Bürger durch die Sparmaßnahmen gegängelt?

Die Sparanstrengungen in den südeuropäischen Staaten sind bei den Bürgern umstritten, aber letztlich sind sie dadurch bedingt, dass der Staat und die Gesellschaft über ihre Verhältnisse gelebt haben.

> Auch die Sparmaßnahmen in Deutschland zur Sicherung der Stabilitätskultur im Euro-Raum waren äußerst unpopulär. Nach den vorher beschlossenen Maßnahmepaketen in den südeuropäischen Defizitländern hat die Bundesregierung am 07.06.2010 ein umfassendes Sparprogramm vorgestellt, das im Kontext der vielfältigen Bemühungen zur Stabilisierung der öffentlichen Haushalte in den EU-Staaten

[188] In: *New York Times*, 27.10.1990.

steht. Stabilisierungssignale waren in dem fragilen Marktumfeld gewünscht, um das Vertrauen in die europäische Gemeinschaftswährung zu stärken. Die aufwendigen Rettungsschirme für notleidende Defizitländer im Euro-Raum und die mittelbare Risikoabschirmung für die beteiligten Banken hatten die Gefahr erhöht, dass die Staatshaushalte auch der größeren und solider wirtschaftenden Volkswirtschaften in Deutschland und Frankreich unter Druck geraten. Nach den Vorwürfen in der EU, dass die Bundesregierung im Rahmen der griechischen Schuldenkrise lange zu zögerlich agiert hätte, waren die inländischen Konsolidierungsschritte ein wesentlicher Beitrag zur Vermeidung neuer Stresstests auf den Märkten. Auch vor dem Hintergrund der bereits vollzogenen ökonomisch falschen Maßnahmen zur Einleitung einer Transferunion war das neue Sparpaket nicht »alternativlos«. Ob das Risiko einer Ausweitung der europäischen Schuldenkrise so dramatisch war, wie behauptet, ist ohnehin sehr fraglich. Finanziell gesunde Staaten werden, wie sich hier zeigt, erst durch die Gewährleistungsversprechen zunehmend ruiniert. Der Begriff »alternativlos«, so meint Enzensberger, »beleidigt die menschliche Vernunft, denn er kommt einem Denkverbot gleich. Er ist kein Argument sondern eine Kapitulationserklärung.«[189]

Schlussfolgerung: Die kommende Währungsreform wird alternativlos.

Werden die Bürger durch die Instabilität der Defizitstaaten, die im Fall Griechenlands sogar falsche statistische Daten lieferten, in der EU noch mehr gegängelt? Hierfür spricht viel. Statt die Steuern für die Bürger, wie vielfach seit Jahren angekündigt, zu senken und damit Handlungsspielräume zu erweitern, ist künftig mit weiteren Einschränkungen zu rechnen, um die Schuldenlast in den EU-Staaten begrenzen zu können.

Was bleibt dem finanziell überbeanspruchten EU-Bürger noch, vor allem aus deutscher Sicht? Zu empfehlen ist bei einer Überbesteuerung eine zunehmende wirtschaftliche Inaktivität aufgrund der zu hohen Abschöpfung und mehr eigene körperliche Bewegung. Dies för-

[189] Zitiert aus Hans M Enzensberger: Sanftes Monster Brüssel, S. 49.

dert auch die Gesundheit und eine stärkere Selbstversorgung (und damit mehr Unabhängigkeit). Fahrradfahren ist ohnehin gesünder als Autofahren. Auf viele kürzere Autofahrten lässt sich sowieso verzichten. Das ist außerdem ökologiefreundlich. Statt sich subventionierte EU-Lebensmittel zu beschaffen, sollte sich der Bürger überlegen, einen kleinen Garten für die Eigenversorgung anzulegen. Ein zusätzlicher Vorteil ist, dass Sie genau wissen, was Sie essen. Der Eigenanbau macht Spaß, und das Essen schmeckt meist noch besser. Zurück in den Schrebergarten! In der früheren DDR war die Datsche auch ein beliebtes Rückzugsrefugium.

Die Bürger sollten das von ihnen erwirtschaftete Geld nicht einer falsch durchgeführten und kostenträchtigen europäischen Idee opfern. Sozialtransfers, das zeigt sich auch im Inland, verführen zum Schlendrian und zur Manipulation der eigenen Bedürftigkeit. Wenn die Länder in der EU immer maßloser finanzielle Unterstützung von solide wirtschaftenden Ländern fordern, wird die Umverteilung auf Grenzen stoßen. Die Fehlanreize werden ihre Wirkung entfalten. Das Systemversagen wird so noch beschleunigt. Die Frage einer Gängelung der Bürger stellt sich nicht mehr, sie ist für die meisten dann bittere Realität.

Gustave Le Bon erkannte bereits 1895 zwei Gefahren für den Niedergang einer Kultur:

- eine zunehmende Beschränkung der Freiheit und
- eine übermäßige Verschwendung der Finanzen.

Über die Politiker schrieb er:

> »Während die Folgen der Ausgabenvermehrung in weiter Ferne liegen und für sie keine unangenehmen Wirkungen haben, könnten sich die Folgen einer ablehnenden Abstimmung schon am nächsten Tage, wenn sie vor die Wähler treten müssen, bemerkbar machen.«[190]

[190] Gustave Le Bon: Psychologie der Massen, S. 148.

Durch die zunehmende Zahl von Beamten und durch immer neue Gesetze findet eine zunehmende Beschränkung der Freiheit statt. Das (gefühlte) Joch, das den Bürgern auferlegt wird, nimmt zu. Damit sind sie

> »nur noch wesenlose Schatten, Automaten, willenlos, ohne Widerstand und Kraft. Wenn der Mensch in sich selbst die Spannkraft nicht mehr findet, muss er sie anderswo suchen. Mit der zunehmenden Gleichgültigkeit und Ohnmacht der Bürger muss die Bedeutung der Regierungen nur noch mehr wachsen. Sie müssen notgedrungen den Geist der Initiative, der Unternehmung und Führung, den der Bürger verloren hat, ersetzen. Sie haben alles zu unternehmen, zu leiten, zu schützen. So wird der Staat zu einem allmächtigen Gott. Die Erfahrung lehrt aber, dass die Macht solcher Gottheiten weder von Dauer noch sehr stark war.«[191]

Dies erinnert an den Niedergang der kommunistischen Staaten. Friedrich Merz äußerte in diesem Zusammenhang, dass im Staatskapitalismus zuerst die Freiheit und dann der Wohlstand verloren geht: »… Übrig bleiben dann nur die Privilegien der Funktionäre.«[192]

Le Bon zufolge lernen wir auch nicht aus der Geschichte, sondern fallen auf Demagogen immer wieder neu herein. Sündenböcke für die Krise sind schnell gefunden, zum Beispiel einzelne vermeintlich raffgierige Banker, obwohl Aufsichtsräte und vor allem die Politiker selbst falsche Rahmenbedingungen schufen. Ganz im Sinne von Gustave Le Bon sollte der Bürger sich vor charismatischen Politikern mit Heilsversprechen in Acht nehmen, die bildreich eine hoffnungsvolle Zukunft mit einem starken Staat zur Bekämpfung des Chaos zeichnen. Statt Adolf Hitler könnte der neue Demagoge dann Kevin Müller (Name frei erfunden) heißen, ca. 30 Jahre alt sein und die Gefühle der Unzufriedenheit in der jüngeren Generation einfangen und neu anheizen. Solchen potenziellen Herausforderungen müssen sich demokratisch gewählte Politiker rechtzeitig stellen. Die »Mächtigen« in der Bundesrepublik sollten sich beeilen.

[191] Gustave Le Bon: Psychologie der Massen, S. 151.
[192] Friedrich Merz: Mehr Kapitalismus wagen, S. 199.

Als populäre Erklärungsmuster für Fehlentwicklungen in Bürokratien dienten das »Parkinson'sche Gesetz« zur Bürokratievermehrung oder das »Peter-Prinzip«, bei dem ein qualifizierter Mitarbeiter so lange befördert wird, bis er völlig überfordert ist. Der mangelnde Reformeifer dürfte auch durch den Egoismus der Akteure bedingt sein, entsprechend dem sogenannten Sankt-Florians-Prinzip. Dieser Leitspruch soll zuerst in Tirol auf einem Hausgiebel gefunden worden sein:

> »Heiliger St. Florian, beschütz dies Haus, zünd' andere an!«[193]

Neben diesem Aspekt, der leider auch auf eine Aufwertung von engstirniger Politik mit vermeintlichen nationalen Vorteilen zulasten Dritter (»beggar my neighbour«) hinausläuft, ist die Gefahr einer künftig sinkenden Kooperationsbereitschaft innerhalb der EU auch Ausdruck eines gesunkenen Vertrauens.

Die Divergenzen in Europa nehmen wieder zu, sie wurden durch eine Scheinblüte in den Defizitländern lange Zeit überbrückt. Es gehört möglicherweise zur Tragik deutscher Geschichte, dass auch falsche Wege beherzt bis zum Ende weitergegangen wurden. Gehen Sie daher vorsichtigerweise vorerst von steigenden finanziellen Belastungen zur Stützung hoch verschuldeter EU-Staaten aus, bis die unausweichliche Währungsreform eine neue Vertrauensgrundlage schaffen muss.

Fazit: »Quidquis agis, prudenter agas et respice finem!« Die Bürger empfinden Europa oft als Hort der Bürokratie und fragwürdigen Kompromissentscheidungen. Wenn sich daran nichts ändert, wird eine weitere Integration Europas auf nachhaltige Akzeptanzprobleme stoßen und ein freies pluralistisches Europa nicht ermöglicht.

---

[193] Helmut Schelsky: Funktionäre, S. 79.

16. Ein schlechtes Vorbild für Europa: Der Länderfinanzausgleich

Wer die bestehenden großen Unterschiede in den Lebensverhältnissen einebnen wolle, »zementiert den Subventionsstaat und legt der jungen Generation eine untragbare Schuldenlast auf«.

Ex-Bundespräsident Köhler[194]

Die Transferunion, die sich zwischen den Euroländern derzeit anbahnt, hat seit Jahrzehnten einen inländischen Vorläufer, den langjährig umstrittenen sogenannten »Länderfinanzausgleich«. Der Länderfinanzausgleich ist ein langjährig etablierter staatsorganisationsrechtlicher Mechanismus in der Bundesrepublik Deutschland zur Umverteilung finanzieller Mittel zwischen Bund und Ländern; sie sollen so mit den zur Erfüllung ihrer jeweiligen Staatsaufgaben notwendigen Mitteln ausgestattet werden. Das horizontale Ausgleichssystem ist gekennzeichnet durch folgende Elemente:

- die horizontale Umsatzsteuerverteilung,
- der horizontale Finanzausgleich unter den Ländern,
- die den horizontalen Länderfinanzausgleich ergänzenden Bundesergänzungszuweisungen.[195]

Das dahinter verborgene Leitbild der Schaffung gleichwertiger Lebensverhältnisse im Bundesgebiet fußt auf den Grundgesetzartikeln Art. 72 und Art. 106:

---

194 In: *Focus* Nr. 38, 13.09.2004.

195 Vgl. www.Bundesfinanzministerium.de unter »Föderale Finanzbeziehungen«, Länderfinanzausgleich, Grundprinzip des Länderfinanzausgleichs.

Artikel 72 (Konkurrierende Gesetzgebung)

...

(2) Der Bund hat in diesem Bereich das Gesetzgebungsrecht, wenn und soweit die Herstellung gleichwertiger Lebensverhältnisse im Bundesgebiet oder die Wahrung der Rechts- oder Wirtschaftseinheit im gesamtstaatlichen Interesse eine bundesgesetzliche Regelung erforderlich macht.

Artikel 106 (Verteilung des Steueraufkommens und des Ertrages der Finanzmonopole)

...

(3)... 3. Die Deckungsbedürfnisse des Bundes und der Länder sind so aufeinander abzustimmen, dass ein billiger Ausgleich erzielt, eine Überbelastung der Steuerpflichtigen vermieden und die Einheitlichkeit der Lebensverhältnisse im Bundesgebiet gewahrt wird.

Statt des Anreizes, subsidiär den Landeshaushalt zu konsolidieren, stand die Nivellierung im Fokus, durch die ein immer aufwendigerer Umverteilungsapparat geschaffen wurde. Während in den 1950er-Jahren die Zahl der Geber- und Nehmerländer bei geringen Transfers noch ausgeglichen war, sind derzeit als stabile Geberländer nur noch Baden-Württemberg, Bayern, Hessen und Hamburg übrig geblieben. Die restlichen zwölf Bundesländer sind inzwischen Empfängerregionen.

Vielfach wird der negative Anreizeffekt als problematisch angesehen. Bei dem Ringen um die Wiederwahl werden Politiker im Zweifel immer bestrebt sein, ihre Budgets zu erhöhen. Die Subventionen durch Geberländer werden eingeplant und werden Bestandteil eines Besitzstandsdenkens von Politikern in den Nehmerländern. Diese fragwürdige »Prämie auf Verarmung« steht im Gegensatz zu Leitbildern wie dem Subsidiaritätsprinzip (Hilfe zur Selbsthilfe), der Eigenverantwortung und dem Wettbewerbs- und Fiskalföderalismus. Eine steigende Neuverschuldung der Nehmerländer führt zu keinen nennenswerten Sanktionen, allenfalls zur Forderung nach Reformen bei den Geberländern. So forderte u. a. der bayerische Ministerpräsident Horst Seehofer eine Korrektur: »Solidarität und Eigenverantwortung müssen eine gesunde Balance halten ... Diese Balance ist beim Länderfinanzausgleich in Gefahr.«[196]

Die mangelnde Abgrenzung von Bundes- und Landeszuständigkeiten verstärkt das trübe Bild, das von Fachleuten und Bürgern häufig als »organisierte Unverantwortlichkeit« wahrgenommen wird.

Bereits jetzt hängen die Kommunen und Länder am Tropf der Bundesregierung. Die hier eingetretene Zentralisierung ist auch auf Europa zu übertragen, wobei der Brüsseler Zentralstaat nicht mit Europa gleichgesetzt werden sollte. Das würde der Vielfalt des Kontinents widersprechen, die durch Normierungen der EU-Bürokraten zunehmend bedroht scheint. Die Rolle des Bundes könnte künftig immer mehr die EU-Kommission übernehmen, die dann gegebenenfalls auch noch für die Kredite bürgt. Es besteht die Gefahr, dass der »Brüsseler Moloch« sich zu einer Despotie entwickelt, da vermeintlich nur mit einer rigiden bürokratischen Führung die Krisen gelöst und der EU-Wohlfahrtsstaat gewährleistet werden kann.[197] Keine schönen Aussichten, wenn nicht rechtzeitig gegengesteuert wird. Statt einer ausufernden Zentralisierung muss wieder das Subsidiaritätsprinzip gelten!

Fazit: Das innerdeutsche Finanzausgleichssystem schafft zu wenig Anreize für einen Wettbewerb um solide Landeshaushalte. Die Subventionen werden eingeplant und werden Bestandteil eines Besitzstandsdenkens der Nehmerländer.

---

196 In: *Zeit Online*, 23.11.2009.

197 Siehe auch Jörg G. Hülsmann in: Murray N. Rothbard: Das Schein-Geld-System, S. 134 f.

17. Ringen um die fiskalpolitische Union

»Eine Währungsunion ohne gemeinsame Fiskalpolitik funktioniert nicht. Das sieht man zum Beispiel an den steigenden Defiziten einiger Länder. Man sieht es aber auch daran, dass sich die Wettbewerbsfähigkeit der EU-Länder völlig unterschiedlich entwickelt hat.«

Marco Annunziata, Chefvolkswirt der Unicredit[198]

Wynne Godleys Einschätzung zu den Zukunftsperspektiven des Euro war bereits 1997, d. h. weit vor seiner Einführung, von großer Skepsis geprägt:

> »... wenn Europa kein vollumfängliches eigenes Budget unter den neuen Bedingungen besitzt, wird es bei einem Zahlungsausfall die einzelnen Budgets der Teilstaaten noch haben. Die Gefahr ist dann, dass die Budgetbeschränkungen, denen die Regierungen individuell unterliegen, einen disinflationären Bias auslösen, der Europa in eine Depression stürzt, und dabei Europa ohnmächtig ist, diese wieder zu überwinden.«[199]

Er führte das Problem des Auseinanderfallens von Staat und Währungsraum in dem Papier noch weiter aus: »... wenn eine Regierung keine eigene Währung mehr besitzt, gibt sie nicht nur die Kontrolle über die Geldpolitik auf; die Kaufkraft wird auf neue Art beschränkt. Ohne eigene Bank, mit der sie Schecks ausstellen kann, können die Ausgaben nur noch durch

---

198 in: *Manager Magazin*, 22.03.2010.

199 Deutsche Übersetzung eines Abschnitts aus: »Writing in 1997 on the serious flaws of the Euro project, and especially the rules of the Maastricht Treaty«.

die Finanzierung im freien Markt mit Wettbewerb erfolgen mit der Folge, dass dies zu teuer oder sogar unmöglich wird, insbesondere in Notsituationen [wie zuletzt in Griechenland, Anmerkung des Verfassers].«

Auch der frühere Notenbankchef Hans Tietmeyer warnte vor dem Entfallen höherer Zinsaufschläge durch das fehlende Inflations- und Abwertungsrisiko in den Ländern und wies auf das Moral-Hazard-Problem hin:

> »Schon in der Historie sind Währungsunionen in Europa zumeist an divergierenden Entwicklungen der Staatsfinanzen ihrer Mitglieder gescheitert.« ... Neben einer »hinreichenden Wettbewerbsfähigkeit der einzelnen Volkswirtschaften« geht es »vor allem um eine hinreichende und dauerhafte stabilitätspolitische Konvergenz«.[200]

Die politische Union ist ein Trugbild,[201] mit der Schaffung einer politischen Union ist auf absehbare Zeit ohnehin nicht zu rechnen. Wer kennt schon die EU-Außenbeauftragte Catherine Ashton? Strategisch wichtige Felder von nationalem Interesse geben die Länder nicht ab, dazu gehört auch die Wirtschafts- und Finanzpolitik.

Um den Konstruktionsfehler der fehlenden Abstimmung der Wirtschafts- und Finanzpolitik der Mitgliedsländer aber zu »heilen«, könnte die fiskalpolitische Union nachgeholt werden. Dies sollte aber keine Wirtschaftsregierung sein, die zentral dirigistisch eingreift. Eine dominierende Nation, die die Wirtschaftspolitik vorgibt, würde ebenfalls auf Widerstand stoßen. Auch die gemeinsamen wirtschaftspolitischen Vorstöße Deutschlands und Frankreichs lösten oft Befremden bei den kleineren Staaten in der EU aus. Inzwischen versucht auch die EU-Kommission, ihren Einfluss auf die Finanz- und Wirtschaftspolitik auszuweiten. Sie stößt damit wiederum auf Vorbehalte in größeren Mitgliedstaaten, nicht zuletzt in Deutschland. Aus innenpolitischen Gründen möchten deutsche Politiker vermeiden, dass das Land in die Rolle des Zahlmeisters für die EU gerät. Dies würde ihre Wiederwahlchancen verschlechtern. Weitergehende Appelle an die finan-

[200] Hans Tietmeyer: Herausforderung Euro, S. 229, 244.

[201] Siehe Andreas Wehr: Griechenland, S. 124: »Eine politische Union ist weiterhin nicht in Sicht, wenn sie nicht überhaupt eine Schimäre ist.«

zielle Solidarität der Bürger im Rahmen einer zunehmenden Transferunion werden auf Widerstand stoßen, abgesehen von den rechtlichen Bedenken im Zuge eines immer stärker institutionalisierten Bailouts.[202]

Der politische Wille der EU-Kommission, die Finanzpolitik zu harmonisieren und von Spannungen zu befreien, ist zwar erkennbar, stößt aber auf nationale Vorbehalte. Nach wie vor bleibt das Ausmaß der angestrebten Automatisierung unklar. Eine ausreichende Schärfe der Sanktion und der politische Wille, sie durchzusetzen, sind Grundvoraussetzungen für das Gelingen der Stabilitätsgemeinschaft. So hätten die ausufernden Schulden in guten Zeiten verhindert werden müssen. In der jetzigen Phase mit einer ruinösen wirtschaftlichen Verfassung in den PIIGS-Staaten ist das Sparen für den Schuldenabbau extrem schwierig. Eine sicherlich ausreichend scharfe Sanktion wäre der Ausschluss eines Defizitlandes aus der Währungsunion bei Nichteinhaltung der Stabilitätsregeln oder wenn der Hauptgeldgeber Deutschland glaubwürdig mit einem »Nein« für künftige Hilfen drohen würde.

Reform des Stabilitäts- und Wachstumspakts

Die Reform des Stabilitäts- und Wachstumspakts (SWP) war und ist stark umstritten: Deutschland geht sie nicht weit genug, die italienische Regierung hat Bedenken gegen die Vorgaben zum Abbau der Gesamtverschuldung, Frankreich lehnt eine zu große Macht der EU-Kommission und eine Bindung an feste Regeln ab. So erklärte die französische Finanzministerin Christine Lagarde:

> »Aber ein vollständig automatischer Charakter? Nein! ... Das Schicksal eines Landes darf nicht in die Hände von Experten gelegt werden.«[203]

In der Erklärung von EU Ratspräsident Van Rompuy vom 27.09.2010 hieß es daher lediglich: »Wann immer es möglich ist, sollen die Entschei-

[202] Siehe Otmar Issing: Vortrag vom 05.11.2010, S. 22.

[203] »Frankreich stellt sich gegen automatische Sanktionen«, in: *Welt Online*, 27.09.2010.

dungen über Sanktionen automatischer fallen und mit umgekehrter Mehrheit vorgenommen werden«.

Auch im Pressetext der Kommission (Wirtschaftspolitische Steuerung in der EU: Kommission legt umfassendes Legislativpaket vor, 29.09.2010) wird vorsichtig formuliert:

> »... Das heißt, dass der Stabilitäts- und Wachstumspakt in stärkerem Maße regelbasiert sein wird, und Sanktionen für ein Land, das gegen seine Verpflichtungen verstößt, die normale Folge sein werden.«

Das Ausmaß der Regelbindung/Automatisierung wird ein Streitpunkt bleiben. Vor dem Hintergrund der Schuldenkrise müsste es eine Verschärfung geben. Nach den Vorschlägen sollten die Mitgliedstaaten die Verfahren nur stoppen können, wenn sie binnen zehn Tagen nach dem Kommissionsbeschluss eine qualifizierte Mehrheit zustande bringen. Das soll verhindern, dass einzelne Regierungen gegen sie gerichtete Prozeduren abblocken können. Der Vorschlag der EU-Kommission hinsichtlich eines umgekehrten Mehrheitsbeschlusses bei Sanktionsentscheidungen wird bei den Schlussfolgerungen der Staats- und Regierungschefs vom März 2011 nicht mehr berücksichtigt. Mit dem Verzicht auf einen »Automatismus« bei der Nichteinhaltung der Stabilitätsregeln verliert die Reform des SWP – schon wieder – an notwendiger Schärfe.

Eine wesentliche Regel des SWP ist, dass Länder mit einer Staatsverschuldung, die mehr als 60 Prozent des Bruttoinlandsprodukts ausmacht, 1/20 der Differenz pro Jahr abbauen müssen. Ob die Nichteinhaltung zu Sanktionen führt, bleibt offen. Wenn immer mehr Defizitsünder über Sünder abstimmen müssen, ist mit einer wohlwollenden Nachlässigkeit zu rechnen. Der Verteilungsdruck wird durch die Schuldenkrise ohnehin eher noch verstärkt und dürfte aus Machterhaltungsgründen Politiker veranlassen, bei allzu drastischen Einsparmaßnahmen vorsichtiger zu agieren. Aus deutscher Sicht muss klar ausgeschlossen werden, dass wettbewerbsfähige Staaten mit Sanktionen zur Stärkung der Binnennachfrage mittels staatlicher Ausgabenprogramme oder zu ordnungspolitisch schädlichen Eingriffen in den Unternehmens- bzw. Haushaltssektor gezwungen werden.

»Pakt für den Euro«

In dem am 24. und 25.03.2011 gebilligten »Pakt für den Euro«, der bisher »Pakt für Wettbewerbsfähigkeit« hieß (auffällig ist dabei, dass der Begriff Stabilität auf der europäischen Politikbühne immer mehr in den Hintergrund tritt), soll eine stärkere Koordination der Wirtschaftspolitik im Hinblick auf Wettbewerbsfähigkeit und Konvergenz erreicht werden.

Die vier Ziele des Paktes sind:

1. Förderung der Wettbewerbsfähigkeit: Die Lohn- und Produktivitätsentwicklung soll überwacht werden. Dazu werden die Lohnstückkosten in der Wirtschaft insgesamt und für wichtige Sektoren (Verarbeitendes Gewerbe, Dienstleistungen, Handel) innerhalb des Euro-Raumes und mit der Entwicklung bei den wichtigsten Handelspartnern verglichen.
2. Beschäftigungsförderung: Sie wird anhand der Langzeit-, Jugendarbeitslosen- und Erwerbsquoten bewertet.
3. Verbesserung der langfristigen Tragfähigkeit der öffentlichen Finanzen, das dritte Ziel des Pakts, soll den Stabilitäts- und Wachstumspakt (SWP) unterstützen. Auf Grundlage der Politik in den Bereichen Renten-, Gesundheitsfürsorge- und Sozialleistungssysteme soll der Schuldenstand überwacht werden. Die Euro-Länder verpflichten sich, die Haushaltsvorschriften des SWP ähnlich der deutschen Schuldenbremse in nationales Recht umzusetzen.
4. Stärkung der Finanzstabilität: Dazu verpflichten sich die Euro-Länder zu regelmäßigen Banken-Stresstests und zu Rechtsvorschriften für die Bankenabwicklung. Hinsichtlich der Koordinierung der Steuerpolitik will die EU-Kommission einen Gesetzesvorschlag zu einer gemeinsamen konsolidierten Körperschaftsteuer-Bemessungsgrundlage unterbreiten.

Durch den fehlenden Sanktionsmechanismus und fehlende konkrete Vorgaben sind die Ziele des SWP-Pakts und des Pakts für den Euro sehr unscharf geblieben. Der Begriff Pakt wirkt ohnehin eher verzweifelt vor dem

Hintergrund der finanziellen Probleme vieler Einzelstaaten, deren Bankrott bislang vermieden wurde.

Die jeweils zu treffenden politischen Maßnahmen zur Erreichung der vier Ziele fallen in den Verantwortungsbereich der Euro-Länder. Die Verpflichtungen sollen jährlich in den nationalen Reform- und Stabilitätsprogrammen im Rahmen des sogenannten Europäischen Semesters berücksichtigt und dann innerhalb von zwölf Monaten verwirklicht werden. Die Reformen sind zur Durchsetzung einer soliden Finanzpolitik im gesamten Euro-Raum unzureichend. Warnungen an die Politiker kamen auch von Axel Weber, der aus der Bundesbank – im Frühjahr 2011 – ausschied. Seine ordnungspolitischen Vorstellungen hätten bei der EZB kaum mehr eine Mehrheit gefunden:

> »Derzeit werden zahlreiche Forderungen erhoben, die den Charakter der grundlegenden Beschlüsse des Rats maßgeblich verändern würden. Dazu gehören u. a. Käufe von Staatsanleihen von Problemländern durch den ESM, eine deutliche Absenkung der Zinskonditionen, der Verzicht auf die Vorrangigkeit der Hilfskredite oder auf die Einstimmigkeit der Hilfe gebenden Länder bei wichtigen Entscheidungen. Mit diesen Maßnahmen würden allerdings die Anreize für eine solide Finanzpolitik vermindert und wichtige Grundlagen der Währungsunion wie Subsidiarität, Eigenverantwortung der Staaten und der privaten Investoren sowie der gegenseitige Haftungsausschluss erheblich beschädigt. Sie sind daher abzulehnen.«[204]

Die Harmonisierung der Finanz- und Steuerpolitik macht kaum Fortschritte. Bundeskanzlerin Merkel hat bei den Verhandlungen viel Kompromiss- und Hilfsbereitschaft gezeigt, für die die inländischen Bürger aufkommen müssen. Französische Vorstellungen einer Wirtschaftsregierung (mit Resten aus der planwirtschaftlichen Tradition des Landes) und südländische Gestaltungsvorstellungen finden mehr Eingang zulasten des Stabilitätsaspekts, der von deutscher Seite gerne betont wurde. Ohne Re-

[204] Axel A. Weber u. a.: »Finanzmarktstabilität sichern«, in: *Frankfurter Allgemeine Zeitung*, 03.03.2011.

gelbindungen wird das negative Signal an die Südländer gesendet: »Ihr könnt verstärkt so weitermachen, Deutschland wird für euch bürgen!« Das wird teuer und könnte bald zu einer Rating-Abstufung auch deutscher Staatsanleihen führen.

Fazit: Mehr Transparenz und Vergleichbarkeit sowie regelgebundene Sanktionen bei Verstößen sind notwendig zur Sicherung der Funktionsfähigkeit des Euro-Währungsraums. Aber die Regierungen werden einem solchen Reformpaket entgegen aller Erkenntnisse nicht zustimmen.

18. Ist der Euro irreversibel?

»Wer die Menschen betrügen will, muss vor allen Dingen das Absurde plausibel machen.«

Johann Wolfgang von Goethe (1749–1832)

Bislang sind die Überlegungen unglaubwürdig, bei gravierendem Fehlverhalten Länder aus der Währungsunion auszuschließen. Wenn bereits die Einhaltung und Überwachung der Regeln nicht gilt. wie sollte die Gemeinschaft dann die Kraft finden, ein Land aus dem Euroverbund hinauszuwerfen? Aus dem entpolitisierten Euro, der regelgebunden gesteuert werden sollte, wurde zunehmend politisches Geld.[205]

Bei der Planung wurde immer darauf hingewiesen, dass der Euro irreversibel sei, eine Exit-Strategie existiert formal nicht. So ist ein Ausschluss aus der Euro-Zone im europäischen Vertragswerk gar nicht vorgesehen. Andererseits sind im EU-Vertrag eine Reihe von grundsätzlichen Vorschriften vorhanden, die die Solidarität zwischen den Mitgliedstaaten betonen. Nach Art. 3 Abs. 3 des EU-Vertrages soll die Union den wirtschaftlichen, sozialen und territorialen Zusammenhalt und die Solidarität zwischen den Mitgliedstaaten fördern. Obwohl immer noch ein Tabu aufgrund der befürchteten Verwerfungen auf den Märkten besteht, wird inzwischen zunehmend über den Ausschluss eines Landes aus dem Euro-Verbund nachgedacht. So erklärte Kanzlerin Merkel im letzten Jahr, dass Bundesfinanzminister Schäuble Vorschläge gemacht habe, »dass wir für die Zukunft ein Vertragswerk bekommen, aufgrund dessen es als Ultima Ratio sogar möglich ist, ein Land aus dem Euro-Raum auszuschlie-

[205] Siehe Otmar Issing: Vortrag vom 05.11.2010, S. 20 f.

ßen, wenn es die Bedingungen der Mitgliedschaft langfristig immer wieder nicht erfüllt. Sonst kann man nicht zusammenarbeiten.«[206]

Gemeint war Griechenland, das besonders negativ durch die Zahlentricksereien auffiel.

Glaubwürdig ist das nicht. Nach der Lehman-Pleite wird im Zweifel ein systemrelevanter Schuldner – das sind neben größeren inzwischen auch immer mehr Länder – Hilfen erhalten und nicht aus einem Verbund herausgeworfen. Zu groß ist angeblich die Angst, eine »Kettenreaktion« an den Märkten auszulösen.

Ein Ausschluss aus dem Verbund der Euro-Zone würde das Problem der Verschuldung betroffener Länder nur dann lösen, wenn die Kreditgeber auf einen Teil ihrer Forderungen verzichten. Der Ausfall ist umso größer, wenn zum Beispiel Griechenland seine Altschulden in Euro zurückzahlen müsste. De facto ist Griechenland bereits zu einem Protektorat geworden (andere GIIPS-Staaten könnten ebenfalls dazu werden), in dem das Land den Forderungen der Gläubiger folgen muss, um den Zusammenbruch/Staatsbankrott noch zu verhindern. Ob das Land diese Schulden begleichen kann, ist mehr als fraglich – und kann vielleicht schon bei Erscheinen dieses Buches eine geplatzte Illusion sein. Hier zeigt sich ein weiterer Konstruktionsfehler des Euro. Eine Exit-Strategie ist nicht nur aus formalen, sondern auch aus ökonomischen Gründen schwierig. Es handelt sich bei einem Austritt angeblich auch um eine Ansehensfrage des Euro. Das Prestige der Euro-Politiker steht dann sofort auf dem Spiel. Nach Claude Trichet ist die Währungsunion eine »Schicksalsgemeinschaft« geworden.[207] Damit schließt er indirekt einen Austritt eines Landes aus, obwohl die Stabilität des Euro gerade durch die fehlenden Sanktionen und die eingeleiteten Rettungsmaßnahmen gefährdet wird. Mit solchen Äußerungen wird die kommende Währungsreform untermauert, da die Transferhilfen von den Nehmerländern fest eingeplant werden und die finanziell noch besser gestellten Geberländer ebenfalls Probleme bekommen werden.

---

[206] »Merkels Ultima Ratio: Rauswurf aus Euro-Zone«, in: *Euroactiv.de*, 18.03.2010.
[207] »Die Schicksalsgemeinschaft«, in: *Neue Zürcher Zeitung*, 07.05.2010.

Ein möglicher Rauswurf würde seine disziplinierende Wirkung nicht verfehlen. Der Austritt aus der Euro-Zone könnte auch den Austritt aus der EU bedeuten. Dies würde ein klares Signal aussenden. Allerdings kann auch ein Land wie Griechenland auf das Mitverschulden der Gemeinschaft setzen, die den Kurs der griechischen Politik toleriert habe (siehe Otmar Issing, Vortrag am 05.11.2010). Durch die organisierte Unverantwortlichkeit in der EU wird die Schuldzuweisung schwierig. Es gibt aber nur zwei Lösungen, entweder die Etablierung einer gemeinsamen Fiskal- und Wirtschaftspolitik als »Missing Link« oder das Inkaufnehmen des Auseinanderbrechens des Währungsraums, der möglichst friktionsfrei erfolgen sollte. Durch das Abwarten werden die Probleme verschärft, und nicht zuletzt die deutschen Sparer und Steuerzahler werden durch das politische Versagen unmäßig belastet. Der Euro ist nicht irreversibel, nur eine sanierende bzw. enteignende Währungsreform rückt mit dem Beharren darauf näher.

Die Politiker sollten ihrer Verantwortung gerecht werden und pragmatisch handeln, statt durch das Beharren auf finanziellen Ausgleichsmaßnahmen/Transfers ein Währungssystem zu stützen, das ordnungspolitisch durch weitgehend fehlende Abstimmung der Finanz- und Wirtschaftspolitik nicht mehr zu rechtfertigen ist. Je stärker vor diesem Hintergrund das Fehlsignal der Unumkehrbarkeit des Euro-Verbundes von den Politikern an die Märkte gesendet wird, desto eher sinkt die Glaubwürdigkeit des Commitments. Ob der Kredit der Geberländer wirklich unbegrenzt ist, wird sich zeigen. Auch könnten sich einzelne Nehmerstaaten (zum Beispiel Griechenland) Vorteile bei einem Austritt aus der Währungsunion (Schuldenerlass) erkaufen, die Kosten der Loslösung könnten an Bedeutung verlieren (dies verändert die Kosten-Nutzen-Kalkulation eines EWU-Verbleibs[208]).

Fazit: Der Euro ist nicht irreversibel. Auch Eheversprechen werden nicht immer gehalten. So würden die Staaten in der EU den Euro notfalls aufgeben, wenn dies – für ihr Land – vorteilhaft wäre.

[208] Vgl. Tammo Greetfeld: Glaubwürdigkeit, S. 115, 138.

Teil 3:

Die Währungsreform kommt – und wie Sie trotzdem Ihr Vermögen sichern können

19. EU-Perspektiven/-Szenarien nach dem Scheitern des Euro

»Beeindruckend ist das Ausmaß, mit dem Gold immer noch das Finanzsystem als ultimatives Zahlungsmittel beherrscht.«

Alan Greenspan, früherer US-Notenbankchef am 09.09.2009

Um Missverständnissen vorzubeugen, ich bin ein begeisterter Europäer und daher an Lösungen interessiert, die die bereits eingetretenen politischen Spannungen zwischen den Ländern infolge der Rettungsmaßnahmen wieder reduzieren. Eine Regelung der Insolvenz und des Austritts aus der Euro-Zone würde potenzielle neue Konflikte entschärfen. Mit dem Ausbau der Transfer- und Sozialunion dagegen wird die vielfach kritisierte »organisierte Unverantwortlichkeit« in der europäischen Politik noch verstärkt. Dieses intransparente System ist das Problem, das die Krise verschärfen wird, bis die nächste Währungsreform kommt.

Das »Weiter so!«, von dem »weiter« auszugehen ist, führt zu einem Auseinanderbrechen des Euro-Währungsraums, und zudem wohl bald mit einem lauteren Knall. Die Euro-Raum-Staaten werden geschwächt durch die Auswirkungen der geplatzten Spekulationsblasen und die anschließenden Bankenkrisen, die sich ohne Reformen zwar noch eine Weile durchschleppen können, dann aber doch der Vielzahl ihrer »Verletzungen erliegen«.[209]

Ein kleines Land wie Griechenland hätte durch ein Schuldenmoratorium mit den Gläubigerbanken und die Einführung der Drachme viel bessere

[209] Siehe Nouriel Roubini/Stephen Mihm: Das Ende der Weltwirtschaft, S. 353.

Möglichkeiten, die astronomisch hohe Schuldenlast abzustreifen. Die kreditgebenden Banken würden daran erinnert, dass es sich um risikobehaftete Geschäfte handelt, die nicht automatisch vom Staat abgesichert werden. Durch die Risikoschirme, die die organisierte Unverantwortlichkeit verstärken, könnte Deutschland schon in wenigen Jahren sich selbst »griechischen Verhältnissen« annähern. Die neuen Finanzbelastungen durch die Transfers könnten aus Sicht von Inlandsbürgern zunehmend als neuer »Versailler Vertrag« empfunden werden. Die bislang staatlich unabhängige und stabilitätsorientierte Position der deutschen Geldpolitik kommt nach dem Ausscheiden von Axel Weber nicht mehr zur Geltung. Auch die früher vorzeigbare Wirtschaftskompetenz in der Union ist nach dem Ausscheiden von Merz und Koch aus der ersten Reihe deutscher Politik anscheinend verloren gegangen. Die Ordnungspolitik ist schwach besetzt.

Die Einschätzung aber, dass das Scheitern des Euro das Scheitern Europas wäre, ist reine Politikrhetorik. Für Europa ist die Erhaltung des Friedens und des Binnenmarkts wichtiger als die angebliche Verteidigung des Euro, koste es, was es wolle. Es ging nicht um die Rettung des Euro, sondern um die finanzielle Stabilisierung der finanziell involvierten Banken und der hoch verschuldeten Staaten. Die Politiker schaffen durch falsche Anreize selbst die Probleme, die sie zu lösen vorgeben. Das Beschreien der Kriegsgefahr, die ohne den Euro angeblich wieder bestehen würde, ist unverantwortlich. Viele Länder in Europa haben den Euro nicht eingeführt und leben auch in guter und friedlicher Nachbarschaft.

Eher ist das Gegenteil der Fall. Wenn das Thema so emotional aufgeladen wird, verhalten sich die Politiker, die dies behaupten, kontraproduktiv. Die sozialen Spannungen infolge der Euro-Konstruktionsfehler durch die mangelnde Abstimmung der Finanz- und Wirtschaftspolitik und durch die fehlende politische Union sowie infolge des Aufweichens des Stabilitätspakts durch die Politiker (die wiedergewählt werden möchten) führen zu einer Störung des inneren Friedens in Europa. Nach dem Einstieg in die Transferunion wird der Euro zu einer Belastung zwischen den noch bestehenden Nationalstaaten. Insbesondere das Verhältnis zwischen Deutschland und Frankreich könnte noch schwieriger werden. Dies wäre der Fall, wenn sich Sarkozy immer mehr zum Wortführer der finanziell bedrängten Euro-Länder aufschwingt, während Frau Merkel die Regierungen durch strenge Überwachung der Stabilitätsfortschritte verärgert und damit zunehmend isoliert wird. Deutschland könnte sich zum »Stabilitätsunhold« Europas entwickeln.[210] Das wäre politisch ein schwierigeres Problem als die früheren ausländischen Angriffe auf die überstarke Deutsche Bundesbank, deren Position sich durch ihre Unabhängigkeit leicht verteidigen ließ. Bereits beim Abschied von den nationalen Währungen war das Risiko einer Transferunion absehbar, auch wenn es von politischer Seite massiv bestritten würde. Dann schließe ich mich lieber der Forderung an: »Gebt uns die DM zurück!«

Europa könnte sich auch in Nord- und Südstaaten aufteilen. Das Europa der »zwei Geschwindigkeiten« war unter EU-Politikern immer ein umstrittenes Konzept. Mit der Einführung des Euro gehört die Mehrheit der EU-Staaten, jetzt 17 von 27, zur Wirtschafts- und Währungsunion. Wenn sich auch innerhalb der Euro-Staaten eine Spaltung ergibt, hätte die Staatsschuldenkrise infolge der mangelhaften ordnungspolitischen Konstruktion des Euro auch hier »zwei Geschwindigkeiten« geschaffen. Die so genannten PIIGS- oder Club-Med-Staaten nahmen nach der Einführung des Euro und der niedrigen Zinsen zu viel Schulden auf. Die Immobilienpreise explodierten zum Beispiel in Spanien. Neue unproduktive Stellen in Behörden wurden geschaffen. Deutschland musste in den ersten Jahren nach der Euro-Einführung dagegen scharfe Umstrukturierungen in seinen Unternehmen in Kauf nehmen, um die Wettbewerbsfähigkeit zu erhalten (Hintergrund: Die D-Mark war bei der Euroumstellung zu hoch bewertet.). Schmerzlich war auch die Lohnzurückhaltung der Arbeitnehmer bzw. der Vertreter bei den Tarifverhandlungen. Jetzt ist die deutsche Wirtschaft wieder erfolgreich auf den Märkten tätig. Durch den umfangreichen Export seiner Waren (zum Beispiel nach China) blieb Deutschland nach der Finanzkrise in einer vergleichsweise guten wirtschaftlichen Position. Auch die Bemühungen, die öffentlichen Haushalte zu sanieren, wirkten sich positiv aus. Die europäische Währungsunion sollte ursprünglich Stabilität und Einheit bringen, stattdessen wurde Europa im Zuge der Zentrifugalwirkung des Euro eher in zwei Teile gespal-

[210] Daniel D. Eckert: Weltkrieg der Währungen, S. 246.

ten.[211] Ob der wirtschaftlich und hinsichtlich der Staatsfinanzen weitaus stabilere Norden den Süden Europas dauerhaft alimentieren will, ist mehr als zweifelhaft.

Die Durchsetzung marktwirtschaftlicher Strukturen und der gemeinsame Markt schufen vor Jahrzehnten den Aufschwung. Der freie Handel in der EWG löste eine große Faszination nach dem Krieg aus. Der positive Schwung und die Begeisterung scheinen in den Mühlen der Bürokratie verloren gegangen zu sein. Der Euro kann nur funktionieren, wenn das Prinzip der Transferunion aufgegeben wird und die EU-Länder wie die amerikanischen Bundesstaaten (aktuelles Beispiel Kalifornien) auch finanziell selbst über die Runden kommen müssen. Der Wahlsieg der europaskeptischen Partei »Die Wahren Finnen« in Finnland zeigte die schwindende Bereitschaft, für die Fehler anderer zu zahlen und damit die Transferunion mitzutragen. Sogar innerhalb eines Staates ist die Quersubventionierung schwächerer Regionen fragwürdig, wie die Ausgleichsmaßnahmen in Deutschland zeigen. Sie schaffen politischen Streit, und die Verantwortung wird zu einseitig aufgeteilt.

Das fragwürdige Euro-Experiment ist gescheitert. Es war ein Fehler, Europa mit einer gemeinsamen Währung ohne die nötigen begleitenden Schritte zusammenzuführen. Nach M. Roubini und S. Mihm hatte eine Währungsunion ohne eine politische Union und Haushaltsvereinigung noch nie Bestand.[212] Politiker verschweigen, dass die Euro-Stabilitätsprobleme durch fehlende Sanktionen für Sünder in der EU und eine kaum bestehende Politische Union, das notwendige Gegenstück zur Währungsunion, entstanden.

Die von Europavisionären nach dem Vorbild der USA geforderten Vereinigten Staaten von Europa wurden nicht Realität. Die weitreichendere Alternative eines vollwertigen europäischen Staates einschließlich einer gemeinsamen Außen- und Sicherheitspolitik ist in den Ländern nach wie vor umstritten. Dies war angesichts der starken Bindekraft der Nationalstaaten

---

[211] Siehe auch Nouriel Roubini/Stephen Mihm: Das Ende der Weltwirtschaft, S. 374 f.

[212] Nouriel Roubini/Stephen Mihm: Das Ende der Weltwirtschaft, S. 376.

auch kaum anders zu erwarten. Auch die weniger Integration erfordernde Politische Union ist im Vergleich zu den größeren Fortschritten im Bereich der Wirtschafts- und Währungsunion nur in Fragmenten vorhanden:

- Eine Außen- und Sicherheitspolitik besteht bislang in keinem nennenswerten Umfang. Es gibt lediglich eine Zusammenarbeit zwischen den Regierungen der Mitgliedstaaten, wobei alle Entscheidungen einstimmig zu treffen sind. Die Beschlüsse haben keine unmittelbare Rechtsgültigkeit. Die Hohe Vertreterin für Außen- und Sicherheitspolitik, Catherine Ashton, ist kaum bekannt. Sie erhält auch keine breite Unterstützung in den Partnerländern, um erfolgreich europäische Außenpolitik zu betreiben. Um allerdings diese schon fast nicht mehr zu kaschierende Fehlkonstruktion weiter im Sinne der alles überspannenden Brüsseler Bürokratie in Gang zu setzen, wurden im März die Mittel für die entsprechende EU-Außen-Behörde (Europäischer Auswärtiger Dienst) mit zig Tausend Mitarbeitern freigegeben. Ein teures Feigenblatt.
- In der Finanzpolitik ist die Abstimmung kaum vorhanden. Selbst in den EU-Kernstaaten Frankreich und Deutschland kam es immer wieder zum Streit, ob eine Wachstumspolitik (Frankreich) oder eine Stabilitätspolitik (Deutschland) vorrangig verfolgt werden soll. Wenn die von Frankreich geforderte Wirtschaftsregierung über die Abstimmung der Finanzpolitik hinausgeht, könnte die Unabhängigkeit der EZB noch mehr infrage gestellt werden. Die steuerliche Harmonisierung in der EU ist nur in ganz begrenztem Umfang erreicht worden.
- In der Wirtschaftspolitik wacht ein Wettbewerbskommissar der Europäischen Kommission, der die jeweiligen Kartellbehörden der einzelnen Staaten als supranationales Organ ergänzt, über die Gewährleistung eines fairen Wettbewerbs auf dem Binnenmarkt. Nationale wettbewerbsverzerrende Subventionen sollen vermieden werden. Damit ist die Wirtschaftspolitik zwar eher ein Vorzeigebereich in der EU, aber auch hier gibt es großen Reformbedarf, zum Beispiel in der Agrarpolitik, die traditionell eine herausragende Position einnimmt. Sie steht seit vielen Jahren aufgrund marktwidriger protektionistischer Eingriffe (zulasten von Drittstaaten außerhalb der EU) in der Kritik. Die Agrarpolitik machte lange Zeit deutlich mehr als die Hälfte der EU-Gesamtausgaben aus.

- In der Innenpolitik setzt sich statt Subsidiarität (Problemlösung vor Ort, wo möglich und sinnvoll) eine hohe Gesetzesaktivität durch die EU-Bürokratie durch. So ist in der Bundesrepublik Deutschland bereits ein Großteil aller im Bereich Innenpolitik verabschiedeten Gesetze auf Initiativen oder Rechtsakte auf EU-Ebene zurückzuführen. Insbesondere Bereiche wie das Familien- und vor allem das Arbeitsrecht werden durch das EU-Recht dominiert; so gibt es kaum mehr ein arbeitsrechtliches Gesetz, das nicht über kurz oder lang vom Europäischen Gerichtshof und damit indirekt ganz direkt von der EU kassiert wird. Die Brüsseler-Bürokratie (und zunehmend auch die deutsche) ist nicht inaktiv, ob es für die Bürger nützlich ist, wird sich zeigen.

Trotz der ausufernden Bürokratie ist die politische Union noch weit unterentwickelt. Ein französischer Staatspräsident wie Nicolas Sarkozy oder auch Bundeskanzlerin Merkel werden die politische Bühne nicht gerne EU-Vertretern wie der Britin Catherine Ashton überlassen und weiterhin auf Staatsbanketten ihre Länder und gegebenenfalls auch Europa mitvertreten. Zu erinnern ist an dieser Stelle an die mahnenden Worte des früheren Bundeskanzlers Helmut Kohl:

> »Man kann dies nicht oft genug sagen. Die politische Union ist das unerlässliche Gegenstück zur Wirtschafts- und Währungsunion. Die jüngere Geschichte, und zwar nicht nur die Deutschlands, lehrt uns, dass die Vorstellung, man könne eine Wirtschafts- und Währungsunion ohne politische Union auf Dauer erhalten, abwegig ist.«[213]

Die politische Union muss noch weiterentwickelt werden, sonst nutzen internationale Großkonzerne die sich ergebenden Arbitragechancen in den Einzelstaaten noch mehr aus. Die Subventionswettläufe werden dann von den Bürgern finanziert. Vor allem Großbanken und die bislang nicht überwachten Schattenbanken müssen in einem international abgestimmten europäischen Regelwerk erfasst sein, um die Gefahren einer neuerlichen Instabilität des Finanzsektors zu begrenzen.

---

213 Deutscher Bundestag, stenografischer Bericht, 06.11.1991.

Für die Europäer kann die Euro-Dauerkrise unangenehme geopolitische Folgen haben. Sie wären schwächer als je zuvor, eine gemeinsame Sicherheitspolitik existiert ohnehin allenfalls in Ansätzen. Durch die Energieabhängigkeit Westeuropas könnte Russland an Bedeutung gewinnen. Und Russland ist schon »gerne bereit«, Hilfe anzubieten. Präsident Medwedews Wirtschaftsberater Arkadi Dworkowitsch erklärte, dass die europäische Wirtschaft mit ihren Problemen schon fertig werde: »Der Euro hat jetzt eine schwierige Phase. Aber ich bin überzeugt, dass der Euro überlebt und Europa auch mithilfe anderer Staaten, darunter auch Russland, mit den Problemen fertig wird.«[214]

Der russische Freund könnte einen zu hohen politischen Preis fordern. Der Rubel rollt wieder und könnte sich zu einer neuen europäischen Hartwährung entwickeln. Das wäre für die russischen Bürger zwar begrüßenswert. Schwierig wird es jedoch, wenn gleichzeitig der Euro aufgrund der politischen Fehler ins Straucheln kommt und Europa von der Hilfe Russlands oder asiatischer Aufsteigerstaaten abhängig wird.

Die folgende Tabelle stellt eine Übersicht verschiedener Szenarien für die Euro-Entwicklung und die Bonität der Geberländer dar. Grundsätzlich profitieren der Euro-Wechselkurs und die Bonität der Geberländer von einer zunehmenden Stabilisierung der Finanzmärkte durch eine abnehmende Staatsschuldenkrise in der EU:

Destabilisierung der Finanzmärkte durch die Staatsschuldenkrise in der EU	Psychologische Wirkung	Euro-Währungseffekte und Bonität der Geberländer	Geschätzte Wahrscheinlichkeit
Zunehmend	Neue Schocks	– bis – –	40 %
Gleichbleibend	Gewöhnung	gering	35 %
Abnehmend	Positive Überraschung	+ bis ++	25 %

Szenarien für den Euro

[214] In: *Russland-Aktuell*, 20.05.2010.

Im Fall einer Eskalation der Schuldenkrise in der EU dürfte dies zu einer Abwertung des Euro (zum Beispiel im Verhältnis zum US-Dollar) führen und sich negativ auf die Bonität der Geberländer (derzeit vor allem Deutschland und Frankreich) auswirken. Entsprechend dem Motto »den Bürgen sollst du würgen« könnte die bislang umstrittene Bonität zum Beispiel Deutschlands sinken. Statt eines Triple-A-Ratings wäre dann ein Double A oder sogar nur noch ein einfaches A denkbar. Dies würde sich entsprechend negativ auf die Refinanzierung der inländischen Staatsschulden auswirken, d. h. zu höheren Risikoaufschlägen bei den Zinsen wie bei den derzeitigen EU-Problemstaaten führen. Die Schwierigkeiten der EU-Problemstaaten/Nehmerländer würden weitergereicht. Der Bürge setzt sich einem großen Risiko aus. Es bürgen nicht die Politiker, sondern letztlich die Steuerzahler der Geberländer innerhalb der EU. Da sich Menschen üblicherweise an negative Rahmenbedingungen gewöhnen, erfordert das hier unterstellte Worst-Case-Szenario neue Schocks, zum Beispiel durch neue finanzielle Probleme weiterer EU-Mitgliedstaaten, die weithin als relativ stabil eingestuft wurden. Unter psychologischen Aspekten muss die Dosierung der Hiobsbotschaften immer weiter zulegen … Ab einem bestimmten Zeitpunkt ist der finanzielle Kollaps nicht mehr abzuwenden, dann hilft auch das »Schönreden« der Situation durch Politiker nicht mehr. Derzeit halte ich dieses Negativszenario mit einer Wahrscheinlichkeit von 40 Prozent für besonders naheliegend.

Hintergrund: Von Staatsvertretern wird erklärt, dass man den Euro retten will, »koste es, was es wolle«. Auch durch die (vermutlich) unbedachten Äußerungen führender Politiker (Merkel und Sarkozy), die einer Euro-Bestandsgarantie gleichkommen, wurde bereits den Spekulanten signalisiert, dass sie erfolgreich – sei es auch zulasten der Steuerzahler – spekulieren können. Politiker können eine derartige Garantie nicht glaubwürdig aussprechen, vor allem dann nicht, wenn die finanziellen Spielräume des Landes enger werden. Außerdem ist die EZB von Weisungen der Politiker unabhängig. Auch wenn der Versuch, die Autonomie zu untergraben, fortexistiert, die Geldsteuerung ist Aufgabe der EZB und kann nicht leichtfertig von Politikern diktiert werden. Die Rechtfertigung für diesen politischen Freibrief beziehen die derzeit agierenden Politiker daraus, dass »die Politik, der Staat« die Banken retten mussten. So gesehen, ein fataler Kreislauf.

Ein Ende der EU-Schulden-/Solvenzkrise ist vorerst nicht in Sicht. Trotz aller Bemühungen der EU-Staaten kursiert weiterhin die Angst, dass nach Griechenland, Irland und Portugal bald der nächste Kandidat um Hilfen aus dem Topf »Rettungsschirm« bittet. Vermutlich wird die EU-Schulden-/Solvenzkrise auch 2011/2012 der dominierende Einflussfaktor für die Anleihenmärkte bleiben. Erst wenn es zu einem nachhaltigen, die Märkte mittel- bis langfristig überzeugenden Lösungskonzept kommt, zum Beispiel durch eine glaubwürdige Abstimmung der Fiskalpolitik und die Bildung einer politischen Union und damit einer Heilung der Euro-Konstruktionsfehler, werden die Marktteilnehmer die Staatsrisiken neu bewerten, und damit werden die Risikoaufschläge sinken.

Falls die Staatsschuldenkrise hinsichtlich ihrer Dramatik unverändert bleibt, tritt psychologisch ein Gewöhnungseffekt ein. In diesem Fall würden der Euro-Kurs und die Bonität der Geberländer zunächst gleich bleiben. Nach einer gewissen Zeit käme es aber zu einer Gewöhnung an die Krise, die zu einer Verharmlosung führt. Dies wirkt sich positiv auf den Euro-Kurs und die unterstellte Bonität der Geberländer aus. Unabhängig von der dann besseren Einschätzung der Lage der Marktteilnehmer nimmt die negative Schuldendynamik in der EU gleichwohl weiter ihren Lauf. Die Wahrscheinlichkeit für dieses Szenario liegt derzeit meines Erachtens bei 35 Prozent.

Sollte es hingegen schneller als erwartet zu einer Eindämmung der Schuldenkrise und zu einer Rückkehr des Anlegervertrauens kommen, wäre dies eine positive Überraschung, und der Euro-Kurs könnte markant steigen sowie die Bonität der Geberländer auf dem hohen bisherigen Niveau verbleiben. Für dieses Szenario liegt die Wahrscheinlichkeit aus meiner Sicht nur bei 25 Prozent (wobei die Annahme der Wahrscheinlichkeiten subjektiv und willkürlich ist).

Unser wahrscheinlicheres Basisszenario geht, wie zuvor beschrieben, von einer verstärkten Anspannung auf den Finanzmärkten aus, die in eine Eskalation mündet. Ohne Reformen mit einer Abstimmung der Fiskalpolitik in der EU und ohne eine Regelung von Staatsinsolvenzen mit dem möglichen Austritt aus dem Euro-Raum wird die Euro-Krise sich ausweiten und letztlich für die inländischen Sparer und Steuerzahler teuer. Währungsreformen sind vor diesem Hintergrund unvermeidbar, wie später noch beschrieben wird.

Alle weiteren Szenarien über das Austreten bestimmter Länder sind derzeit allzu spekulativ.

Ein Europa der zwei Geschwindigkeiten ist zwar äußerst umstritten, angesichts der zunehmenden Spannungen innerhalb der Euro-Zone könnte es aber zu einem Auseinanderfallen kommen. Philip Plickert wagte eine Prognose für das Jahr 2013:

> »Die Richter fassten sich ein Herz: Unter Verweis auf ihr Maastricht-Urteil verboten sie der Bundesregierung, für weitere europäische ›Bailouts‹ deutsche Steuermilliarden zu geben. Die Geschäftsgrundlage einer Euro-Stabilitätsunion sei nicht mehr gewährleistet. Das Urteil löste ein politisches Erdbeben aus. Zugleich begann die Suche nach alternativen währungspolitischen Wegen. Ende des Jahrzehnts entschlossen sich Deutschland, Österreich, die Beneluxstaaten und Finnland, eine eigene Währungsunion zu bilden. Diesem Hartwährungsblock traten auch die Tschechen und die Polen bei. Zur Begründung ihrer währungspolitischen Avantgarde berief sich Berlin auf das Konzept ›Europa der zwei Geschwindigkeiten‹: Ein zentralistisches Einheitsgeld für allzu unterschiedliche Volkswirtschaften habe zu große Spannungen verursacht.«[215]

Danach wäre Frankreich bei dem Hartwährungsblock nicht dabei. Diese stabile Währungszone würde von Deutschland aus gesteuert, und die deutsch-französische Achse wäre bei diesem »Rückbau der EU« nicht mehr in der derzeit noch bestehenden Form vorhanden. Frankreich würde damit eher den stabilitätspolitisch laxer agierenden EU-Südstaaten zugerechnet. Die Macht wäre in Europa wieder neu verteilt. Auszuschließen ist das nicht.[216]

---

215 Philip Plickert: »Griechenlands Krise – Ein Blick zurück aus dem Jahr 2013: Die Alternative«, in: *Frankfurter Allgemeine Zeitung*, 15.05.2011.

216 Andreas Wehr: Griechenland, die Krise und der Euro, S. 179.

Fazit: Europa wäre nach der Auflösung des Euro nicht gescheitert. Wenn die Staatsbankrotte und die sich anschließenden Währungsreformen pragmatisch, d. h. im guten Einvernehmen bezüglich der Forderungen und Verbindlichkeiten zwischen den Ländern gelöst werden, ergeben sich gute Chancen für einen erfolgreichen wirtschaftlichen Neubeginn in Europa.

20. Lösungsvarianten

»Die Größenordnung der Kosten der deutschen Wiedervereinigung könnte für die Stabilisierung des Euro fällig werden. Dass Weber jetzt auf das Amt verzichtet, ist der zweite Tod der Deutschen Mark in dem Sinne, dass sich in der europäischen Währungsunion die deutsche Stabilitätskultur nicht durchsetzen lässt. Anleger und Investoren sollten es wissen«.

Roland Tichy, Chefredakteur der Wirtschaftswoche[217]

Diese schonungslose Einschätzung regt dazu an, über Alternativen zur Fortführung des zunehmend in Misskredit geratenen Euros nachzudenken. Die Staatsschuldenkrise zeigt, dass sich über den Euro die wirtschaftlich völlig unterschiedlichen Regionen in Euro nicht zu einem einheitlichen Währungsraum zusammenfügen lassen. Die Euro-Krise wird durch ein »Weiter so!« mit immer größeren Rettungsschirmen verstärkt, und die Glaubwürdigkeit des Euro wird weiter sinken.

Zur Zukunft des Euro	Staatsschuldenkrise
Euro bleibt mit 17 Staaten erhalten	Entschärfung
Euro bleibt, Austritt einzelner Staaten	Unverändert
Nord-Euro und Süd-Euro	Zunehmend
Hartwährungsblock-Euro	Stark zunehmend
Rückkehr zu nationalen Währung	Dramatische Zuspitzung

Szenarien zur Zukunft des Euro

[217] »Der zweite Tod der D-Mark«, in: *Südkurier*, 16.02.2011.

- **Variante 1: Euro bleibt bei Austritt Griechenlands und gegebenenfalls weiterer Extremschuldenstaaten**
  Diese Variante ist bereits bei einer sich nicht weiter verschärfenden Staatsschuldenkrise denkbar. Bereits jetzt nehmen die Forderungen nach einem Schuldenabkommen, vor allem mit Griechenland, zu. Mit der Einführung einer neuen Währung könnten sich die austretenden Staaten weitgehend entschulden.
- **Variante 2: »Nord- und Süd-Euro«**
  Die Möglichkeit eines »Nord- und Süd-Euro« wurde bereits von Hans-Olaf Henkel in seinem Buch »Rettet unser Geld!« ins Spiel gebracht. So empfahl er zur Rettung der EU eine nördliche Euro-Gruppe unter deutscher Führung mit Ländern wie den Beneluxstaaten, Österreich und Finnland. In dieser Gruppe stünde das »Festhalten an Geldwertstabilität und Haushaltsdisziplin« im Vordergrund. Die sogenannten »Olivenländer« bilden den Süd-Euro unter Führung Frankreichs mit Ländern wie Spanien, Italien, Griechenland und Portugal. Diese Gruppe stehe für die weiche Euro-Variante der »Ausgabenfreude und des währungstechnischen Improvisationstalents« dieser Länder.
- **Variante 3: »Hartwährungsblock«**
  In der *Frankfurter Allgemeinen Zeitung* wurde, wie bereits oben erwähnt, von Philip Plickert über einen Hartwährungsblock räsoniert. Dieser Block müsste dann ebenfalls unter deutscher Führung stehen, Frankreich würde zu den EU-Südstaaten gehören. Diese Variante ähnelt dem Vorschlag eines Nord- und Süd-Euro, denn auch der Süd-Euro steht für den Weichwährungsblock. Die Loslösungsdynamik wird aber hier durch verfassungsrechtliche Bedenken bestimmt (siehe oben).
- **Variante 4: Austritt Deutschlands aus dem Euro-Raum**
  Diese Variante wäre das endgültige Aus für einen stabilitätsorientierten Euro. Sie wäre denkbar, wenn sich die Staatsschuldenkrise in den Euro-Südländern verstärkt. Die ausufernde Transferunion wäre den inländischen Bürgern nicht mehr vermittelbar, und die Politiker würden das Euro-Experiment aufgeben, nachdem ihre Wiederwahl gefährdet scheint. Frankreich würde dann der wesentlich bestimmende Staat im verbleibenden Euro-Raum. Die neu zu etablierende D-Mark

wäre wieder der Stabilitätsanker und könnte auch für Osteuropa als stabile Zweitwährung gleichfalls attraktiv werden (nachdem dort die D-Mark nach der Einführung des Euro durch den US-Dollar verdrängt wurde).

- **Variante 5: »Rückkehr zu nationalen Währungen und Floating wie beim EWS«**

  Auch die Rückkehr zu den nationalen Währungen wäre eine Option, vermutlich ist dies sogar die eleganteste Lösung. Der Euro müsste nicht abgeschafft werden, sondern könnte als Ankerwährung verbleiben. Vorbild für eine derartige Struktur bildet das EWS. Dazu Tammo Greetfeld:

  »Sind die Nutzen eines Austritts aus der EWU größer als die damit verbundenen Kosten, ist die EWU unglaubwürdig … In einer Situation, in der aber ein Land austreten will, stellt die technische Möglichkeit einer autonomen Zentralbankgeldbereitstellung eine wichtige Voraussetzung für die Umsetzung der Austrittsentscheidung dar … Die neu einzuführende nationale Währung könnte im Verhältnis von 1 : 1 an den Euro angeschlossen werden, wodurch die Kosten wesentlich verringert werden.«[218]

  Die Forderungen und Verbindlichkeiten durch die Zentralgeldbereitstellung nach dem Targetsystem der EWU wären bei einer wieder national/dezentral erfolgenden Geldpolitik aufzurechnen. Bei einem flexiblen Wechselkurssystem würde sich die härteste Währung durchsetzen, das kann der weiter bestehende Euro oder eine nationale Währung sein. Aus jetziger Sicht würde sich vermutlich die wieder neu eingeführte D-Mark als härteste Währung in der Euro-Zone durchsetzen, vorausgesetzt, die stabilitätsorientierte Politik der Bundesbank würde wieder aufgenommen. Voraussetzung wäre des Weiteren, dass wieder das Paritätengitter gilt, d. h. dass die Leitkurse wieder von den teilnehmenden Ländern festgelegt werden.

  Die Wiedereinführung der nationalen Währungen und die gleichzeitige Aufrechterhaltung des Euro als Parallelwährung im Wettbewerb nach dem Vorbild des EWS wäre ein Kompromiss. Er ist voraussichtlich konfliktfreier erzielbar als andere Lösungen, da er das Scheitern

[218] Tammo Greetfeld: Glaubwürdigkeit, S. 252 f.

des Euro verschleiern würde. Dies wäre den Politikern zur Erhaltung ihrer Glaubwürdigkeitsgründe vermutlich besonders wichtig. Das Kernelement des EWS war der sogenannte Wechselkursmechanismus, der die Wechselkursfluktuationen innerhalb spezifisch festgelegter Bandbreiten halten sollte.[219] Der Euro wäre dann wieder eine Korbwährung, und statt der EZB würden die nationalen Notenbank für die Geldpolitik zuständig sein. Unter dem System flexibler Wechselkurse wären Euro-Anleihen, für die deutsche Steuerzahler nicht geradestehen müssten, auch unproblematisch –, allerdings wären sie für die Weichwährungsstaaten dann auch nicht mehr attraktiv.

Das Entscheidende ist, dass das Wettbewerbsprinzip unter den Währungen wieder gelten würde. Zwar war das EWS von den Politikern bereits damals als Vorstufe zur Währungsunion geplant, quasi als eine organische Fortentwicklung. Da das EWS aber ein Konkurrenzsystem mit Ausrichtung an der stabilsten Währung war, wirkte es disziplinierend auf die Weichwährungsländer, nicht zuletzt auch auf Frankreich, das sich zunehmend der Stabilitätsherausforderung stellte. Die Bundesbank bezog ihre Macht vor allem aufgrund der Schwäche der anderen europäischen Währungsbehörden und Regierungen, die D-Mark war nicht nur Stabilitätsanker, sondern ein »Bollwerk im Kampf zwischen der europäischen Bürgergesellschaft und den europäischen Staaten«.[220]

➤ **Variante 6: »Goldwährung« (Exkurs)**

Bei einer dramatischen Zuspitzung der Euro-Krise wäre auch die erneute Bindung der Währungen an Gold oder andere Edelmetalle denkbar. Dabei könnte der Euro wie in früheren Jahren der US-Dollar in Gold umtauschbar sein. Auf die nationalen Währungen wäre dies entsprechend übertragbar. Der Charme des Erhalts des Euro durch eine Golddeckung wäre, dass mit einem solchen entpolitisierten Waren- oder Marktgeld weiterhin die Vorteile des Euro genutzt werden könnten. Der für die Bürger lästige Umtausch in nationale Währungen wäre nicht notwendig, Reisen bliebe einfacher. Die Inflationsgefahr wäre durch die Bindung an das Edelmetall gebannt. Die

[219] Siehe EWS, Glossar unter www.bundesbank.de.

[220] Jörg G. Hülsmann in: Murray N. Rothbard: Das Schein-Geld-System, S. 124 ff.

> Rückkehr zu Goldwährungen findet zwar viele Anhänger, ist aber im »Mainstream«-Denken, das von Politikern, Banken und Industrie geprägt wird, wenig verankert. Die Durchsetzung von begrenzt vorhandenem Warengeld ist daher angesichts gegenläufiger Interessenlagen der Meinungsführer unrealistisch. Von Goldbefürwortern wird auf die stabile Phase 1812 bis 1914 verwiesen.[221] Tatsächlich bietet eine Deckung in Gold oder Silber viele Vorteile, hier würde es echtes Marktgeld statt staatlichem Geld geben. Durch die Mengenbegrenzung wären sowohl sozialistisch-dirigistische Tendenzen als auch Hyperinflationen, die beim Papiergeld anzutreffen sind, ausgeschlossen. Auch die in den letzten Jahren verstärkt auftretenden Finanzblasen, bei denen die Preise nicht mehr den realen Wert widerspiegelten,[222] würden verhindert. Dies war beim New Economy Boom, aber auch bei den Immobilienpreisblasen in den USA und in einigen europäischen Ländern zu beobachten. Aufgrund der Verdienstmöglichkeiten ist die Finanzindustrie eher ein Freund einer »Zentralplanwirtschaft im Geldwesen«.[223]

Die Verbannung des Staates aus dem Geldwesen und das Brechen des staatlichen Kartells[224] wäre zwar wünschenswert, durchsetzbar ist realistischerweise die Rückkehr zu einer Geldpolitik, die jener der Bundesbank vor der Einführung des Euro ähnelt. Eine Golddeckung ist auch nicht zwingend, wenn sich die notwendigerweise unabhängig agierende Notenbank diszipliniert verhält. Bei einem Euro-Umtausch 1 : 1 in die neue (alte) nationale Währung wäre das Floaten der nationalen Währungen wie beim früheren EWS-System eine stabilitätserhaltende Variante ohne Moral-Hazard-Effekte wie im derzeitigen Eurosystem.

Fazit: Es gibt Lösungsvarianten, die aber von den Politikern bislang noch nicht ins Spiel gebracht wurden. Alternativlos ist das »Weiter so!« beim Euro ohne Reformen nicht.

---

221 Murray N. Rothbard: Das Schein-Geld-System, S. 90.
222 Jörg G. Hülsmann in: Murray N. Rothbard: Das Schein-Geld-System, S. 154.
223 Jörg G. Hülsmann in: Murray N. Rothbard: Das Schein-Geld-System, S. 140.
224 Jörg G. Hülsmann in: Murray N. Rothbard: Das Schein-Geld-System, S. 148, 154.

21. Warum die Währungsreform schneller kommt, als Sie denken

»Der Pakt für den Euro und der sogenannte Europäische Stabilitätsmechanismus aber schwächen den Euro, unterminieren den Zusammenhalt Europas und gefährden das europäische Einigungswerk«.

Hans-Werner Sinn[225]

»September 2013 ... Die drohende Zahlungsunfähigkeit Spaniens hat den Kurs des Euro einbrechen lassen. Spekulanten wetten auf eine Implosion der Währungsunion ...«

Kai A. Konrad/Holger Zschäpitz[226]

Das oben gekürzt wiedergegebene Zukunftsszenario wäre noch vor einigen Jahren als völlig absurd verworfen worden. Bis zur Finanzkrise galt der Euro als stabil, eine Auflösung der Währungsunion wurde als absolut unwahrscheinlich und eine Währungsreform irgendeines Landes im Euro-Raum als gänzlich abwegig angesehen.

Im Folgenden wird ein Szenario beschrieben, das den Zusammenbruch des Euro und die in der Folge damit verbundenen sukzessiven Währungsreformen aufgrund der Überschuldungen aufzeigt.

---

[225] Hans-Werner Sinn: »Tickende Zeitbombe«, Gastbeitrag in der *Süddeutschen Zeitung*, 03.04.2011.
[226] Kai A. Konrad/Holger Zschäpitz: Schulden ohne Sühne, S. 9.

Am Ende stehen sanierende Währungsreformen. Der Begriff Währungsreform wird damit üblicherweise gleichgesetzt. Bei einer sanierenden Währungsreform werden monetäre, d. h. binnenwirtschaftliche Änderungen der Geldverfassung und der Währungsbeziehungen eines Landes zum Ausland, sowie fiskalische Reformen, die für den Erfolg des Reformprogramms notwendig oder förderlich sind, eingeleitet.[227]

Bei der Einführung des Euro in den Jahren 1999 bis 2002 handelte es sich bereits um eine konstituierende Währungsreform. Solche dienen der Schaffung einer Einheitswährung, der Erweiterung von bestehenden Währungsgebieten oder der Einführung einer neuen nationalen Währung in neu gegründeten Staaten, wie dies beispielsweise bei der Reichsgründung 1871 der Fall war.[228] Die von den Politikern angefachte Euphorie war anfangs so groß, dass der Euro vielfach mit Europa gleichgesetzt wurde. Die geschickte und irreführende Namensgebung tat ihr Übriges. Nur mit dieser Desinformation wurden Vorbehalte, insbesondere bei der inländischen Bevölkerung, die die ursprüngliche (und ehrlichere) Bezeichnung ECU weckte, überwunden. Zu der Propagandamaschinerie gehörte es auch, dass derjenige, der gegen den Euro eingestellt war, kein guter Europäer sein konnte.

Die von den Politikern geschürte Erwartung, dass es sich beim Euro wie bei der D-Mark um stabiles Papiergeld handele, wurde enttäuscht: Im Lauf der letzten Jahre wurden viele gute Grundsätze, die den Euro als stabile Währung nachhaltig etablieren sollten, über Bord geworfen. Das Vertrauen in die neue Währung wurde dadurch erschüttert. So galt der Stabilitäts- und Wachstumspakt quasi als Grundgesetz für die Währungsunion.[229] Er wurde von Deutschland und Frankreich 2003 in seltener Harmonie aufgeweicht. Ansonsten prägten nationale Eifersüchteleien und Kämpfe um die Deutungshoheit in Europa das Miteinander der beiden wichtigsten Staaten des Euro-Raumes, die sich konfliktmindernd die Aufgaben aufzuteilen schienen. Deutschland übernahm so in weitem Umfang den Wirtschaftspart, während Frankreich die Außen- und Sicher-

[227] Vgl. Christa Bähr: Ansätze zu einer Theorie der Währungsreform, S. 14 f.
[228] Christa Bähr: Ansätze zu einer Theorie der Währungsreform, S.12.
[229] Vgl. Daniel D. Eckert: Weltkrieg der Währungen, S. 171.

heitspolitik Europas vorrangig prägte. Hier hatte sich bereits früher Bonn und später Berlin untergeordnet. Mit der Vergemeinschaftung der Währung und der zunehmenden Etablierung einer Wirtschaftsregierung hat Frankreich unter Sarkozy derzeit in Europa anscheinend eine Führungsrolle übernommen, die von den früheren Weichwährungsstaaten mitgetragen wird. Spätestens mit den Rettungsprogrammen und dem Ankauf von Ramschanleihen durch die EZB im Jahr 2010 ist das Euro-Regime nachhaltig verändert worden. Damit liegt bereits eine manipulierende Währungsreform vor. Sie resultiert aus finanzpolitischen Überlegungen, die die Staaten im Euro-Raum zur Manipulation einer Geldverfassung veranlassen.[230] Sie versuchen dabei, Zugriff auf die Geldschöpfung der Zentralbank zu erlangen und sich über eine inflationäre Staats-/Staatenfinanzierung reale Ressourcen anzueignen.[231] Begründet wurde der Kampf für den Euro mit Angriffen durch Spekulanten. Auch Kanzlerin Merkel erklärte am 06.05.2010, dass die Spekulanten unsere Gegner seien. Der teure Weg in die Transferunion wurde geebnet.

Zeitschiene	Entwicklungen in der WU	Kommentierung
1999–2002	Einführung des Euro	Konstituierende Währungsreform
2003	Aufweichen des SWP	Beginn der manipulierenden Währungsreform auf Betreiben Frankreichs und Deutschlands ab dem Jahr 2003.
2010	Euro-Rettungsprogramme und Ankauf von Staatsanleihen von überschuldeten Staaten im Euro-Raum	Seit Sommer 2010 nutzen irische Banken Notfallfazilitäten ihrer Notenbank, denn die EZB erlaubte nationalen Notenbanken, zusätzlich neues Geld zu schöpfen und gegen mindere Sicherheiten an die jeweiligen Geschäftsbanken zu verleihen (ELA, Emergency Liquidity Assistance). Überziehungskredite an die GIIPS-Staaten, die Rettungsprogramme und der Kauf von Ramschanleihen runden das Bild der manipulierenden Euro-Währungsreform ab.

230 Vgl. Rolf Caesar: Währungsreformen, S. 13.
231 Vgl. Christa Bähr: Ansätze zu einer Theorie der Währungsreform, S.13.

2011	Der Pakt für den Euro löst die Schuldenkrise nicht.	Die Sozial- und Transferunion verfestigt sich. Zur Beendigung der Euro-Krise werden zunehmend Schuldenabkommen in Verbindung mit »sanierenden« Währungsreformen in Erwägung gezogen.
2012	Nach Griechenland, Irland, Portugal und Spanien beantragt auch Italien Hilfen aus dem Rettungspaket.	Erneute Beschwichtigung durch Kanzlerin Merkel. Insbesondere Deutschland würde von dem Erhalt des Euro profitieren. Deutschland verfügt als Bürge nicht mehr über ein Triple-A-Rating, nachdem auch die übrigen Euro-Raum-Staaten Rating-Abstufungen hinnehmen mussten. Das Werben Kanzlerin Merkels für mehr Sparsamkeit und Einhaltung der Stabilitätskriterien stößt zunehmend auf Widerstand. Es gilt in der Mehrheit der Euro-Raum-Staaten als ausgemacht, dass Deutschland weiter zahlen wird.
2013	Nach mehreren Regierungsumbildungen in den Euro-Raum-Staaten wird eine neue rot-rot-grüne Bundesregierung gewählt.	Die neue deutsche Regierung folgt vorbehaltlos der französischen Linie einer Wirtschaftsregierung. Die Unabhängigkeit der EZB wird immer weiter ausgehöhlt. Das Motto der Bevölkerung in den GIIPS-Staaten lautet jetzt zunehmend »Nicht totsparen!«. Auch in Deutschland wird ein neues Konjunkturprogramm aufgelegt, nachdem die wirtschaftliche Aufwärtsentwicklung ins Stocken geriet.
2014	Die »Rettung des Euro« erweist sich nicht mehr als glaubwürdig finanzierbar, das Vertrauen in die Gemeinschaftswährung erreicht einen neuen Tiefpunkt.	Im Zuge der Transferzahlungen nimmt der Streit im Euro-Raum zu. Die gemeinsam herausgegebenen Euro-Bonds erfordern immer höhere Risikoaufschläge. Um wiedergewählt zu werden, verringerten die Politiker in den Euro-Problemstaaten bereits die Sparanstrengungen. Sanierende Währungsreformen in den GIIPS-Staaten werden dadurch immer dringlicher.

2015	Rückkehr zu den nationalen Währungen, gegebenenfalls noch mit dem Euro als Korbwährung wie beim früheren EWS.	Die Währungsunion zerfällt. Durch die umfassenden Gewährleistungsverpflichtungen muss auch der hauptsächlich bürgende Geberstaat Deutschland einige Monate später eine sanierende Währungsreform einleiten. Frankreich fiel bereits etwas früher als Geberland aus und wählte ebenfalls den Weg des währungspolitischen Neuanfangs.

Zukunftsszenario: Sanierende Währungsreformen, nachdem der Euro »zu Tode gerettet« wurde

Dabei wird unterstellt, dass eine Umkehr nicht mehr möglich ist. Für das Überleben des Euro wären eine abgestimmte Fiskalpolitik der Euro-Länder, automatische Sanktionen bei Verstößen gegen den SWP, ein glaubwürdiges Sparen in hoch verschuldeten Staaten und eine wieder stärker akzentuierte Unabhängigkeit der EZB notwendig. Die Umsetzung derartiger Euro-Stabilisierungsschritte erscheint derzeit unrealistisch und wird daher hier nicht berücksichtigt. Der Euro wird weiter so lange »zu Tode gerettet«, als sei dies »alternativlos«. Erst wenn von den Politikern der Nutzen des Euro nicht mehr höher eingeschätzt wird als die Kosten des Ausstiegs und die Abwicklung der gemeinsamen Währung, wird der Zusammenbruch mit den anschließenden sanierenden Währungsreformen kommen. Ein paar Jahre könnte der Euro den Bürgern daher noch erhalten bleiben, ob sie wollen oder nicht. Das würde sich erst anlässlich neuer Wahlen zeigen, bei denen die Staatsschuldenkrise in den Euro-Ländern voraussichtlich eine herausragende Bedeutung hat.

So wird sich als Erstes in Portugal nach dem im März 2011 im Parlament gescheiterten Sparprogramm der nächste Wahlsieger um Haushaltsfragen kümmern müssen, um das Defizit erneut zu verringern.

(Geplante) Wahltermine in den Mitgliedsländern des Euro-Raums:

Juni 2011	Portugal
Frühjahr 2012	Frankreich

Juni 2012	Spanien
Frühjahr 2013	Italien
Herbst 2013	Deutschland
Frühjahr 2014	Luxemburg, Niederlande, Belgien

Aber weiter im Szenario:

In den GIIPS-Staaten zeichnet sich nach und nach ein Politikschwenk ab. Sparen unter der Kuratel der EU und die Positionierung der Politiker für eine Wiederwahl erfordern einen Spagat, der nicht gelingen kann. Höhere Lasten sind der Bevölkerung in den hoch verschuldeten südeuropäischen Staaten und in Irland (GIIPS) vor diesem Hintergrund nicht mehr zuzumuten. Zunehmend gilt auf der Straße das Motto »Nicht totsparen!«. Zur Ankurbelung der daniederliegenden Wirtschaft werden Konjunkturprogramme aufgelegt. Der Nutzen durch den Euro tritt bei der Bevölkerung und in der Wirtschaft immer mehr in den Hintergrund. Auch die Regierungen haben sich erneut blamiert durch die Entdeckung neuer statistischer Tricks zur Vertuschung der hohen Staatsverschuldung.

Präsident Sarkozy wird bei den französischen Präsidentschaftswahlen eindrucksvoll bestätigt. Er gilt als Motor der europäischen Sozial- und Transferunion. Der Appell zur Stärkung der europäischen Solidarität und die Forderungen nach einer weiteren Vertiefung der Wirtschaftsregierung finden in Südeuropa Zustimmung. Dagegen »nervt« die (nicht zuletzt aus innenpolitischen Gründen) auf der Einhaltung der Stabilitätskriterien beharrende deutsche Kanzlerin Merkel. Sie gilt in Südeuropa als zauderhaft und sogar als »Bremserin«. Von einer Deutschen wollen sich die Regierungen die Regeln nicht diktieren lassen. Alte, längst überwunden geglaubte (und historisch erklärbare) Ressentiments brechen überraschend neu auf. Merkel ist trotz der von deutscher Seite nochmals erhöhten Hilfszusagen zunehmend isoliert. Die Deutschen selbst nehmen ihr dagegen die früheren Lippenbekenntnisse übel, dass Deutschland vom Euro »wie kaum ein anderes Land« (Regierungserklärung vom 24.03.2011) profitiert habe. Angesichts der steigenden Transferzahlungen für die Südländer breitet sich die Sorge aus, dass nach neuen kommunalen Sparmaßnahmen (Museums- und Theaterschließungen) und mangelnden Investitionen in die Infrastruktur des Landes deutsche Bürgerinteressen verletzt werden. Untermauert wird dies durch Befürchtungen, dass es nach der Wahl zu neuen Steuererhöhungen kommt. Angela Merkels Wiederwahl gilt als gefährdet.

Mit der neuen rot-rot-grünen Regierung in Deutschland ab dem Jahr 2013, die der französischen Linie einer Wirtschaftsregierung folgt und die frühere Vorstellungen von Lafontaine aufgreift,[232] entwickelt sich Europa zu einer Sozial- und Transferunion. Auch in Deutschland wird zur Wachstumsankurbelung nach US-Vorbild ein neues, umfassendes Konjunkturprogramm aufgelegt. Danach verliert Deutschland für viele Politiker überraschend das Triple-A-Rating.

Die hoch verschuldeten Südländer können sich nur noch mit sanierenden Währungsreformen glaubwürdig entschulden. Dies macht dann auch noch bei den solideren Euro-Ländern wie zum Beispiel Frankreich Schule. Etwa im Jahr 2015 wäre auch für Deutschland, das heute noch vergleichsweise finanziell stabil erscheint, mit einer sanierenden Währungsreform zu rechnen. Roland Leuschel erwartet sogar bereits für das Jahr 2014 eine Währungsreform.[233] Durch die gestiegenen Zinsen für deutsche Staatsanleihen beginnen auch deutsche Unternehmen die Vorteile des Euro infrage zu stellen. Das Exportargument spielt im Zuge der eingetretenen Destabilisierung ohnehin keine große Rolle mehr im öffentlichen Diskurs. Bei der inländischen Bevölkerung war der Nutzen des Euro ohnehin immer schon umstritten, das Vertrauen in die Währung sinkt auf einen neuen Nullpunkt. Die Politik kann sich dem Wählerwillen zunehmend nicht mehr verschließen, da der finanzielle Kollaps nach weiteren finanziellen Stützungsmaßnahmen im Euro nicht mehr abwendbar erscheint.

[232] Vgl. Klaus Schweinsberg: Sind wir noch zu retten?, S. 13.
[233] Vgl. »Börsenguru sagt Währungsreform voraus«, in: *Welt Online*, 20.02.2009.

Die Gläubiger werden auf ihren Forderungen zum größten Teil sitzen bleiben, und die deutschen Sparer werden erneut (wie 1923 und 1948) weitgehend enteignet. Damals blieben jeweils nur rund 10 Prozent des ersparten Geldes übrig.

In dem hier gezeigten Szenario kommt die Währungsreform (bereits) im Jahr 2015. Dies wirkt aus jetziger Sicht allzu pessimistisch, ist aber durch die Eigendynamik der eingeleiteten Fehlentwicklungen gut begründbar. Allein hätten die deutschen Politiker das wohl nicht so schnell schaffen können. Dazu bedurfte es der Abschaffung der überaus erfolgreichen Währung D-Mark und der europäischen Einbindung der deutschen Notenbank im Nachgang zur Wiedervereinigung.

Die autonome Bundesbank und die inländische Bevölkerung wären dagegen gewesen, dass ihr Geld erneut geopfert wird. In der Historie ging die Sparbüchse der Bürger für zwei Weltkriege (»Gold gab ich für Eisen«) verloren, jetzt für die Rettung einer fehlerhaft konstruierten und schlecht reformierten Währungsunion, die die Umverteilung beschleunigt. Nicht Deutschland profitiert vom Euro, wie Merkel immer wieder betont, sondern die subventionierten Südländer.[234]

Es hätte ohne die Euro-Einführung auch keinen Mechanismus gegeben, der eine so gigantische finanzielle Solidarität einfordert, nachdem in früheren Jahren bereits die hohen Zahlungen Deutschlands für den EU-Haushalt umstritten waren. Sie wurden mit dem Vorteil durch den Export deutscher Waren in den EU-Raum begründet. Dies war quasi der finanzielle Ausgleich für das Fortbestehen des Freihandels und eine Versicherungsprämie gegen den immer wieder in Krisenphasen befürchteten Rückfall in einen europäischen Protektionismus.

Erst die politische Vergemeinschaftung der Geldpolitik im Zuge der Euro-Krise (durch eine zunehmend nicht mehr als unabhängig angesehene EZB bezüglich des Ankaufs von Ramschanleihen) und der Bruch der Stabilitätsregeln zerstörten die Glaubwürdigkeit des Euro ab 2003 und führ-

---

[234] Vgl. auch Hans-Werner Sinn: »Tickende Zeitbome«, in: *SZ Online*, 03.04.2011, S. 2.

ten zu einer bürokratischen Umverteilungsmaschinerie, die auch nicht mehr von deutscher Seite auf Dauer zu finanzieren ist. Besonders problematisch ist, dass dieser eigendynamische Prozess zunehmend demokratiefern abläuft. Von einer Stabilisierung nach den Rettungsprogrammen kann keine Rede sein. Hans-Werner Sinn spricht sogar von einer »tickenden Zeitbombe«, deren Sprengkraft selbst die schlimmsten Ahnungen der Öffentlichkeit übersteige. Problematisch seien u. a. die Geldschöpfungsmöglichkeiten durch die nationalen Notenbanken (ELA) und weitreichende Kredite, sogenannte Target-2-Salden, die an den Parlamenten vorbei gewährt würden.[235] Das Umverteilungssystem ist für die Bürger höchst intransparent, ihnen weitgehend unbekannt und entbehrt immer mehr der demokratischen Kontrolle.

Nach dem Bruch der Stabilitätsregeln durch Deutschland und Frankreich ab dem Jahr 2003 hatten die Sparbemühungen auch der GIIPS-Staaten im Euro-Raum nachgelassen. Steigende Defizite wurden in Kauf genommen und erleichterten die Wiederwahl der Politiker. Das Leben auf Pump schien dauerhaft möglich. Die Schuldenrelationen erreichen mit einem Defizit im Verhältnis zum BIP von über 90 Prozent ein Niveau, das die Sanierung immer schwieriger macht. Angesichts der eingeleiteten Transfers innerhalb des Euro-Raums ersetzt der Solidaritätsgedanke die eigene Problemlösung, die Wählerstimmen kosten würde. Die Regierungskrise in Portugal zeigte bereits deutlich den Konflikt. In einer so angespannten Situation sind weitere Sparopfer der Bevölkerung kaum mehr politisch durchsetzbar. Sie wären jetzt auch konjunkturell problematisch. Es hätten in besseren Zeiten Reserven gebildet werden müssen. Ohne eine sanierende Währungsreform mit Schuldenerlass ist ein Neuanfang nicht mehr möglich. Dies ist bei den GIIPS-Staaten teilweise schon jetzt der Fall. Nur bei den größeren Staaten Spanien und Italien scheint noch ein gewisser Spielraum zu bestehen, mit den weiter steigenden Schulden wird es spätestens in zwei bis drei Jahren auch dort zu einem finanziellen Systemkollaps kommen. Nach der Einleitung der Währungsreform in diesen Ländern sind dank der Verflechtung auch Frankreich und spätestens dann Deutschland im Jahr 2015 finanziell handlungsunfähig. Eine Währungsreform wird dann real »alternativlos«.

---

[235] Hans-Werner Sinn: »Tickende Zeitbombe« in *SZ Online*, 03.04.2011, S. 1 und 3.

In Anlehnung an Barbara Tuchman könnte man von der »Torheit der Regierenden«[236] sprechen. Die europäischen Politiker sind dabei, gemeinsam den Euro vor die Wand zu fahren, da sie aus kurzfristigen Sachzwängen heraus vermeintlich keine andere Wahl haben. Nicht zu Unrecht ist »alternativlos« zum Unwort des Jahres 2010 gekürt worden. Alternativlos wird tatsächlich die kommende Währungsreform.

Fazit: Mit der Rettung des Euro um jeden Preis werden drastische Währungsreformen unumgänglich sein. Der Süden macht den Anfang. Die nördlichen Gläubigerstaaten werden Währungsreformen dann auch nicht mehr vermeiden können.

[236] Barbara Tuchman: Die Torheit der Regierenden.

22. Abstieg des Dollar und Aufstieg des Yuan

»Heute sind es die Chinesen, die mit dem Kurs des Yuan aufs Listigste Weltpolitik treiben – nicht selten auf Kosten des eigenen Volkes.«

Daniel D. Eckert[237]

Neben den GIIPS-Staaten sind auch Japan und die USA überschuldet. Der US-Haushaltsnotstand wurde im Frühjahr 2011 gerade noch abgewendet. Ansonsten wäre die öffentliche Verwaltung zum Stillstand gekommen, und rund 800.000 Staatsbedienstete wären in den Zwangsurlaub geschickt worden. Japan steht nach der Erdbeben- und Tsunamikatastrophe vor extremen Herausforderungen. Die Reparaturarbeiten an dem havarierten Atomkraftwerk Fukushima halten noch an. Die Folgen der Katastrophe sind daher derzeit noch nicht abschätzbar. Vor diesem Hintergrund sind – nunmehr auch – sowohl die USA als auch Japan Kandidaten für eine Währungsreform.

Verkehrte Welt, denn diesmal ist es völlig anders als nach den herrschenden Überzeugungen. Im bislang unterstellten Normalfall finanzierten entwickelte Staaten den Aufstieg der Newcomer. So konnten noch vor gut 20 Jahren die Industriestaaten den weniger entwickelten Ländern – vor allem in Südamerika – unter die Arme greifen. Heute läuft der Finanztransfer genau anders herum. Die Entwicklungsländer verfügen inzwischen im Gegensatz zu den Industriestaaten über ausreichende Finanzmittel, das herausragende Beispiel ist China.

237 Daniel D. Eckert: Weltkrieg der Währungen, S. 244.

In den aufstrebenden asiatischen Staaten wächst sowohl die Bevölkerung als auch die Wirtschaft kräftig. Diese dynamische Entwicklung geht einher mit niedrigen Schulden. Die USA, Japan und Europa werden von diesen Schwellenländern finanziell zunehmend abhängig. Die ausufernden Defizite der entwickelten Staaten destabilisieren und erhärten die Abstiegssorgen vor dem Hintergrund der Aufsteigernationen China, Indien, Brasilien oder Indonesien. China und die USA bilden dabei eine Schicksalsgemeinschaft. So ist die chinesische Zentralbank der größte Gläubiger von US-Staatsanleihen, die durch den vielfach befürchteten finanziellen Zusammenbruch der USA zunehmend unattraktiver werden (zuletzt baute China seine US-Anlagen leicht ab).

Wird der Einflussverlust des Westens konfliktfrei erfolgen? In der Geschichte gibt es leider viele Gegenbeispiele. Absteiger kämpfen oft besonders verzweifelt. Um nicht in den Sog einer neuen Vorkriegszeitphase zwischen den Blöcken zu geraten, die durch Positionierungskämpfe um Rohstoffe und bei Währungen angeheizt wird (ein bislang verdrängtes Thema, das gezielte Deeskalationsschritte erfordert), müssten Reformen und vertrauensbildende Maßnahmen jetzt im Vordergrund stehen. Verstärkt durch die Finanzkrise, die die Staatshaushalte der entwickelten Länder strapaziert, gewinnen die Entwicklungsländer, die häufig auch über umfassende Rohstoffreserven verfügen, an Gestaltungsmacht und Einfluss in der westlichen Welt. Das sinkende Wachstum westlicher Industriestaaten durch die alternden Gesellschaften wurde durch den technischen Fortschritt bislang überdeckt. Die Verlagerung der wirtschaftlichen und politischen Macht wird beschleunigt; dies zeigt sich auch bei der veränderten Zusammensetzung bei den Gipfeltreffen.

1975 bis 1976	G6	G6-Staaten: Deutschland, Frankreich, Italien und Großbritannien (marktwirtschaftliche Staaten der EU) USA (Marktwirtschaft) Japan (Marktwirtschaft mit staatlicher Lenkung: »Japan-AG«)
1976 bis 1998	G7	G7-Staaten: Neuaufnahme 1976 von Kanada (Marktwirtschaft)

1998 bis heute	G8	G8-Staaten: Neuaufnahme 1998 von Russland (Staatskapitalismus)
Noch offen	G9	Neuaufnahme von China (Staatskapitalismus) in Diskussion
Informell seit 2005	G8+5/ G13	G8+5- oder G13-Staaten, Neuaufnahmen von (bislang Outreach-Staaten) Brasilien, Indien, Mexiko und Südafrika (marktwirtschaftliche Staaten) sowie China (Staatskapitalismus) in Diskussion
1999 bis heute	G20	G20-Staaten über G8 hinaus: Argentinien, Australien, Brasilien, EU, Indien, Südafrika, Mexiko und Türkei (marktwirtschaftliche Staaten) Indonesien und Südkorea (Marktwirtschaften mit staatlicher Lenkung) China und Saudi-Arabien (staatskapitalistische Staaten)

Zunehmende Bedeutung der Entwicklungsstaaten auf der internationalen Bühne

Die zunehmende Abhängigkeit von asiatischen Aufsteigerländern wie dem nach wie vor kommunistischen China besteht auch im Hinblick auf politisch instabile und feudalistisch regierte Ölstaaten.

China, Russland, Saudi-Arabien, Venezuela und vielen andere Länder, die über hohe Rohstoffvorräte verfügen, sind (noch) keine Marktwirtschaften. Staatskapitalismus mit Führung durch finanziell einflussreiche Potentaten, Familienclans oder Monopolunternehmen sind nicht unüblich und für westlich-demokratische Maßstäbe oft befremdlich. Nach Russland könnte bald auch die weltweit größte Handelsmacht China in den Club der führenden Wirtschaftsnationen (G6- bis G20-Staaten, G steht für Gruppe, siehe oben) aufsteigen. Dies wird sich auf das Gewicht der Währungen entsprechend auswirken.

Die Akzeptanz einer Währung hängt eng an dem Erfolg der Volkswirtschaft, der durch eine stabile Währung untermauert wird. Für die Handelspartner war die Verwendung der weltweit führenden Währung auch aus Vereinfachungsgründen im Zuge der Tauschfunktion sinnvoll. Der römische Denar war an knappes Metall gebunden, das britische Pfund war goldgedeckt, die US-Währung bis Anfang der 1970er-Jahre ebenfalls. Die Metalldeckung war ein Zusatznutzen, ist aber bei einer stabilen Geldpolitik nicht unbedingt erforderlich. Die Bindung an ein knappes Metall schafft einen vertrauensbildenden Zwang des Staates, sich stabilitätskonform zu verhalten. Internationale Netzwerkvorteile, politische und militärische Macht führen zu der Fähigkeit, die eigene Währung als Zahlungsmittel international salonfähig zu halten. Im Laufe der Jahre, spätestens in den 1940er-Jahren, löste die Pax Americana die seit 1815 bestehende Pax Britannica ab,[238] die wiederum von der Pax Romana in der Antike inspiriert wurde.

Nach der Auflösung des Bretton-Wood-Abkommens Anfang der 1970er-Jahre blieb der US-Dollar die führende Leitwährung, auch wenn der Vietnamkrieg und eine zunehmende wirtschaftliche Instabilität zu einer internationalen Positionsverschlechterung führten. Neben der US-Währung fungierte die D-Mark als Reservewährung, die sich in den Jahren 1967 bis 1990 zu einer »class of its own« entwickelte.[239] Daneben war noch der kleine, aber feine Schweizer Franken als Anlagewährung verfügbar, der bis heute als Hort der Stabilität gilt.

Die Fed kaufte seit Ende 2008 Staatsanleihen und staatlich verbürgte Hypotheken im Wert von 1,7 Bio. US-Dollar.[240] Dies ist auch im Vergleich zum Anleihenankauf der EZB von 77 Mrd. Euro bis Mitte März 2011 eine astronomische Zahl. Die USA sind längst das »Imperium der Schulden«, wie Max Otte sie bezeichnet. Trotz der enormen Schulden von 64 Bio. US-Dollar, wobei 50 Bio. US-Dollar auf die Sozialkassen entfallen,[241] sind die USA als westliche Führungsmacht weiterhin fest verankert. Eigentlich ist das Triple-A-Rating längst nicht mehr zu rechtfertigen, aber die führenden Gläubigernationen, vor allem China, haben aufgrund der immensen Forderungen kein Interesse, dass das US-Imperium zerfällt. Vor diesem

238 Vgl. Paul Kennedy: Aufstieg und Fall der großen Mächte, S. 536.
239 Daniel D. Eckert: Weltkrieg der Währungen, S. 136.
240 Klaus Schweinsberg, Sind wir noch zu retten?, S. 59
241 Daniel D. Eckert: Weltkrieg der Währungen, S. 11, 26.

Hintergrund sind die USA und ihre Währung tönerne Riesen auf Abruf. Die zentrale Aufsteigerwährung ist aus heutiger Sicht vor allem der chinesische Yuan. Bereits jetzt hält China US-Devisen in Höhe von 1,7 Bio. US-Dollar.[242] Mit der steigenden wirtschaftlichen und politischen Bedeutung des Landes werden sich die Gleichgewichte verschieben. Bis zur Pax China und der Etablierung des Yuan als neue Leitwährung dürften trotz der immensen US-Probleme ein paar Jahre vergehen, noch immer ist China ein kommunistisches Land mit einem restriktiven Kapitalmarkt. Bislang steht die Volkswährung Yuan im Klammergriff der ehrgeizigen Regierung. So wird die chinesische Währung künstlich niedrig gehalten, um die anhaltenden Exporterfolge nicht zu gefährden. Die anhaltende internationale Arbeitsteilung ist eine Voraussetzung für den weiteren Aufstieg des Yuan. Der Rückfall in den Protektionismus wäre für China extrem gefährlich und würde, wie im Fall Deutschlands innerhalb des Euro-Raums, vermutlich zu finanziellen Konzessionen führen.

Zuletzt zeigten sich vorsichtige Signale einer Öffnung; so soll der Yuan künftig gegen mehr Devisen getauscht werden können als bisher. Bislang sind es nur sieben Währungen, die ohne Umwege getauscht werden können, dazu zählen u. a. der US-Dollar, der Euro und der russische Rubel. Nach dem Bericht der chinesischen Zentralbank, die nach wie vor nicht unabhängig ist, sollen die Anleihenmärkte stärker für ausländische Anleger geöffnet werden. Interessanterweise forderte ein Wissenschaftler der Notenbank, zur Stabilisierung der internationalen Finanzmärkte eine »Welt-Zentralbank« einzurichten. Sie soll »das internationale Währungssystem überwachen und eine einheitliche Weltwährung ausgeben.[243] Es ist davon auszugehen, dass China bei der Gestaltung sein gestiegenes Gewicht in die Waagschale werfen wird.

Auch der Aufstieg des russischen Rubels (durch die Rohstoffvorräte des Landes) sowie der indischen, brasilianischen und indonesischen Währung zeichnen sich derzeit ab. Gut abgesichert erscheinen auch Positionen in Ländern mit Rohstoffreserven, hierbei sind der kanadische, der

[242] Daniel D. Eckert: Weltkrieg der Währungen, S. 102.
[243] Siehe »Yuan soll leichter tauschbar sein«, in: *Frankfurter Allgemeine Zeitung*, 09.04.2011, S. 20.

australische sowie der Singapur-Dollar aber auch die norwegische Krone nicht uninteressant. Fremdwährungsanlagen sind grundsätzlich extrem risikobehaftet. Durch die Flucht aus dem Euro oder aus dem US-Dollar können Verwerfungen in Form von Blasen auftreten (eine derartige Fluchtwährung war neben den Edelmetallen bislang der zeitweise extrem hoch bewertete Schweizer Franken).

Fazit: Währungsalternativen zum verfallenden Dollar und Euro werden an Bedeutung gewinnen. Der Yuan hat das Zeug, sich zur neuen Weltleitwährung zu entwickeln.

23. Es geht auch um Ihr Geld! Anlegen in einem schwierigen Umfeld

»Durch viele Wechselfälle und Unwägbarkeiten machen wir unseren Weg ....«

Zitat aus der Aeneis von Vergil, römischer Dichter (70 v. Chr.–19 v. Chr.)[244]

Zur Verfügung stehen die klassischen Anlageformen Aktien, Immobilien (direkt in Häusern oder über Fonds), Anleihen und Liquidität. Eine eigene Meinung ist wichtig, sonst legt einem der Berater das ins Depot, was gerade im Trend liegt und den Massengeschmack trifft.

Bei einer Anlage in Rentenpapieren muss der Anleger langfristig in Kauf nehmen, dass die Rentabilität bei Aktien höher ist. Wichtig sind Rentenpapiere als Teil der persönlichen Anlagepolitik, wenn Geld zu einem bestimmten Zeitpunkt in bestimmter Höhe zur Verfügung stehen muss. Aufgrund der geringeren Kursschwankungen bei Rentenanlagen sind sie daher kurz- bis mittelfristig Aktien überlegen, nur die reine Liquiditätshaltung ist in dieser Hinsicht noch sicherer.

Langfristig ist auch vor diesem Hintergrund die Aktienanlage die beste Alternative (eine Vergesellschaftung des Kapitals ist aus jetziger Sicht nicht zu erwarten), wenn man die Disziplin aufbringt, die Papiere entsprechend lange zu halten. So sinkt nach Charles D. Ellis (»Winning the

244 »Through chances various, through all vicissitudes, we make our way ...«, zitiert auf der Umschlagseite von Benjamin Grahams Buch »The Intelligent Investor«, 4. Aufl., New York 1973.

Loser's Game«) das jährliche Schwankungsrisiko bei Aktien dramatisch mit der Haltedauer. Die Kapitalanlageergebnisse für Aktien, Renten und Kassenhaltung (Daten von 1901 bis 1990) zeigen für kürzere Zeiträume große Schwankungen bei Aktien, die deutlich höher sind als bei Bonds und liquiden Mitteln. Bei einer größeren Anlagedauer steht die durchschnittliche Outperformance der Aktien dagegen im Vordergrund, hier sind per saldo die Ergebnisse pro Jahr deutlich höher als bei Bonds und Cashbeständen. Dies zeigt sich insbesondere in einem Anlagezeitraum von 25 Jahren.

Aktien sind auch nach Jeremy Siegel über den langen Zeitraum von zwei Jahrhunderten von 1801 bis 2001 deutliche Outperformer; die Aktienperformance liegt nach seinen Recherchen bei fast 7 Prozent p. a., die Rentenperformance bei 3,5 Prozent p. a., die Aktienrisikoprämie bei rund 3 Prozent p. a.[245] Der Börsen-Altmeister André Kostolany hat Anlegern häufig den Tipp gegeben, zehn bis 15 Blue Chips zu kaufen, ein Schlafmittel zu nehmen und sich dann erst die Kapitalanlageergebnisse anzusehen.

Das Geld arbeitet langfristig besonders erfolgreich. Jede Umschichtung ist ein großes Risiko. In seiner Publikation »The Loser's Game« zeigt Ellis, dass das häufige Kaufen und Verkaufen von Aktien, das zu einer hohen Umschlagshäufigkeit führt, einem allzu gewinnorientierten Geldmanager auf die Dauer zwangsläufig nur unterdurchschnittliche Renditen einbringt.[246] Dazu gibt es die einfache und einprägsame Börsenweisheit, die meines Erachtens jeder beachten sollte: »Hin und her macht die Tasche leer.«

Die Performance von Renten und vor allem von Cash ist langfristig im Vergleich zu Aktien unbefriedigend. Im langen Trend schlägt sich bei Aktien auch die hohe Dividendenrendite nieder. Für konservative, qualitätsorientierte Langfristanleger ist es daher eine gute Strategie, führende

---

[245] Jeremy J. Siegel: The Future for Investors, S. 171 f.

[246] Siehe Charles D. Ellis: Winning the Loser's Game, S. 34 sowie Charles D. Ellis, The Loser's Game, mit Berechnungsbeispielen zu den Performanceverlusten durch die Transaktionskosten, S. 5 und S. 95, auch in: Timothy P. Vick: Geld verdienen mit Warren Buffett, S. 132 f.

Unternehmen, die es voraussichtlich in 50 Jahren noch gibt, unter dem Aspekt einer nachhaltig hohen Dividendenrendite zu kaufen (siehe das oben genannte Buch von Jeremy Siegel). Wenn dann der Einstiegskurs noch stimmt, kann man getrost den Zinseszinseffekt nutzen, den Einstein als die größte Erfindung des menschlichen Geistes (angeblich sprach er auch von der größten mathematischen Entdeckung aller Zeiten) bezeichnete. Das Kursverlustrisiko ist bei Renten und vor allem beim Halten von Cash natürlich kurzfristig geringer. Diese Anlageformen sind daher zur kurzfristigen Vermögensabsicherung gut geeignet. Falls Geld sicher zu einem bestimmten Termin kurz- bis mittelfristig verfügbar sein muss, ist der Investor bei diesen Anlageformen sicherer positioniert.

Neben der reinen zinslosen Kassenhaltung sind für die kurzfristige Anlage auch Geldmarktfonds geeignet. Bei Staatsanleihen ist Vorsicht geboten. Dass auch das vermeintlich Außergewöhnliche passieren kann, hat die jüngste Finanzkrise gezeigt. Wie schnell zudem Staatsanleihen ins »Rutschen« kommen können, zeigte sich Anfang des Jahres 2010 vor allem am Beispiel Griechenlands und mit Abstrichen auch bei anderen südeuropäischen Ländern im Euro-Raum. Vertrauen lässt sich nicht verordnen. Vor dem Hintergrund der gewaltigen Staatsverschuldung ist eine längerfristige Anlage in Rentenpapieren riskanter, als es auf den ersten Blick scheint. Die sich abzeichnende Währungsreform hat sich in den Anlageentscheidungen noch längst nicht niedergeschlagen.

Langfristig interessanter sind vor diesem Hintergrund Aktienanlagen in Qualitätspapieren mit guter Dividendenrendite bei antizyklischem Kauf unter dem fairen Wert und ohne laufendes Umschichten. Dies wird Ihnen Ihr provisionsgetriebener Anlageberater wahrscheinlich nicht empfehlen, da er von einer derartigen konservativen Vorgehensweise nicht profitieren kann.

Aus jetziger Sicht sind unter den Aspekten »stabile Branche« und »ausreichend große Eintrittsbarriere« folgende Unternehmen qualitativ gut, deren Geschäftsmodelle auch noch langjährig Bestand haben müssten:

Unternehmen	Branche
Allianz	Erstversicherer
BASF	Chemie
Berkshire Hathaway	US-Beteiligungsgesellschaft, die von Warren Buffett geleitet wird
Beiersdorf	Konsumgüterhersteller
Coca-Cola	Konsumgüterhersteller
E.-ON	Versorger
Henkel	Konsumgüterhersteller
Johnson & Johnson	Pharmazie- und Konsumgüterhersteller
Linde	Gas and Engineering
Lindt & Sprüngli	Schokoladenhersteller
Münchner Rück	Rückversicherer
Nestlé	Lebensmittelhersteller
Procter & Gamble	Konsumgüterhersteller
Rational	Hersteller von Heißluftdämpfern für Großküchen
RWE	Versorger

Qualitativ gute Unternehmen (stabile Branche, ausreichend große Eintrittsbarriere)

Es dominieren dabei Gesellschaften, die in einer konservativen Branche tätig sind und oft über sehr starke Markennamen verfügen. Die gute Marktstellung in einer geschützten Branche sowie die hohen »Brand Values« sichern die genannten Gesellschaften fundamental ab. Die Liste soll aber keine Kaufempfehlung, sondern allenfalls eine Anregung für die Erstellung einer eigenen Beobachtungsliste sein. Erst nach Ermittlung eines fairen Wertes für das Unternehmen kann ein Erwerb infrage kommen. Eine weitere Voraussetzung ist, dass der sorgfältig ermittelte faire Wert eine ausreichend hohe Sicherheitsmarge signalisiert, d. h. ein ausreichender hoher Abschlag gegenüber dem aktuellen Kurs vorliegt.

Sind Immobilien eine Alternative?

Im Vergleich zu Aktien prüft der Käufer vor dem Kauf einer Immobilie dank der langfristigeren Nutzung in der Regel ganz genau. Die Vor- und Nachteile werden abgewogen, und die erwartete Rentabilität wird kalkuliert. Zur Auswahl stehende Immobilienobjekte werden üblicherweise genauestens verglichen, und dabei wird analysiert, ob das Vorhaben mit den individuellen Bedürfnissen übereinstimmt.

Was zählt, ist: Lage, Lage, Lage!

Ein immer wieder zu hörender Hinweis in der Immobilienwirtschaft. Vor allem attraktive Ballungsräume profitieren von dem Zuzug meist jüngerer Erwerbstätiger. Dies schafft zum Beispiel eine gute Nachfrageperspektive für kleinere Wohneinheiten in diesen zentralen Lagen. Der Wert der selbst genutzten Immobilie wird nach wie vor hoch eingeschätzt. Sie hebt das soziale Prestige und schafft ein Gefühl der Unabhängigkeit. Die langjährige steuerliche Förderung des Wohnens im Eigentum könnte bis heute nachwirken, auch wenn selbst genutztes Wohneigentum derzeit steuerlich »neutral« angesehen wird. Die eigenen vier Wände sind damit ausschließlich eine Frage des persönlichen Konsums (abgesehen von Fördermaßnahmen, wie zum Beispiel der Riester-Förderung für den Erwerb oder den Bau selbst genutzter Wohnimmobilien). Der Kauf einer selbst genutzten Wohnung oder eines Hauses kann sich als teurer erweisen als ursprünglich kalkuliert, zum Beispiel aufgrund von unveränderten oder sogar gefallenen Preisen beim Verkauf. Dies kann insbesondere dann der Fall sein, wenn Eigenheime auf der grünen Wiese sehr individuell und extravagant ausgestaltet sind. Sie lassen sich oft schlecht verwerten. Schlimmstenfalls hilft nur der Abriss. Auch das Altersvorsorgeargument greift oft zu kurz. Nur bei einem günstigen Erwerb und einer vom Risiko her vertretbaren Finanzierung ist der Vorteil, im Alter mietfrei wohnen zu können, unter Rentabilitätsgesichtspunkten nachvollziehbar.

Auch aufgrund der höheren räumlichen Flexibilität ist vor allem in jüngeren Jahren bei Abwägung der Vor- und Nachteile das Mieten einer Wohnung meist besser, gegebenenfalls in Kombination mit einem Immobilienbesitz als reine Kapitalanlage. Mit der Abschaffung der Förderung zur Schaffung von selbst genutztem Wohnungseigentum, der sogenannten »7b-Abschreibung« bei der Einkommensteuer, die es seit 1949 gab, hat sich die Kalkulation nach Steuern ohnehin verändert. Durch den Aspekt der Familienförderung – »ein Heim im Grünen mit viel Platz« lautete die Devise – war die 7b-Abschreibung vielfach beliebt. Durch die bereits beschriebenen Mitnahmeeffekte bei steuerlichen Fördermaßnahmen ergab sich ein Herdenverhalten, das zu einer ausufernden »Flächenversiegelung« der Landschaft im Umkreis der Städte führte (trotz der vielfachen Kritik an der Förderung des Individualeigentums blieb die Abschaffung dieser Sonderabschreibung lange umstritten). Eine Abschreibung ist nur bei fremdgenutzten Immobilien möglich. Auch hier ist Vorsicht geboten. Steuersparwillige Immobilieninvestoren haben in Ostdeutschland viel Lehrgeld bezahlen müssen. Die hohen Abschreibungen waren ein Fehlsignal und machen die Absurdität von Förderpolitik deutlich. Die Vermietbarkeit war oft schwieriger als gedacht. Und die Werte entwickelten sich dabei oftmals rückläufig.

Der Immobilienmarkt hat sich im Inland zwischenzeitlich zu einem Nachfragemarkt gewandelt, d. h., die Käufer/Mieter sind die verhandlungsmächtigere Marktseite. Ein Immobilienprojekt muss sich daher finanziell auch rechnen bei ganz besonders konservativen Annahmen, denn bedenke: »Es kann auch noch schlimmer kommen, als ursprünglich konservativ berechnet!«

Die Investition in Immobilienfonds ist gegenüber dem Kauf zwar eine erwägenswerte Alternative, der Anleger sollte hier aber auf die Transparenz, die Lage der Objekte und den bisherigen Erfolg des Fonds und der Manager genau achten und im Zweifel davon Abstand abnehmen. Überprüfen sollte man zum Beispiel, ob die Expertise der Immobilienmanager auf einem anhaltend hohen Niveau ist, ob die Vermögensverwalter sorgfältig bei der Objektauswahl vorgehen und konservativ agieren. Das Platzen der Immobilienblasen, zuletzt in den USA, in Großbritannien und Spanien, wo auch professionelle Anbieter in die Falle getappt sind, sollte Investoren eine Lehre sein.

Ist Gold eine Alternative?

Noch in den Notzeiten nach dem Zweiten Weltkrieg 1945 bis 1948 war Warengeld in Deutschland gut akzeptiert in Form von Butter, Eier, Speck und vor allem Zigaretten als Tauschmittel. Das Papiergeld fußt demgegenüber auf den Anweisungen von Regierungen. Während Papier nur auf Vertrauen beruht, ist bei den Münzen der Wert des Metalls ein geeigneter Vergleichsmaßstab. In Krisenphasen wird daher in der Regel das als stabiler eingeschätzte Münzgeld stärker nachgefragt, die Wertaufbewahrungskosten fallen gleichzeitig bei einem Niedrigzinsumfeld (da die Alternativanlage zu dem Edelmetall sich schlechter verzinst).

In den letzten Jahren prägten immer neue und schnellere Blasenbildungen das Marktgeschehen. Nach der New-Economy-Blase und dem Zusammenbruch der Immobilienpreise in den USA seit dem Jahr 2007 könnte sich eine größere Edelmetall-/Rohstoffblase herausbilden. Sie würde bei einer erneuten wirtschaftlichen Stabilisierung, auch wenn diese angesichts der Schwere der aktuellen Vertrauenskrise fragwürdig ist, platzen, und die Edelmetall- und Rohstoffpreise würden dann dramatisch fallen. Der bislang zu beobachtende Preisanstieg ist vermutlich weniger von Gier als Angst getrieben. Wenn die Unsicherheit groß ist, erleben Edelmetalle und dabei vor allem das Gold traditionell eine Renaissance. Da keine Erträge daraus erwirtschaftet werden können, sollten sie nur ein kleinerer Bestandteil der eigenen Anlagen sein und eher als »Risikokasse« dienen.

Goldbesitzverbote, wie bereits zeitweise vor Jahren in den USA, sind nicht völlig auszuschließen. So wurde in den USA der private Goldbesitz 1933 im Rahmen des Goldverbot-Erlasses von Franklin D. Roosevelt untersagt. Bei den Industriemetallen Silber, Platin und Palladium ist ein Verbot des Besitzes durch ihre vorrangig industrielle Bedeutung unwahrscheinlicher.[247] In Deutschland setzte der Reichsminister für Finanzen, Johann Ludwig Graf Schwerin von Krosigk, die Reichsgoldmünzen 1938 endgültig außer Kurs. Sie mussten der Reichsbank für einen gerin-

[247] Siehe dazu auch: »Von Anleihecrash bis Goldverbot«, in: *Wiwo.de*, 03.02.2009.

gen Gegenwert zum Kauf angeboten werden, was de facto auch auf ein Verbot hinauslief.

Im Zuge der Verunsicherung der Marktteilnehmer in den letzten Jahren haben Investments in Gold neue Anhänger gefunden. Hintergrund dieser Entwicklung waren bei Gold und Silber in erster Linie diverse Finanzmarktprodukte, vor allem Exchange Traded Funds (ETFs), über die Finanzinvestoren zunehmend in die Märkte eingestiegen sind. Grundsätzlich besteht das Problem, was mehr oder minder für alle Edelmetalle gilt, dass mit der Einführung von ETFs die Preisbildung auch von Spekulationsgesichtspunkten getrieben wird. Besorgnisse im Hinblick auf eine zunehmende Knappheit oder auch die temporäre Aufwertung als Ersatzanlage in Notzeiten, wie vor allem im Fall von Gold und zuletzt Silber, führen zu Preisausschlägen und zu neuen Preisblasen, die zu Friktionen in der verarbeitenden Industrie führen können.

Eine Anlage in physischem Gold wirft zwar keine Erträge ab, aber vor dem Hintergrund eines schwächeren Dollarkurses bietet das Gold traditionell eine gute Absicherung für Investoren, die in Dollar investieren. Sicherheit für die Anleger liefert Gold vor allem durch seine Knappheit. Eine zweifelhaftere Begründung ist die bislang zu beobachtende langfristig gute Kursperformance, auch im Vergleich zu weiter verbreiteten Anlageformen. Die Outperformance gegenüber anderen Assets muss jedoch nicht anhalten, denn die gute Kursperformance seit Beginn der Finanzkrise war eine »Angstspekulation«. Risiken ergeben sich in wirtschaftlichen Stabilisierungsphasen, wenn die Notwendigkeit eines zusätzlichen Edelmetall-Sicherheitspuffers nicht mehr als so dringlich gesehen wird oder bei größeren Goldverkäufen durch die Notenbank. Ein langfristig orientierter Goldinvestor würde derartige Schwächephasen – am besten in der Nähe der Abbaukosten des Edelmetalls – für einen Einstieg nutzen.

Dies gilt ebenso für Silber, das sogenannte »Gold des kleinen Mannes«, und andere Edelmetalle. Auch eine Münzsammlung kann viel Freude machen und gleichzeitig einen Beitrag zu einer zusätzlichen Sicherung des Vermögens liefern. Aus fundamentaler Sicht reflektieren die Edelmetallpreise inzwischen zum Teil ein sehr hohes Maß an Spekulation. Sollten sich die dahinter stehenden Erwartungen nicht erfüllen, sind sehr deutliche Korrekturen nicht auszuschließen. Auf der sicheren Seite ist der Anleger, wenn er sich beim Kauf nicht zu weit von den Abbaukosten des jeweiligen Edelmetalls entfernt.

Wie sollte die optimale Vermögensaufteilung nun aussehen?

Dies ist von den Präferenzen, Restriktionen und der Risikoneigung des Anlegers abhängig. Der Urvater des Value Investing, Benjamin Graham, lieferte mit seiner Normalanlageaufteilung von 50 Prozent Aktien und 50 Prozent Renten einen ersten Vorschlag. Bereits 1949 erschien sein Buch »The Intelligent Investor«. Die »Bibel der Value-Investoren« ist aber das bereits 1934 mit David Dodd verfasste Buch »Security Analysis«, in das die Lehren aus dem Zusammenbruch der Börse im Jahr 1929 und aus der sich anschließenden Wirtschaftskrise mit einflossen. Die Strategie des wertbezogenen Investierens nach Benjamin Graham umfasst u. a. folgende Aspekte:

Der Anleger sollte umfassende Kenntnisse und praktische Erfahrungen in der Geldanlage besitzen, die Fähigkeit, intelligente, d. h. konzeptionell durchdachte Anlageentscheidungen zu treffen. Er sollte die Vorzüge einer einfachen Portfolio-Politik nutzen, wobei Graham zu einer »50 Prozent : 50 Prozent«-Normalaufteilung von Aktien und Renten rät mit maximalen Bandbreiten von jeweils 25 Prozent bis 75 Prozent in Abhängigkeit von den Marktprognosen.[248] Bei der Aufteilung in Aktien ist der Vorteil des Inflationsschutzes zu berücksichtigen. Bei Beachtung des Anlagekonzepts der »Sicherheitsmarge«, das einen Kauf nur mit einem Abschlag unter den errechneten fairen Wert vorsieht, sollten nur erstklassige Bonds und »führende Aktien« erworben werden. Graham meinte damit gut positionierte Branchenführer allererster Qualität mit einer relativ hohen Dividendenrendite.

Viele Anleger werden nun beim Lesen feststellen, dass sie in der Phase der New Economy oder vor den erneuten Kurseinstürzen durch die Fi-

[248] Benjamin Graham: Intelligent investieren, S. 15, 28.

nanzkrise im Jahr 2008 besser diese wertvollen Grundsätze von Benjamin Graham beachtet hätten. Es wäre den Anlegern mancher finanzielle Verlust erspart geblieben!

Je nach Variante/Euroszenario ist folgende Anlageaufteilung zu empfehlen:

Destabilisierung der Finanzmärkte durch die Staatsschuldenkrise in der EU	Geschätzte Wahrscheinlichkeiten	Vermögensaufteilungen nach Szenarien			
		Aktien	Renten	Immobilien	Edelmetalle
Zunehmend (Worst Case)	40 %	40 %	15 %	40 %	5 %
Gleichbleibend (Normal Case)	35 %	30 %	38 %	30 %	2 %
Abnehmend (Best Case)	25 %	25 %	49 %	25 %	1 %

Anlagepolitik vor dem Hintergrund der Euro-Szenarien

- Abnehmende Staatsschuldenkrise/Best Case
  Bei einer abnehmenden Destabilisierung durch die Staatsschuldenkrise in der EU (Best Case) sind sichere Unternehmensanleihen bis zu 49 Prozent eine gute Wahl. Im Rentenbereich sind Unternehmensanleihen führender und sicherer Unternehmen gegenüber Staatsanleihen grundsätzlich vorzuziehen. Staatsanleihen sind angesichts der steigenden Gefahr einer Währungsreform in den USA und Euroland bis auf Weiteres zu meiden, insbesondere Anleihen der derzeitigen und potenziellen EU-Problemstaaten Griechenland, Irland, Portugal, Belgien, Spanien und Italien. Der Rest des Vermögens sollte auf Aktien (25 Prozent), Immobilien (25 Prozent) und Edelmetalle (1 Prozent) aufgeteilt werden.
- Gleichbleibende Staatsschuldenkrise/Normal Case
  Nur Kauf von Qualitätsunternehmensanleihen bis zu 38 Prozent, sonst Aktien (30 Prozent), Immobilien (30 Prozent) und Edelmetalle (2 Prozent).
- Zunehmende Staatsschuldenkrise/Worst Case
  Edelmetalle bis zu 5 Prozent (die im verschärften Krisenfall besonders begehrt sind), Immobilien (bis zu 40 Prozent, aber ohne zu gro-

ße Verschuldung wegen der Deflationsgefahr) und Aktien (40 Prozent), nur erstklassige Unternehmensanleihen bis zu 15 Prozent.

Beim Kauf jedes Wertpapiers gilt zur Vermeidung von Fehlern bei dem Investment der Bewertungsvorbehalt. Auch im Fall eines sogenannten »Anlagenotstandes«, d. h. beim Fehlen geeigneter Anlagen in einem schwierigen Marktumfeld, ist es im Zweifel besser, eher Liquidität zu halten, d. h. sein Geld auf dem Konto zu parken. Dies bietet sich insbesondere bei einer sich abzeichnenden Deflation an, während bei einer sich verstärkenden Inflation Sachwerte (Immobilien und Aktien) zur Werterhaltung des Vermögens attraktiver sind.

Bei einer gleichbleibenden und auch bei einer zunehmenden Staatsschuldenkrise im Euro-Raum ist eine Währungsreform in den nächsten Jahren nicht zu vermeiden. Selbst bei dem Best-Case-Szenario einer abnehmenden Staatsschuldenkrise ist mit einer Währungsreform zu rechnen. Auf den Märkten können Fakten auch zwischenzeitlich verdrängt werden, so lagen beispielsweise die Renditen der Staatsanleihen von Ländern unterschiedlichster Bonität sehr lange auf ähnlichem Niveau, bis die Finanzkrise die Spreads auseinanderlaufen ließ. Die Schuldenmechanik (ab einem bestimmten Niveau, das in den GIIPS-Staaten bereits vielfach überschritten ist, sind die Schulden durch die Zinslast immer schwieriger abzubauen) hat aber bereits jetzt gegriffen, und die Rückkehr zum Pfad der Tugend durch glaubwürdige Reformen erscheint versperrt. Die jüngsten Verwerfungen und Hilfsprogramme, vor allem der Übergang zu einer Transfer- und Sozialunion, machen die Währungsreform unausweichlich. Der Fahrplan dorthin wurde bereits aufgezeigt (siehe das Kapitel »Warum die Währungsreform schneller kommt, als Sie denken«).

Nach den ernüchternden Erfahrungen deutscher Sparer in den Jahren 1923 und 1948, die nur rund 10 Prozent ihres Geldvermögens behielten, ist die Devise von Max Otte »Investieren statt sparen« zu beachten.[249] Mit der Euro-Krise rückt die Rückkehr zu nationalen Währungen näher. Aus deutscher Anlegersicht wäre (zum Beispiel bei einem Umtausch von 1 : 1

[249] Siehe das entsprechende Buch von Max Otte.

von Euro in D-Mark) die inländische Währung dann attraktiver als der Euro, wenn die stabilitätsorientierte Politik der Bundesbank wieder aufgenommen würde. Dies gilt in abgeschwächter Form auch bei Schaffung eines oben beschriebenen Euro-Hartwährungsblocks oder der Schaffung eines Nord-Euro.[250] Bis es dazu kommt und grundsätzlich bei einer Weichwährungspolitik sollte der Anleger in stabilere Währungen investieren, dabei aber den US-Dollar aufgrund der hohen Verschuldung der USA ausklammern. Auslandsinvestitionen sind grundsätzlich mit Wechselkursrisiken behaftet. Da zum Beispiel im Deutschen Aktienindex Dax genug Firmen mit einer ausreichend hohen internationalen Vernetzung zu finden sind, ist das direkte Investieren in andere Wechselkurszonen gar nicht sinnvoll. Nach dem Motto »Schuster, bleib bei deinen Leisten« muss der Investor die im Ausland notierenden Firmen sehr gut kennen, bevor er sich in das Wechselkursabenteuer stürzt. Es besteht die Gefahr, dass der eigene Kompetenzbereich verlassen wird.

Wird die Zweitwährung als dauerhafte Anlage angesehen und möchte der Investor auch darüber hinaus in dem Währungsraum verbleiben, kommen unter Anlagegesichtspunkten andere Erwägungen ins Spiel. Plant zum Beispiel ein deutscher Staatsbürger in die Schweiz, nach Australien oder nach Kanada auszuwandern und reinvestiert in dem gleichen Währungsraum dauerhaft, ist statt des Rückkaufrisikos eine Stabilisierung/Steigerung des Vermögens möglich. Wenn der Anleger dauerhaft in die Zweitwährung investiert und dabei die Solidität des Schweizer Franken langfristig als höher einschätzt als die des Euro, zum Beispiel durch den Verfall der Kreditwürdigkeit der südeuropäischen Staaten im Euro-Raum, kann dies strategisch sinnvoll sein. Aus der Zweitwährung wird dann unter Umständen sogar die Erstwährung, was eine zusätzliche Absicherung sein kann, wenn die Destabilisierung im Euro-Raum anhält. Max Otte rät, dass man sich sichere Länder für die Anlage suchen solle, zu denen in Europa außer Deutschland und Österreich die Schweiz oder Norwegen – Letzteres durch die Rohstoffvorräte – gehören,[251] außerhalb Europas wurde zunehmend in den australischen Dollar investiert.

250 Versus Süd-Euro, Vorschlag von Hans-Olaf Henkel, Rettet unser Geld, S. 169 f.

251 Max Otte, Der Crash kommt, S. 262.

Der US-Dollar und der Euro sind derzeit hinsichtlich der Geldwertstabilität unsichere Währungen. Als Privatanleger in dem Währungsgebiet bedeutet dies dann zwangsläufig »mitgegangen, mitgefangen, mitgehangen«.

Der Anleger ist bei den Währungen von den Entscheidungen der Regierungen und Notenbanken abhängig. Der US-Dollar könnte durch eine Verschärfung der Krise und eine noch höhere Verschuldung leiden, der Euro auch noch unter den Verwerfungen im Euro-Raum durch die überschuldeten südeuropäischen Staaten. Beide führenden Reservewährungen werden eine sanierende Währungsreform in den nächsten Jahren nicht vermeiden können, wobei der Euro wieder durch nationale Währungen ersetzt wird. Alle anderen Varianten sind Wunschdenken und verdrängen die bereits jetzt aufgelaufenen Schulden der USA und in Europa bei den GIIPS-Staaten sowie Belgien, das neuerdings auch als zu hoch verschuldet gilt.

Bei der sich verstärkenden Euro-Krise und der dann folgenden Währungsreform wird den Anlegern aber vermutlich per saldo nur eine relative Vermögenssicherung gelingen, denn die Wertvernichtung ist kollektiv und kein Nullsummenspiel (wenn auch wenige gewinnen könnten). Vor allem die Anlage in Staatsanleihen finanziell maroder Staaten sollte auf null zurückgefahren werden. Baisse-Spekulanten könnten zwar gewinnen, aber bereits Kostolany berichtete sehr treffend von den begleitenden Umfeldproblemen:

> **Boersenreport.de:** »Im Herbst 1930 stürzte die Pariser Börse in die Tiefe, und Sie waren auf der richtigen Seite investiert. Welche Auswirkungen hatte dieser Erfolg auf Ihr weiteres Leben?«
>
> **André Kostolany:** »Ich war von diesem Tage an wohlhabend und hatte zu meiner großen Freude entgegen der allgemein vorherrschenden Meinung Recht behalten mit meiner Baisse-Spekulation. Es befriedigte mich aber nicht vollends, da meine ganzen Kollegen und Freunde plötzlich arm waren und alleine Champagner trinken wenig Spaß macht …«[252]

[252] *Börsenblatt*-Interview: Moder-Frei mit Kostolany am 14.04.1999, in: Boersenreport.de.

Fazit: Die Währungsreform kommt. Qualitätsaktien, Immobilien und Edelmetalle bieten dann (wenn es so läuft wie bei früheren Währungsreformen) den besten Krisenschutz.

24. Ausblick

»Die Theorie und Praxis der öffentlichen Finanzen ist beinahe vollkommen von dem Bestreben geformt worden, die auferlegte Last so weit wie möglich zu verschleiern und diejenigen, die sie letztlich zu tragen haben, so wenig wie möglich darauf aufmerksam zu machen.«

Friedrich A. von Hayek, österreichischer Ökonom und Nobelpreisträger (1899–1992)

Im Zuge der Rettungsmaßnahmen wurde von vielen Politikern auf den Kampf gegen die Spekulanten hingewiesen. Auch Kanzlerin Merkel erklärte, dass die Spekulanten unsere Gegner seien (06.05.2010). Der teure Weg in die Transferunion wurde geebnet. Das Votum des Marktes ist glaubwürdiger als politische Propaganda. Dieser völlig sinnlose Krieg gegen die Marktkräfte wird extrem teuer und in Kürze unbezahlbar. Die Garantiesumme der Bundesregierung wird sich schon bald auf über 400 Mrd. Euro erhöhen, das sind bereits rund 5.000 Euro für jeden inländischen Bürger.

Marktungleichgewichte lassen sich durch politische Machtworte nicht bereinigen. In einer global vernetzten Welt kann das Vertrauen vermutlich nur durch internationale Reformschritte zurückgewonnen werden. Der Handlungsdruck steigt. Warum glaubt die Bevölkerung weiterhin politisch begabten Märchenerzählern? Wahrscheinlich sind sie zu unterhaltsam, sie spielen die Klaviatur der geschickt inszenierten Eventkultur, die auch zu Hause multimedial abrufbar ist. Die kritische Analyse langweilt demgegenüber oder führt zu einem unangenehmen Dissonanzempfinden. Letztlich könnte es sein, dass der Normalbürger schon bald feststellen muss, dass politische Märchenerzähler mithilfe schöner Seifenopern (nichts anderes sind die breit gefächerten Talkrunden mit Musikprogramm heute) nur ablenken und desinformieren wollen, das anhaltende Finanzchaos aber nicht wirklich bekämpfen. Bei einer sich verschärfenden Krise drohen Umverteilungskämpfe, die zu verstärkten Spannungen zwischen den Staaten führen können. James Howard Kunstler wies auf die Renationalisierungsgefahr hin (und auf zunehmende Spannungen ebenfalls in Europa infolge der Griechenland-Schuldenkrise[253]). Auch Äußerungen von US-Präsident Barrack Obama gingen in die gleiche Richtung:

> »Nach Jahren der übermäßigen Verschuldung können und werden die Amerikaner der Welt nicht anhaltenden Wohlstand auf Pump kaufen können ... kein Land sollte davon ausgehen, dass es seinen Weg zum Wohlstand mit Exporten nach Amerika pflastern kann.«[254]

Zu hoffen ist, dass das Vertrauen in Politik und Wirtschaft aus fundierten Gründen wiederhergestellt werden kann. Dazu müssten endlich die mindestens seit dem Jahre 2007, dem Beginn der Finanzkrise, dringend erforderlichen Reformen bei den Regulierungen erfolgen. Zu den vier Säulen der Reformagenda gehören:

- Ein strenges regulatorisches Regelwerk mit mehr und besserem Eigenkapital. Mithilfe der »Kapitalpuffer« soll das Finanzsystem insgesamt krisenfester werden.
- Eine effektive Überwachung der neuen und strengeren Regeln. Aufsicht und Kontrolle sollen verbessert werden, vor allem sollen proaktiv Risiken erkannt werden.
- Erkennen systemischer Risiken durch Finanzinstitutionen.
- Transparente international vergleichbare Bewertungsmaßstäbe.

Ich hoffe, dass dieses Buch Ihnen dabei hilft, das Politiktheater rund um den Euro kritischer zu hinterfragen. Außerdem würde es mich freuen, wenn es Ihnen leichter fällt, Ihre persönliche Geldanlage krisenfest zu gestalten. Die Verschuldung bei den meisten GIIPS-Staaten ist bereits jetzt

253 Vgl. den Blog von Kunstler: »Euroland the horror movie«, 15.02.2010.
254 »G20-Gipfel in Toronto«, in: Der Stern, 28.07.2010.

viel zu hoch. Die europäische Sozial- und Transferunion ist auf Dauer auch von deutscher Seite nicht finanzierbar. Stellen Sie sich auf die kommende Währungsreform ein. Wenn das bisherige Tempo beim Auflegen immer neuer Rettungsprogramme anhält, ist leider – spätestens – bis zum Jahr 2015 mit der Währungsreform zu rechnen.

Hören Sie auch nicht ohne nähere Überprüfung auf die »Hofnarren«, Volkswirte und Analysten, die sich unabhängig geben. In Wirklichkeit sind ihre Freiheiten begrenzt. Als Entertainer sollen sie für die gute Stimmung und den Umsatz der Institute sorgen, von denen sie bezahlt werden. Es gilt wie bei Pippi Langstrumpf der Grundsatz: »Ich male mir die Welt, wie sie mir gefällt«. Dieses Prinzip wird nicht nur für die Öffentlichkeit, sondern auch für die eigenen Arbeitgeber angewendet. Es wird so zeitweise zu einer vermeintlich funktionierenden »self fulfilling prophecy«. Ansonsten gäbe es ein »Dissonanzproblem«, die eigenen Planungen der Institute hätten so zum Beispiel viel konservativer ausfallen müssen. Im Fokus der Experten sollte bereits jetzt stehen, die richtigen Schlussfolgerungen aus der Euro-Krise zu ziehen. Nach dem finanziellen Zusammenbruch einzelner Staaten und den folgenden Währungsreformen steht als gute Blaupause die Soziale Marktwirtschaft nach Erhard zur Verfügung. Jede Krise bietet auch Chancen.

Das Vertrauen basiert letztlich auf der Verlässlichkeit politischer Aussagen. Im Falle des Euro wurde die Abschaffung der von den Bürgern geschätzten D-Mark mit einem vermeintlich festen Ordnungsrahmen verbunden. Über die weiter fortbestehende deutsche Nettozahlerposition im EU-Haushalt hinaus waren im Zuge des Euro-Verbundes keine Zahlungen des deutschen Steuerzahlers vorgesehen. Es kam anders: Deutschland ist Stabilitätsgarant im Euro-Raum, exportiert weiter seine weltweit geschätzten Produkte, die Banken/Unternehmen kassieren und die inländischen Bürger bezahlen unter dem Strich die Party (die die Südländer durch Niedrigzinsen genossen). »Die gemeinsame Währung ist eine Subvention Europas durch den deutschen Steuerzahler«, so urteilte Wilhelm Hankel.[255] »Wenn Deutschland finanziell nicht mehr kann, bricht das Eu-

[255] M. Balser/M. Zydra: »Angriff auf den Euro«, in: *SZ Online*, 23.02.2010.

ro-System zusammen«. Er ging (bereits im Februar 2010) davon aus, dass neben Griechenland auch Portugal, Spanien, Irland und Italien bald EU-Hilfe benötigen. Auch der Tübinger Ökonom und Euro-Kritiker Joachim Starbatty erwartet ein Scheitern der Währungsunion. Dazu meint er: »Lieber ein Ende mit Schrecken als ein Schrecken ohne Ende.«[256] Es böte auch eine Chance. Wenn schlechte Systeme zusammenbrechen, kann danach auch etwas Besseres kommen.

Im internationalen Maßstab fällt das Euro-Gebiet eher zurück und ist vom Vordringen an die Weltspitze weiter entfernt denn je, die Schulden und die Belastung der Alterssicherungssysteme sind viel zu hoch, und feierliche Absichtsbekundungen wie die Lissabon-Agenda reichen nicht.[257] So sollte nach dem Willen der EU-Politiker in Lissabon (Gipfeltreffen am 23./24.03.2000) Europa bis 2010 die wettbewerbsstärkste und dynamischste Region der Weltwirtschaft werden. Inzwischen wurde im Rahmen von »Europa 2020« die neue Strategie für intelligentes, nachhaltiges und integratives Wachstum verabschiedet (die an die Stelle der Lissabon-Strategie tritt). Bis dahin könnten neue Schuldenrekorde gebrochen sein, wenn die EU-Planbürokratie und immer neu intervenierende Politiker die finanziellen Lasten noch mehr in die Zukunft verschieben.

Doch so weit wird es wohl gar nicht kommen. Die Umverteilung im Euro-Raum ist nicht mehr finanzierbar und muss zwangsläufig beendet werden. Die sich abzeichnende Währungsreform muss so gestaltet sein, dass die Bürger wieder Vertrauen schöpfen.

Was bleibt uns als abschließendes Fazit?

Es bleibt die (geschichtlich) begründete Hoffnung, dass die Bürger sich zwar verführen lassen, aber ausreichend robust sind, die durch die Politiker eingetretenen Fehlentwicklungen bestmöglich zu kompensieren und später auch wieder zu korrigieren.

---

256 Ebenda.

257 Hans Tietmeyer: Herausforderung Euro, S. 288, 293, 298.

Wenn das Euro-Projekt oder sagen wir es gleich kritischer, das Euro-Experiment durch die Konstruktionsfehler politischen Versagens scheitert, ist die europäische Idee nicht zu Ende. Zwar wies auch Altbundeskanzler Helmut Kohl am 03.05.2010 im Rahmen der Feier anlässlich seines 80. Geburtstags darauf hin, dass er heute »mehr denn je überzeugt« sei, dass die europäische Einigung für Europa und für Deutschland eine Frage von Krieg und Frieden sei[258] und fügte hinzu:

> »... Es darf aber ebenso keine Frage sein, dass wir unseren Partner Griechenland und die Menschen in Griechenland dabei nicht allein lassen, sondern helfen werden. Es lohnt sich, denn ein stabiles, solidarisches Haus Europa ist unser aller Zukunft, und der Euro ist uns dabei ein Stück Friedensgarant!«[259]

Der Euro war und ist damit ein politisches Projekt.

Das Überleben des Euro ist keine so schicksalhafte Frage, wie die Politiker leichtfertig behaupten. Gegen den Willen großer Teile der inländischen Bevölkerung wurde die gut etablierte und stabile D-Mark durch den Euro abgelöst. Um dies zu rechtfertigen, bedarf es ganz großer Politikrhetorik, die auch bei den aktuellen Volksvertretern anhält, so bei dem Statement von Kanzlerin Merkel: »Scheitert der Euro, dann scheitert Europa.«[260]

Der Euro ist keine Frage von Krieg und Frieden. Wenn dies aber Politiker ständig wiederholt behaupten, destabilisieren sie mit solchen unverantwortlichen Bemerkungen und lenken von eigenen früheren Versäumnissen ab. Dies grenzt an Volksverdummung. Der Euro war nie in Gefahr, aber hoch verschuldete Banken und Staaten, die gerettet werden mussten. Die Rettungsprogramme selbst und die sich dadurch weiter auftürmenden Schulden auch für noch finanziell gesündere Staaten sind eine Gefahr für den Euro. Die Politiker haben es mit ihrer Desinformation geschickt verstanden, den Sachverhalt zu verdrehen.

---

[258] *Ad Hoc News*, 05.05.2010.

[259] Helmut Kohl: »Warum wir Griechenland helfen müssen«, in: Die Welt, 08.05.2010.

[260] Regierungserklärung vom 19.05.2010.

Es ist zu hoffen, dass die Bevölkerung trotz der Medienberieselung, die zum Teil ungefiltert das mehr als verunsicherte Politikergerede fast aller Schattierungen (zumeist ein schlichtes »Pfeifen im Wald«) weiterträgt, aufgeklärt genug ist, das Ausmaß der Desinformation zu erkennen. Bei einer Auflösung des Euro könnten die Nationalstaaten zwar über finanzielle Ausgleichsmaßnahmen streiten, wer aber könnte jetzt schon sagen, dass die Auseinandersetzungen eskalieren? Sie wären wohl ohnehin vermieden worden, wenn Bankenkonkurse und Staatsbankrotte nicht durch das Freikaufen verhindert worden wären. Die Politiker erschweren sinnvolle marktnahe Lösungen und erhöhen damit selbst das Risiko, dass sich die Spannungen in Europa ausweiten. Politiker sollten auch keine Schreckgespenster zur Durchsetzung machtpolitischer Ziele nutzen. Die Bildung großflächiger Machtblöcke darf kein Selbstzweck sein. Die Konflikte von Fürstentümern untereinander waren vermutlich weniger gefährlich als die späteren Nationalkriege. Wenn sich statt Nationalstaaten große Blöcke konfliktträchtig gegenüberstehen, ist für die Bürger kein Vorteil erkennbar. Kleinere Staaten sind für Großmachtpolitik zu unbedeutend. Wie in der Wirtschaft, ist auch in der Politik eine Dekonzentration der Macht sinnvoll, selbst wenn Politiker immer wieder nach zentraler Macht greifen. Die Bürokratie in Brüssel und die EZB haben als zentrale Instanzen europäischer Politik an Vertrauen bei der Bevölkerung eingebüßt, das durch scharfe Politikrhetorik (EU und Euro als Beitrag zur Friedenspolitik in Europa) nicht mehr glaubwürdig zurückerlangt werden kann.

Es bedarf großer Besonnenheit aller Beteiligten, den durch die Politiker hinterlassenen Scherbenhaufen wieder wegzuräumen. Währungsreformen sind geeignet, um einen guten Neuanfang zu wagen. Wer hätte in Deutschland 1948 gedacht, dass die neue Währung ein so großer Erfolg und dabei sogar identitätsstiftend für den neuen Staat wird? In Europa wurde dies mit dem Euro aufgrund der Konstruktionsfehler und des Aufweichens des Stabilitäts- und Wachstumspakts, die beide gleichsam zu der ausufernden Staatsschuldenkrise führten, nicht geschafft. Der Versuch ist gescheitert. Es bleibt der Freihandel und die Rückkehr zu den nationalen Währungen. Die Ordnungspolitik in Europa steht auf dem Prüfstand. Anknüpfen lässt sich an die bisherige Europäische Union vor der Einführung des Euro. Ein europäischer Nationalstaat bleibt angesichts der großen politischen und kulturellen Unterschiede eine Utopie. Fragwürdig wäre auch, ob ein so heterogenes Gebilde demokratisch steuerbar ist. Die Bürokratieherrschaft ist jedenfalls keine überzeugende Lösung für die Bürger.

Das Scheitern des Euro und die kommende Währungsreform sind auch kulturell zunächst ein großer Rückschlag, bieten danach aber die Chance, aus den Fehlern zu lernen. Bei einer Einigung auf eine gemeinsame Sprache wäre die Migration innerhalb Europas erleichtert worden. Das kirchlich geprägte abendländische Europa war mit dem Latein als »lingua franca« schon weiter, das in Klöstern und an Universitäten wie Bologna, Salamanca, Oxford oder Paris im Mittelalter verwendet wurde. Eine gemeinsame Währung ist durchaus, wie schon im Römischen Reich mit dem Denar, ein gangbarer Weg. Der römische Denar funktionierte »Hand in Hand« mit der politischen Einheit »Pax Romana« und der Knappheit des Metallgeldes.[261] Eine stabilitätsorientierte Geldpolitik ist Voraussetzung für das Gelingen, dies zeigt das Scheitern des Euro-Experiments, mit einer gemeinsamen Währung zu starten. Es ist nicht gelungen, den politischen Souveränitätskern der Einzelstaaten über die Geldpolitik und mithilfe transnationaler Instanzen auszuhöhlen. Eine politische Union und die enge Verzahnung der Fiskalpolitik sind unerlässlich. Dazu sind die Nationalstaaten nur bedingt bereit. Das Scheitern der EU-Bürokratie und des Euro bieten mit der kommenden Währungsreform die Chance, die europäische Zentralverwaltung zu überwinden und statt der Herrschaft durch Bürokratie und Kommissare die Demokratie wieder neu zu stärken. Hans Magnus Enzensberger urteilt in seinem Essay »Sanftes Monster Brüssel oder Die Entmündigung Europas«:

> »Europa hat schon ganz andere Versuche überstanden, den Kontinent zu uniformieren. Allen gemeinsam war die Hybris, und keinem von ihnen war ein dauerhafter Erfolg beschieden. Auch der gewaltlosen Version eines solchen Projekts kann man keine günstige Prognose stellen. Allen Imperien der Geschichte blühte nur eine begrenzte Halbwertzeit, bis sie an ihrer Überdehnung und an ihren inneren Widersprüchen gescheitert sind«.[262]

[261] Otmar Issing: Der Euro, S. 3.

[262] Hans M. Enzensberger: Sanftes Monster Brüssel, S. 60.

Der im Buch vorgestellte Fahrplan für den erwarteten Niedergang des Euro und die anschließende Währungsreform ist mit wenigen Risiken behaftet. Die mangelnde Korrektur früherer politischer Fehler, zum Beispiel die fehlende Etablierung auch einer politischen Union, die nach wie vor mangelnden fiskalpolitischen Abstimmungsmaßnahmen, die Aufweichung des SWP und die Inanspruchnahme der Notenbank zur Finanzierung der Schulden machen eine Währungsreform zunehmend wahrscheinlich.

Was bleibt für Sie persönlich zu tun? Glauben Sie an die eigene Fähigkeit, selbst nachdenken zu können, und erlernen Sie die Disziplin, sich in Ihrem politischen Urteilsvermögen und bei der Geldanlage nicht manipulieren zu lassen, vor allem nicht von Politikern, Bankern oder auch so manchem interessengeleiteten Journalisten. Ich hoffe, ich konnte etwas dazu beitragen, dass Sie Ihre Freiheit nicht nur erkennen, sondern auch nutzen.

Künftig sollte man sich verstärkt dem Thema widmen, wie die finanziell besonders maroden Staaten in der EU nach dem Ende des Euro im Zuge der spätestens 2015 zu erwartenden Währungsreform wieder ökonomisch neu entwickelt werden können. Einen guten Ansatzpunkt hierfür liefern die Marshallplanhilfen nach dem Zweiten Weltkrieg und eine marktwirtschaftliche Ordnungspolitik. Die Wirtschaftspolitik Ludwig Erhards ist in den Mühlen der lobbyistischen Umverteilungsstaaten zu stark in Vergessenheit geraten und liefert jetzt wieder eine gute »Blaupause« für den Neuanfang.

Ausgewählte Literatur und Quellenangaben

Aebersold Szalay, Claudia: »Die Mär von der Euro-Rettung« – Die EU-Hilfsaktionen gefährden die Einheitswährung mehr als die Krisen in Griechenland und Irland, in: *Neue Zürcher Zeitung*, 07.04.2011, S. 11.

Ahamed, Liaquat: Die Herren des Geldes. Wie vier Bankiers die Weltwirtschaftskrise auslösten und die Welt in den Bankrott trieben, München 2010.

Akerlof, George A.: Animal Spirits – Wie Wirtschaft wirklich funktioniert, Frankfurt/M. 2009.

Akerlof, George A./Romer, Paul M.: Looting: The Economic Underworld of Bankruptcy for Profit, Berkeley 1994.

Annunziata, Marco (Chefvolkswirt der Unicredit), in: »Euro-Krise: Man braucht eine gemeinsame Fiskalpolitik«, Interview mit Ulric Papendick, in: *Manager Magazin*, 22.03.2010.

Armin, Hans Herbert von: Die Deutschlandakte – Was Politiker und Wirtschaftsbosse unserem Land antun, 1. Aufl., München 2009.

Auerback, Marshall: What happens if Germany exits the Euro?, Levy Economics Institute of Bard College, 2011/1.

Baader, Roland: Geld, Gold und Gottspieler – Am Vorabend der nächsten Weltwirtschaftskrise, Gräfelfing 2005.

Bähr, Christa: Ansätze zu einer Theorie der Währungsreform: Währungsreformen nach offenen und zurückgestauten Inflationen, Köln 1994.

Baring, Arnulf: Machtwechsel – Die Ära Brandt – Scheel, Stuttgart 1982.

Baring, Arnulf: Scheitert Deutschland? Abschied von unseren Wunschwelten, Stuttgart 1997.

Beck, Hanno: »Warum Analysten in die gleiche Richtung laufen«, in: *Frankfurter Allgemeine Zeitung*, 24.02.2007, S. 23.

Berberich, Frank: »Die Aufregungsmaschine«, Interview mit Peter Laudenbach, in: *brand eins*, 05.05.2010, S. 56–59.

Berndt, Henry: »Wir sind keine Shakespeares. Alles für die Quote? Der Regisseur Dieter Wedel geht in seiner Dresdner Rede hart mit den Medien ins Gericht«, in: *Sächsische Zeitung*, 22.02.2010.

Bernholz, Peter: Monetary Regimes and Inflation – History, Economic and Political Relationships, Cheltenham, UK, 2003.

Bernholz, Peter: »Wir sollten zum ehrlichen Staatsbankrott zurückkehren«, Interview mit Ingo Narat, in: *Handelsblatt*, 13.03.2010.

Bernstein, Peter L.: Wider die Götter – Die Geschichte der modernen Risikogesellschaft, 5. Aufl., München 2007 (Originalausgabe: »Against The Gods«, New York 1996).

Biehl, Brigitte: Business is Showbusiness: Wie Topmanager sich vor Publikum inszenieren, Frankfurt 2007.

Bofinger, Peter: Ist der Markt noch zu retten? – Warum wir jetzt einen starken Staat brauchen, Berlin 2009.

Borner, Silvio: Blühender Kapitalismus, in: Weltwoche 29/2009.

Borowsky, Peter: Die DDR in den siebziger Jahren; Informationen zur politischen Bildung, Heft 258, erstes Quartal 1998, und auf www.bpd.de.

Braching, Hans Wolfgang (Universität Freiburg, Schweiz): Der Euro als Teuro? Die wahrgenommene Inflation in Deutschland, Statistisches Bundesamt – Wirtschaft und Statistik 9/2005.

Broder, Henryk M.: »Dänische Polit-Doku ›Alles Banditen‹ – Von vorne oder von hinten?«, in: *Spiegel Online*, 24.06.2003.

Brunner, Manfred: Die EG auf dem Weg zur politischen Union, in: Höbelt, Lothar/Mölzer, Andreas/Sob, Brigitte: Freiheit und Verantwortung, Wien 1992, S. 153–157.

Buchmüller, Patrick: Basel II – Hinwendung zur prinzipienorientierten Bankenaufsicht, 1. Aufl., Baden-Baden 2008.

Buffett, Mary/Clark, David: Das Tao des Warren Buffett, Kulmbach 2008.

Buffett, Warren: Annual letter to the shareholders, 2002, Berkshire Hathaway Inc., S. 15.

Caesar, Rolf: »Währungsreformen in Deutschland von 1870 bis 1945«, in: Währungsreformen – 14. Symposium zur Bankengeschichte am 11. Juni 1991, Beiheft 21, hrsg. von: Der Wissenschaftliche Beirat des Instituts für bankhistorische Forschung e. V., Frankfurt, S. 11–13.

Coudenhove-Kalergi, Barbara: »Was soll von der DDR übrig bleiben?«, in: Benedict, Hans: Revolution! Die Öffnung Europas, Wien 1990, S. 201–205.

Creveld, Martin van: Aufstieg und Untergang des Staates, München 1999.

Demirgüc-Kunt, Asli/Detragiache, Enrica: »Basel Core Principles and Bank Risk: Does Compliance Matter?«, IMF Working Paper, March 2010.

Didzoleit/Fleischhauer/Steingart: »Die Gold-Sucher«, in: *Der Spiegel* 23/1997, 02.06.1997.

Domaschewizki, Jewsei Deiwid: »The Burden of Debt and National Income«, in: *American Economic Review* 34, S. 798–827.

Eckert, Daniel D.: Weltkrieg der Währungen – Wie Euro, Gold und Yuan um das Erbe des Dollar kämpfen, München 2010.

Ehlers, Fiona/Evers, Marco/Fleischhauer, Jan/Reuter, Wolfgang/Schlamp, Hans-Jürgen/Simons, Stefan/Stark, Holger/Zuber, Helene: »Wir haben nur einen Schuss«, in: *Der Spiegel* 20/2010, 17.05.2010.

Ellis, Charles D.: »The Loser's Game«, in: *Financial Analysts Journal*, Juli/August 1975.

Ellis, Charles D.: »Winning the Loser's Game«, Timeless Strategies for Successful Investing, 3. Aufl., New York 1998.

Engels, Wolfram: Soziale Marktwirtschaft, verschmähte Zukunft?, Stuttgart 1973.

Engels, Wolfram: Der Kapitalismus und seine Krisen, über Papiergeld und das Elend der Finanzmärkte. Düsseldorf 1996.

Enzensberger, Hans Magnus: Sanftes Monster Brüssel oder Die Entmündigung Europas, Berlin 2011.
Erhard, Ludwig: Wohlstand für alle, Neuausgabe, 2. Aufl., Düsseldorf 1990 (Originalausgabe Düsseldorf 1957).
Erhard, Ludwig: Deutsche Wirtschaftspolitik – Der Weg der Sozialen Marktwirtschaft, Düsseldorf 1992.
EuroMemorandum-Gruppe: »Die demokratische Neuordnung des Finanzsektors, ein Vollbeschäftigungsregime und ökologischer Umbau – Alternativen zum finanzmarktgetriebenen Kapitalismus«, EuroMemorandum 2008/09, 14. Treffen der Arbeitsgruppe »Europäische Wirtschaftswissenschaftlerinnen und Wirtschaftswissenschaftler für eine andere Wirtschaftspolitik in Europa« (EuroMemorandum-Gruppe) vom 26. bis 28. September 2008 in Brüssel.
Faller, Heike: »Musste das sein? Nur wenige Journalisten haben vor der Finanzkrise gewarnt. Viele wussten vieles, aber es fehlte der Blick aufs Ganze. Eine Blattkritik«, in: *Zeit Magazin*, Nr. 16, 14.04.2011, S. 10–14.
Fehr, Benedikt: Vom Armenpfleger zum Millionär und Playboy, in: *FAZ.NET*, 01.03.2009.
Finanzwissen. Das Handbuch: Geld und Geldanlage mit System und Rendite, Hannover 2009, Internetseite www.finanzwissen.de
Fisher, Philip A.: Die Profi-Investmentstrategie – Mit Philip A. Fishers Anlage-Regeln zum Erfolg, 1. Aufl., Rosenheim 1999,
Fockenbrock, Dieter: »1999 bis 2009: Ein gutes Jahrzehnt für Dax-Vorstände«, in: *Handelsblatt*, 30.03.2010, S. 32.
Frick, Joachim R./Grabka, Markus M.: »Gestiegene Vermögensungleichheit in Deutschland«, in: *Wochenbericht des DIW Berlin* Nr. 4/2009.
Fricke, Karl-Wilhelm: Politik und Justiz in der DDR. Zur Geschichte der politischen Verfolgung 1945 bis 1968, Köln 1979.
Friedman, Milton: Kapitalismus und Freiheit, Frankfurt 1984.
Fromm, Erich: Die Furcht vor der Freiheit, 15. Aufl., München 2010.
Galbraith, John Kenneth: Die Ökonomie des unschuldigen Betrugs: Vom Realitätsverlust der heutigen Wirtschaft, 2. Aufl., München 2007 (Originalausgabe 2004).
Galbraith, John Kenneth: Der große Crash 1929 – Ursachen, Verlauf, Folgen. München 2009.
Galbraith, John Kenneth: Eine kurze Geschichte der Spekulation, 2. Aufl., Frankfurt 2010 (englische Originalausgabe 1990).
Gall, Lothar u. a.: Die Deutsche Bank 1870–1995, C. H. Beck, München 1995.
Goebel, Jan/Gornig, Martin/Häußermann, Hartmut: »Polarisierung der Einkommen: Die Mittelschicht verliert«, in: *Wochenbericht des DIW Berlin* Nr. 24/2010, 16.06.2010.
Goffmann, Erving: Wir alle spielen Theater: Die Selbstdarstellung im Alltag, deutsche Erstausgabe München 1959.
Goldberg, Joachim/Nitzsch, Rüdiger von: Behavioral Finance, Gewinnen mit Kompetenz, 4. Aufl., München 2004.
Goleman, Daniel: Emotionale Intelligenz, 11. Aufl., München 1999 (Originalausgabe: »Emotional Intelligence«, New York 1995).

Graham Benjamin/Dodd, David L.: Wertpapieranalyse, 5. Aufl., Darmstadt 1992.
Graham, Benjamin: Intelligent Investieren; 1973, 2000, und von Jason Zweig aktualisierte US-Neuauflage 2003, deutsche Neuauflage München 2005, (Original: Benjamin Graham: »The Intelligent Investor«, 1949).
Grässlin, Jürgen: Jürgen E. Schrempp, der Herr der Sterne, München 1998.
Greenblatt, Joel: The Little Book That Beats the Market, New Jersey 2006.
Greenwald, Bruce C./Kahn, Judd/Sonkin, Paul D./Biema, Michael van: Handbuch Value Investing – Erfolgsstrategien von Graham bis Buffett und darüber hinaus, Weinheim 2002.
Greenwald, Bruce C./Kahn, Judd: Competition Demystified, A Radically Simplified Approach to Business Strategy, New York 2005.
Greetfeld, Tammo: Glaubwürdigkeit und Glaubwürdigkeitsprobleme des EWS und der EWU, Frankfurt 2003.
Gutachten der Steuerreformkommission unter Leitung von Dr. Rudolf Eberhard 1971, Schriftenreihe des BMF, Heft 17, Bonn 1971.
Keynes, John Maynard: The General Theory of Employment, Interest and Money. New York 1936.
Köhler, Robert/Landgraf, Robert: Ruf der Privatbanken leidet unter Sal. Oppenheim, in: *Handelsblatt,* 12.02.2010.
Haldane, Andrew G.: Vortrag »Patience and Finance«, CESifo am 31.01.2011, Paper zum gleichnamigen Vortrag, Oxford China Business Forum, Beijing, 2. Sept. 2010.
Hanitzsch, Dieter (Hg.): Eurospott, München 1998.
Hankel, Wilhelm/Nölling, Wilhelm/Schachtschneider, Karl Albrecht/Starbatty, Joachim: Die Euro-Klage. Warum die Währungsunion scheitern muss, Reinbek 1998.
Hankel, Wilhelm/Nölling, Wilhelm/Schachtschneider, Karl Albrecht/Starbatty, Joachim: Die Euro-Illusion. Ist Europa noch zu retten?, Reinbek 2001.
Hassel, Florian: Ein Desaster, viele Verantwortliche: Wie Europa Athens Misswirtschaft ignorierte, *Welt am Sonntag,* 02.05.2010, S. 26/27.
Hayek, Friedrich August von: Der Weg zur Knechtschaft, Erlenbach 1945, (Originalausgabe: »The Road to Serfdom«, 1944)
Hayek, Friedrich August von: Die Verfassung der Freiheit, Tübingen 1971.
Henkel, Hans-Olaf: Die Abwracker – Wie Zocker und Politiker unsere Zukunft verspielen, 3. Aufl., München 2009.
Hertz, Noreena: »Abschied vom Gucci-Kapitalismus«, in: *Handelsblatt*, 17.02.2010.
Hettlage, Karl M.: »Über Sparsamkeit und Wirtschaftlichkeit in der Verwaltung«, in: *Mitteilung der Kommunalen Gemeinschaftsstelle für Verwaltungsvereinfachung*, Juli 1956.
Hillenbrand, Thomas: »Das führende Unternehmen der Welt«, in: *Spiegel Online*, 11.01.2002.
Hott, Christian: Finanzkrisen, eine portfoliotheoretische Betrachtung von Herdenverhalten und Ansteckungseffekten als Ursachen von Finanzkrisen, Dissertationsschrift an der TU Dresden, Juni 2002.
Holtfrerich, Carl-Ludwig: Deflation, Inflation, Währungsreform? Vortrag auf der Value Intelligence Conference, München am 14. Oktober 2010.
Issing, Otmar: Der Euro – Geburt – Erfolg – Zukunft, München 2008.

Issing, Otmar: »Die Mär von der Spekulation«, in: *Frankfurter Allgemeine Zeitung*, 27.05.2010, S. 12.

Issing, Otmar: »Krise des Euro? – Krise Europas?«, Vortrag vom 05.11.2010 anlässlich der Jahresfeier der Akademie der Wissenschaften und der Literatur, Mainz 2011.

Joebges, Heike/Schmalzbauer, Andreas/Zwiener, Rudolf: Der Preis für den Exportweltmeister Deutschland: Reallohnrückgang und geringes Wirtschaftswachstum, IMK, Institut für Makroökonomie und Konjunkturforschung, 4/2009, August 2009.

Jörges, Hans-Ulrich (Hg.): Der Kampf um den Euro: Wie riskant ist die Währungsunion? Hamburg 1998.

Jung, Alexander: »Schnitt durch den Schein. Wie Staaten in der Vergangenheit ihre Schuldenprobleme lösten«, in: *Der Spiegel Geschichte* Nr. 4, 2009.

Kennedy, Paul: Aufstieg und Fall der großen Mächte, Ökonomischer Wandel und militärischer Konflikt von 1500 bis 2000, Frankfurt 2005, (Originalausgabe: »The Rise and Fall of the Great Powers«, New York 1987).

Keynes, John Maynard: Die wirtschaftlichen Folgen des Friedensvertrages, München 1920.

Keynes, John Maynard: The General Theory of Employment, Interest and Money, Cambridge 1936.

Kielmansegg, Peter Graf: Die Deutschen und ihre Nation: Nach der Katastrophe – Eine Geschichte des geteilten Deutschland, Berlin 2000.

Kindleberger, Charles B.: Manias, Panics, and Crashes: A History of Financial Crises, Hampshire 1978

Kirchhof, Paul: Das Gesetz der Hydra. Gebt den Bürgern ihren Staat zurück!, München 2006.

Kirchhof, Paul: »Ein Viertel für den Staat«, in: *Frankfurter Allgemeine Zeitung*, 10.05.2008, S. 13.

Kirchhof, Paul: Das Maß der Gerechtigkeit, München 2009.

Kirchhof, Paul: Gespräch mit Wolfgang Ehrensberger, in: *Euro am Sonntag*, 21.10.2009.

Kirchhof, Paul: »Schuldenkrise: Nieder mit der Macht der Banken«, in: *Focus Online*, 21.01.2011.

Kirchler, Erich/Maciejovsky, Boris: Steuermoral und Steuerhinterziehung, Göttingen, Mai 2002.

Kloten, Norbert/Grosch, Ulrich: Europäische Wirtschafts- und Währungsunion, in: Obst/Hintner: Geld-, Bank- und Börsenwesen, Stuttgart, 1993, S. 161–183.

Kunstler, James Howard: The Long Emergency: Surviving the Converging Catastrophes of the 21st Century. New York 2005.

Kunstler, James Howard: »Euroland the horror movie«, 15.02.2010, unter http://www.kunstler.com/blog/2010/02/euroland-the-horror-movie.html

Laffer, Arthur B.: »The Laffer Curve: Past, Present, and Future«, auf der Internetseite The Heritage Foundation, www.heritage.org, 01.06.2004.

Le Bon, Gustave: Psychologie der Massen, 15. Aufl., Stuttgart 1982 (Originalausgabe 1895).

Lenin, Wladimir Iljitsch: Der Imperialismus als höchstes Stadium des Kapitalismus, in: Lenin: Werke, Bd. 22, Berlin 1960.

Lorz, Stephan: »Die Bundesbank im Fadenkreuz der Politik«, in: *Börsen-Zeitung*, 10.02.2011, S. 7.
Lynch, Peter/Rothschild, John: One Up on Wall Street, New York 1989.
MacKay, Charles/Vega, Joseph de la: Gier und Wahnsinn. Warum der Crash immer wieder kommt, 1. Aufl., München 2010.
Mandelbrot, Benoît B./Hudson, Richard L.: Fraktale und Finanzen – Märkte zwischen Risiko, Rendite und Ruin, München 2007.
Mann, Golo: Deutsche Geschichte des 19. und 20. Jahrhunderts, 18. Aufl., Frankfurt 1985 (Originalausgabe Frankfurt 1958).
Mann, Golo: Wallenstein – Sein Leben erzählt von Golo Mann, Frankfurt 2006.
Mann, Thomas: Die Buddenbrooks, Frankfurt 2001 (Originalausgabe 1901).
Marcus, Hermann: Die Macht der Mächtigen. Deutschland und seine Wirtschaftsriesen, Düsseldorf 1970.
Marsh, David: Die geheime Geschichte der neuen Weltwährung, Hamburg 2009.
Martin, Paul C.: Wann kommt der Staatsbankrott?, München 1983.
Marx, Reinhard: »Das Kapital«: Ein Plädoyer für den Menschen, München 2008.
Merkel, Angela: in: »Kanzlerin Merkel zur Euro-Krise: ›Jedes Land ist für seine Schulden selbst verantwortlich‹«, von Nikolaus Blome und Alfred Draxler, in: *Bild.de*, 11.03.2011.
Merki, Christoph Maria: Die amerikanische Zigarette – das Maß aller Dinge. Rauchen in Deutschland zur Zeit der Zigarettenwährung (1945–1948), in: Hengartner, Thomas/Merki, Christoph Maria (Hg.): Tabakfragen. Rauchen aus kulturwissenschaftlicher Sicht, Zürich 1996, S. 57–82.
Merz, Friedrich: Nur wer sich ändert, wird bestehen. Vom Ende der Wohlstandsillusion – Kursbestimmung für unsere Zukunft, 2. Aufl., Freiburg 2006.
Merz, Friedrich: Mehr Kapitalismus wagen. Wege zu einer gerechten Gesellschaft, München 2008.
Minsky, Hyman P.: Can »It« Happen Again? Essays on Instability and Finance, New York 1982.
Minsky, Hyman P.: Stabilizing an Unstable Economy, Columbus 1986.
Minsky, Hyman P.: John Maynard Keynes, Marburg 2007 (englische Originalausgabe: New York 1975).
Mühlauer, Alexander: ›Boom, Krach, Boom, Der Wirtschaftshistoriker Moritz Schularick hat die Finanzkrisen der letzten 140 Jahre untersucht. Er sagt, schuld daran sei immer dasselbe: die massive Kreditvergabe«, in: *Süddeutsche Zeitung* Nr. 103, 06.05.2010, S. 20
Müller, Hans Christian: Finanzkrise: Ökonomen huldigen Propheten des Untergangs, in: *Handelsblatt,* 04.01.2010.
Müller, Leo: Wie kriminelle Manager und unfähige Politiker uns in den Ruin treiben, Berlin 2010.
Müntefering, Franz: Interview mit Melanie Ahlemeier und Johannes Bockenheimer, »Dilettanten, Spieler und Gangster«, in: *Süddeutsche Zeitung*, 31.03.2010.
Neuss, Werner: »Misstrauen, Panik und Herdenverhalten. Psychologie vs. Rationalität«, Vortrag am 12.01.2010 an der TU Berlin.
Obst, Georg/Hintner, Otto: Geld-, Bank- und Börsenwesen, 39. Aufl., Stuttgart 1993.

Ogger, Günter: Nieten in Nadelstreifen – Deutschlands Manager im Zwielicht, München 1992.
Ohr, Renate: Kommt die Währungsunion zum richtigen Zeitpunkt?, in Duden: Der Euro. Das Lexikon zur Währungsunion, 1. Aufl., Mannheim 1998.
Olson, Mancur: Aufstieg und Niedergang von Nationen: Ökonomisches Wachstum, Stagflation u. soziale Starrheit, Tübingen 1985.
Origo, Iris: »Im Namen Gottes und des Geschäfts« – Lebensbild eines toskanischen Kaufmanns der Frührenaissance, Francesco Di Marco Datini 1335–1410, München 2000.
Otte, Max: Der Crash kommt. Die neue Weltwirtschaftskrise und wie Sie sich darauf vorbereiten, Berlin 2006.
Otte, Max: Investieren statt Sparen – Wie man mit Aktien ein Vermögen aufbaut, 5. Aufl., Berlin 2009.
Otte, Max: Der Crash kommt. Die neue Weltwirtschaftskrise und was Sie jetzt tun können, 4. Aufl., Berlin 2009.
Otte, Max: Der Informationscrash – Wie wir systematisch für dumm verkauft werden, 1. Aufl., Berlin, 2009.
Otte, Max/Castner, Jens: Deutsche Superinvestoren aus Graham und Doddsville, Erfolgsgeheimnisse der besten Value-Investoren, 1. Aufl., München 2007.
Pardoe, James: So macht es Warren Buffett. 24 einfache Anlagestrategien des weltweit erfolgreichsten Value Investors, Wien 2005.
Penman, Stephen H.: Financial Statement Analysis and Security Valuation, 3. Aufl., New York 2007.
Petersdorff, Winand von: »Bonus malus est«, in: *Frankfurter Allgemeine Sonntagszeitung*, 15.03.2009.
Plickert, Philip: »Griechenlands Krise – Ein Blick zurück aus dem Jahr 2013: Die Alternative«, in: *Frankfurter Allgemeine Zeitung*, 15.05.2011.
Pohl, Hans (Hg.): Geschichte der deutschen Kreditwirtschaft seit 1945. Hrsg. im Auftrag des Wissenschaftlichen Beirats des Instituts für bankhistorische Forschung. Frankfurt a. M. 1998.
Polleit, Thorsten/Prollius, Michael von: Geldreform. Vom schlechten Staatsgeld zum guten Marktgeld, Grevenbroich 2010.
Pretterebner, Hans: Der Fall Lucona, 5. Aufl., Wien 1988.
Rappaport, Alfred/Mauboussin, Michael J.: Expectations Investing – Investieren nach Erwartungen. Aktienkurse und Markterwartungen als Basis für Anlageentscheidungen, mit einem Vorwort von Peter L. Bernstein, Weinheim 2002, (Originalausgabe: »Expectations Investing« Boston, 2001).
Reinhart, Carmen M. (University of Maryland und NBER)/Rogoff, Kenneth S. (Harvard University und NBER): This Time is Different: A Panoramic View of Eight Centuries of Financial Crises, 16. April 2008, unter: http://www.economics.harvard.edu/files/faculty/51_This_Time_Is_Different.pdf
Reinhart, Carmen M./Rogoff, Kenneth S.: Dieses Mal ist alles anders – Acht Jahrhunderte Finanzkrisen, München 2010 (Originalausgabe: »This Time is different, Eight Centuries of Financial Folly«, New Jersey 2009).
Reinhart, Carmen M./Rogoff, Kenneth S.: »Growth in a Time of Debt«, in: *American Economic Review*, Mai 2010.

Rennebaum, Wilhelm: Die Börse – das absurde Welttheater: Wie intelligente Anleger profitieren, 1. Aufl., Berlin 2009.
Riehl-Heyse, Herbert: Bestellte Wahrheiten. Anmerkungen zur Freiheit eines Journalistenmenschen, München 1992.
Rohrmoser, Günter: Zur geistig-ethischen Erneuerung, 2. Aufl., Stuttgart 1980.
Rothbard, Murray Newton: Das Schein-Geld-System – Wie der Staat unser Geld zerstört, 2. Aufl., Gräfelfing 2005.
Roubini, Nouriel/Mihm, Stephen: Das Ende der Weltwirtschaft und ihre Zukunft: Crisis Economics, Frankfurt 2010 (Originalausgabe: »Crisis Economics. A Crash Course in the Future of Finance«, New York 2010).
Schäfer, Wolf: »Was tun gegen das politische Euro-Kartell? Die EU-Staatschefs schädigen die deutschen Steuerzahler«, in: *Frankfurter Allgemeine Zeitung*, 25.05.2010, S. 12.
Schelsky, Helmut: Die Arbeit tun die anderen, Klassenkampf und Priesterherrschaft der Intellektuellen, Opladen 1975.
Schelsky, Helmut: Funktionäre – Gefährden sie das Gemeinwohl?, 4. Aufl., Stuttgart 1982.
Scheuch, Erwin K./Scheuch, Ute: Cliquen, Klüngel und Karrieren. Über den Verfall der politischen Parteien – eine Studie, Hamburg, April 1993.
Scheuch, Erwin K./Scheuch, Ute: Die Spendenkrise – Parteien außer Kontrolle, Hamburg 2000.
Schiller, Karl: Der schwierige Weg in die offene Gesellschaft. Kritische Anmerkungen zur deutschen Vereinigung, Berlin 1994.
Schiltz, Christoph B.: »Bürokratie: EU kümmert sich um Unterwäsche statt um Krise«, in: *Welt Online*, 05.06.2009.
Schivelbusch, Wolfgang: Entfernte Verwandtschaft: Faschismus, Nationalsozialismus, New Deal 1933–1939, München/Wien 2005.
Schlecht, Otto/Stoltenberg, Gerhard (Hg.): Soziale Marktwirtschaft – Grundlagen, Entwicklungslinien, Perspektiven, Freiburg im Breisgau 2001.
Schlötterer, Wilhelm: Macht und Missbrauch. Franz Josef Strauß und seine Nachfolger, Aufzeichnungen eines Ministerialbeamten, Köln 2009.
Schmölders, Günter: Die Politiker und die Währung, Frankfurt 1959.
Schneider, Friedrich: Weltwirtschaftskrise führt wieder zum Anstieg der Schattenwirtschaft in Deutschland, Linz, 16.02.2009, unter: http://www.econ.jku.at/members/Schneider/files/publications/PE_Schwarzarbeit_2009.pdf
Schroeder, Klaus: »Ostdeutschland, 20 Jahre nach dem Mauerfall – eine Wohlstandsbilanz«, Gutachten für die Initiative Neue Soziale Marktwirtschaft (INSM), 2009, S. 88.
Joseph A. Schumpeter: Kapitalismus, Sozialismus und Demokratie, Tübingen 1980.
Schweinsberg, Klaus: Sind wir noch zu retten? Warum Staat, Markt und Gesellschaft auf einen Systemkollaps zusteuern, München 2011.
Seehofer, Horst: »Seehofer bringt Länderkollegen gegen sich auf«, in: *Zeit Online*, 23.11.2009.
Siegel, Jeremy J.: The Future for Investors – Why the tried and the true triumph over the bold and the new, New York 2005.

Sinn, Gerlinde/Sinn, Hans-Werner u.a: Kaltstart, 3. Aufl., München 1993.
Sinn, Hans-Werner: Der Staat im Bankwesen. Zur Rolle der Landesbanken in Deutschland, München 1996.
Sinn, Hans-Werner: Ist Deutschland noch zu retten? 8. Aufl., Berlin 2004.
Sinn, Hans-Werner: Die Basarökonomie, Berlin 2005.
Sinn, Hans-Werner: Das grüne Paradoxon. Plädoyer für eine illusionsfreie Klimapolitik, Berlin 2008.
Sinn, Hans-Werner: Kasino-Kapitalismus: Wie es zur Finanzkrise kam, und was jetzt zu tun ist, 2. Aufl., Berlin 2009.
Sinn, Hans-Werner: Euro-Krise, Sonderausgabe ifo Schnelldienst 10/2010, München, 20.05.2010.
Sinn Hans-Werner: »Rettungsschirm für den Euro – Tickende Zeitbombe«, in: *SZ Online*, 03.04.2011.
Skidelsky, Robert: Die Rückkehr des Meisters. Keynes für das 21. Jahrhundert, München 2010.
Smith, Adam: Theorie der ethischen Gefühle, Hamburg 2004.
Smith, Adam: Der Wohlstand der Nationen, Darmstadt 1978.
Der Spiegel Geschichte, Nr. 4, 2009: Geld!
Spiwoks, Markus/Bizer, Kilian/Hein, Oliver: Rationales Herdenverhalten bei US-amerikanischen Rentenmarkt-Analysten, Verhaltensabstimmung durch ein externes Signal, Sofia-Studien zur Institutionenanalyse, Darmstadt 2006.
Stanzel, Matthias: Qualität des Aktienresearch von Finanzanalysten – eine theoretische und empirische Untersuchung der Gewinnprognosen und Aktienempfehlungen am deutschen Kapitalmarkt, Wiesbaden 2007.
Steingart, Gabor: Deutschland: Der Abstieg eines Superstars, München 2004.
Steingart, Gabor: Weltkrieg um Wohlstand. Wie Macht und Reichtum neu verteilt werden, München 2007.
Stotz, Olaf: »Schnäppchenjäger haben am Kapitalmarkt durchaus eine Chance«, in: *Börsen-Zeitung*, 01.07.2004, S. 19.
Streib, Daniel: »Der Mann, der sich ›Evonik‹ ausgedacht hat«, in: *Die Welt*, 08.07.2007.
Stützel, Wolfgang: Marktpreis und Menschenwürde. Thesen zur Wirtschafts- und Bildungspolitik, Bonn 1982.
Taleb, Nassim Nicholas: Fooled by Randomness – The Hidden Role of Chance in the Markets and in Life, New York 2001.
Taleb, Nassim Nicholas: Der Schwarze Schwan – Die Macht höchst unwahrscheinlicher Ereignisse, München 2008 (Originalausgabe: »The Black Swan: The Impact of the Highly Improbable«, New York 2007).
Tietmeyer, Hans: Herausforderung Euro – Wie es zum Euro kam und was er für Deutschlands Zukunft bedeutet, München 2005.
Tipke, Klaus/Lang, Joachim: Steuerrecht, 13. und 19. Aufl., Köln 1991, 2008.
Tuchman, Barbara: Die Torheit der Regierenden von Troja bis Vietnam, 4. Aufl., Frankfurt 2006.
Tuchman, Barbara: August 1914, 3. Aufl., Frankfurt 2007.
Ullmann, Hans-Peter: Der deutsche Steuerstaat: Geschichte der öffentlichen Finanzen, München 2005.

Ulonska, Ulrich: Suggestion der Glaubwürdigkeit. Untersuchungen zu Hitlers rhetorischer Selbstdarstellung zwischen 1920 und 1933, Ammersbek/Hamburg 1990.

Uttich, Steffen/Uttich, Simone: Es ist nur Geld. 10 Fehler, mit denen Sie sicher Ihr Vermögen versenken, Frankfurt 2009.

Vick, Timothy P.: Geld verdienen mit Warren Buffett. Value Investing verstehen und erfolgreich umsetzen, Landsberg/Lech 2000 (Originalausgabe »Wall Street on Sale«, 1999).

Vickrey, Donn (Gründer und CEO von Gradient Analytics): Vortragsunterlagen zu »Earnings Quality Analysis and Managerial Incentives« am 27. März 2008 in Frankfurt.

Voß, Stefan: Vortrag am 4.11.2010 über Hyman Minsky an der FH Hannover. Fachhochschule Hannover, Fakultät IV – Wirtschaft und Informatik, Arbeitspapier 03-2011.

Weber, Adolf: Geld – Banken – Börsen, München 1947.

Weber Axel A./Ulbrich, Jens/Wendorff, Karsten: »Finanzmarktstabilität sichern, Investorenverantwortung stärken, Steuerzahler schonen. Ein Vorschlag zur Stärkung des Europäischen Stabilitätsmechanismus durch die geeignete Ausgestaltung künftiger Anleihekonditionen«, in: *Frankfurter Allgemeine Zeitung*, 03.03.2011.

Wehr, Andreas: Griechenland, die Krise und der Euro, Köln 2010.

Whalen, Charles: »Understanding the Credit Crunch as a Minsky Moment«, in: *Challenge,* Bd. 51, Nr. 1 (Jan./Feb. 2008), S. 91–109.

Williams, John Burr: The Theory of Investment Value, 6. Aufl. 2002 (Originalausgabe 1938 von Harvard University Press).

Willke, Helmut: »Stochern im Nebel«, in: *brand eins*, Heft 05, Mai 2010, S. 104–107.

Wittkowski, Bernd: »Der Anfang vom Ende des Euro«, in: *Börsen-Zeitung*, 13.04.2010, S. 1.

Wittmann, Walter: Die neuen Ausbeuter, 3. Aufl., Stuttgart 1981.

Wolf, Notker (Abtprimas der Benediktinischen Konföderation): Vortrag: »Markt und Moral – ein Widerspruch« anlässlich des Symposiums »Grundgesetz und Soziale Marktwirtschaft« des Bayerischen Wirtschaftsministeriums am 28.07.2009.

Zinn, Karl Georg: Die legale Kriminalität des Finanzkapitalismus. Betriebsunfälle oder Resultate der inneren Systemlogik?, 23.06.2009, unter http://www.memo.uni-bremen.de/docs/m2309.pdf

Zweig, Jason: Gier. Neuroökonomie – Wie wir ticken, wenn es ums Geld geht, München 2007.

Zweig, Jason: Interview mit Mirjam Hecking »Besser als Sex«, in: *Manager Magazin*, 24.10.2007.

Glossar

AFP
Agence France-Presse

Agenda 2010
Konzept zur Reform der deutschen Sozialsysteme und des Arbeitsmarkts der rot-grünen Bundesregierung bis 2005 umgesetzt wurde. Die Zahl 2010 betrifft auch das EU-Ziel, Europa bis zum Jahr 2010 zum »wettbewerbsfähigsten und dynamischsten wissensbasierten Wirtschaftsraum der Welt« zu machen (Wikepedia zu »Agenda 2010«).

Agitprop
Agitation und Propaganda, in der DDR benutzte Bezeichnung, zentrale Begriff der kommunistischen politischen Werbung.

Anchorman
Moderator, nach dem Vorbild des englischsprachigen Fernsehens.

Antizyklisches Anlageverhalten
Antizyklisch anlegende Anleger investieren gegen den Markttrend; sie nutzen Börsenhochs, um entgegen dem Markt, Wertpapiere zu verkaufen und Börsentiefs, um diese zu kaufen.

Asset Price Bubble
Vermögenspreisblase

Backing
Deckung, Hilfe

Beggar-my-Neighbour-Politik
Eine Strategie, den Nachbarn auszuplündern, z.B. durch hohe Exportüberschüsse, die sich für das Nachbarland nachteilig auswirken.

Braindrain
Gehirn-Abfluss, gemeint ist hier die Abwanderung intelligenter Bürger eines Volkes.

CAO
Chief Administrative Officer – Leiter Verwaltung/ CFO-Chief Financial Officer – Leiter Finanzen.

CDS
Credit Default Swaps – Kreditderivat, das es erlaubt, Ausfallrisiken von Krediten, Anleihen oder Schuldnernamen zu handeln.

CEO
Chief Executive Officer – Vorstandssprecher

CESifo
Center for Economic Studies, ifo Institut für Wirtschaftsforschung e.V. an der Universität München

CFA
Chartered Financial Analyst

Club Med-Staaten
Mittelmeerstaaten des Euro-Raums, Italien, Spanien, Portugal und Griechenland.

Consumption on the Job
Verschaffung eines zusätzlichen Verdienstes oder Honorars von Managern einer Unternehmung oder deren Aufsichtspersonen.

Coverage
Abdeckung von Analysten zu beobachtenden Unternehmen.

Derivate
Derivate sind Finanzinstrumente, deren Preis oder Wert von den Kursen oder Preisen anderer Handelsgüter, Vermögensgegenstände oder von marktbezogenen Referenzgrößen abhängt.

DVFA
Deutsche Vereinigung für Finanzanalyse und Asset Management.

EBIT
Earnings before interest and taxes, Gewinn vor Zinsen und Steuern.

EBITDA
Earnings before interests, taxes and depreciation and amortisation, Gewinn vor Zinsen, Steuern, Abschreibung und Amortisierung.

ECOFIN
Rat für Wirtschaft und Finanzen ist eine Formation des Rats der Europäischen Union.

ECU
European Currency Unit

EFSF
Europäische Finanzstabilisierungsfazilität

EFSM
Europäischer Finanzstabilisierungsmechanismus

ELA
Emergency Liquidity Assistance: Liquiditätsversorgung im Krisenfall; die nationalen Zentralbankinterventionen bei Liquiditätsschocks sind in einigen Ländern auch ohne die EZB möglich.

ESM
European Stability Mechanism, EU-Rettungsfonds ab 2013

ETF
Exchange Traded Funds

EV
Enterprise Value, Unternehmenswert (ist im Sinne des Shareholder-Value Konzepts der wesentliche Bewertungsmaßstab).

EVA
Economic Value Added, Ökonomischer Mehrwert

EWG
Europäische Wirtschaftsgemeinschaft

EWI
Europäische Währungsinstitut

EWS
Europäisches Währungssystem

EZB
Europäische Zentralbank

FED
Federal Reserve System, Zentralbank-System der USA

Fundamentalanalyse
Ermittlung des fairen Wertes von Wertpapieren (»innerer Wert«); im Gegensatz zur Chartanalyse werden nicht Börsenkurse sondern Fundamentaldaten für die Bewertung herangezogen.

Fundamentaldaten
Betriebswirtschaftliche Informationen zur Bewertung des Unternehmens.

GIIPS
Kürzel für Griechenland, Italien, Irland, Portugal und Spanien.

Gladiator
Berufskämpfer im antiken Rom, ursprünglich meist Sklaven.

Guidance
Orientierungshilfe durch das Management z.B. für Analysten.

Haircut
Wertabschlag auf Sicherheiten des Kreditnehmers.

Intrinsischer Wert
innerer Wert, der fundamentale Aspekte berücksichtigt; dieser unabhängig vom Börsenkurs ermittelte Wert entspricht dem Preis, den gut informierte Geschäftsleute für das Unternehmen bezahlen würden, wenn sie es zu 100% übernehmen würden – der innere Wert wird dabei nach Benjamin Graham durch Faktoren wie z.B. das KGV, KBV, den Verschuldungsgrad, der durchschnittlichen Ertragskraft der Vergangenheit oder der Dividendenrendite ermittelt.

IM
Inoffizieller Mitarbeiter, des Ministeriums für Staatssicherheit in der früheren DDR.

IOS
Investors Overseas Services, bedeutender Offshore-Finanzkonzern in den 60er Jahren.

IPO
Initial Public Offering, Börsengang

IWF
Internationaler Währungsfonds

KBV
Kurs zu Buchwert je Aktie in %

KGV
Kurs zu Gewinn je Aktie in %

»Konstituierende« Währungsreform
Währungsreformen diesen Typs dienen der Schaffung einer Einheitswährung, der Erweiterung eines bestehenden Währungsgebiets oder der Schaffung einer neuen nationalen Währung in neugegründeten Staaten (Christa Bähr, Ansätze zu einer Theorie der Währungsreform, 1994, S.12).

LBO
Leveraged Buy Out, Fremdkapitalfinanzierte Übernahme

Lender of last resort
Kreditgeber der letzten Zuflucht

LTCM
Long-Term Capital Management, Hedgefonds, 1994 von John Meriwether gegründet

M&A
Mergers & Akquisition, Fusionen und Übernahmen

Mainstream
wörtlich – Hauptstrom, gemeint ist die dominierende Meinung, z.B. von Marktbeobachtern.

»Manipulierende« Währungsreform
Währungsreformen diesen Typs resultieren aus finanzpolitischen Überlegungen, die den Staat oder Staaten zur Manipulation einer Geldverfassung veranlassen (vgl. Caesar,

Währungsreformen.1992, S. 13). Der Staat oder mehrere Staaten wie im Fall des Euro-Verbundes, versuchen, Zugriff auf die Geldschöpfung der Zentralbank zu erlangen und sich über eine inflationäre Staats-/Staatenfinanzierung reale Ressourcen anzueignen (vgl. Christa Bähr, Ansätze zu einer Theorie der Währungsreform, 1994, S.13).

M3 (Definition der FED)
Alle Bar-Bestände in Banknoten und Münzen in US-$ sowie die laufenden US-$-Girokontenbestände und alle US-$-Einlagenzertifikate (z. B. US-$-Staatsanleihen) plus sämtliche US-$-Geldmarkt-Kontenbestände unter US-$100.000, plus alle größeren Guthaben über US-$100.000 u. a. die Eurodollar-Reserven, größere übertragbare US-$-Wertpapierbestände, und die US-$-Devisenbestände der meisten nichteuropäischen Länder; Diese Geldmenge wird grundsätzlich von der FED berechnet, aber seit 2006 nicht mehr veröffentlicht.

Mefo
Metallurgische Forschungsgesellschaft mbH

MfS
Ministerium für Staatssicherheit der früheren DDR

MiFID
Markets in Financial Instruments Directive: Richtlinie über Märkte für Finanzinstrumente.

MITI
Ministerium für Internationalen Handel und Industrie, Japan

Momentum
Größe der technischen Analyse; es gibt Aufschluss über Tempo und Kraft von Kursbewegungen sowie über Trendumkehrungen.

MVA
Market Value Added = Marktwertsteigerung, Unternehmenswert- Eigenkapital+ Fremdkapital-kurzfristige Verbindlichkeiten.

Nemax
Die Deutsche Börse führte zunächst den Neuen Markt Index Nemax ein; am 1.7. 1999 wurde der Nemax 50 hinzugefügt.

No-Bailout-Klausel
Die »No-Bail Out«-Klausel in Art. 125 AEUV stellt sicher, dass ein Euro-Teilnehmerland nicht für Verbindlichkeiten und Schulden anderer Teilnehmerländer haften oder aufkommen muss; iese Klausel soll gewährleisten, dass für die Rückzahlung öffentlicher Schulden die Staaten selbst verantwortlich bleiben und die Übertragung von Risikoprämien infolge einer nicht tragbaren Haushaltspolitik einzelner Staaten auf die Partnerländer damit vermieden werden soll – mit dieser Bestimmung soll auch eine vernünftige Haushaltspolitik auf einzelstaatlicher Ebene gefördert werden.

NOPAT
Net Operating Profit after taxes = Operativer Nettogewinn nach Steuern

Number Crunching
Zahlenverarbeitung

NYSE
New York Stock Exchange = New Yorker Börse

NZB
Nationale Zentralbank

OPEC
Organization of Petroleum Exporting Countries = Organisation erdölexportierender Länder

PIGS oder PIIGS
Kürzel für Portugal, Italien und/oder Irland, Griechenland, Spanien.

Pitchen
laden, aufschlagen, hier Präsentieren, um ein IPO-Mandat zu erlangen.

Ponzi
Der Name Charles Ponzi steht in der angelsächsischen Welt für Schneeballsysteme und Pyramidenspiele, den so genannten »Ponzi-Schemes«.

Ponzi-Finanzierer
Ponzi-Finanzierer können dagegen weder ihre Schulden bedienen noch zurückzahlen, sie sind Bestandteil des Instabilitätsmodells von Hyman Minsky.

Pressure Group
Interessensgruppe

REIT
Real Estate Investment Trust = Immobilien-Aktiengesellschaften mit börsennotierten Anteilen

ROCE
Return on Capital Employed = Gewinn auf das eingesetzte Kapital

»Sanierende« Währungsreform
Sanierende Währungsreformen im weiteren Sinne umfassen neben Reformmaßnahmen im monetären Sektor (Sanierende Reform im engeren Sinne mit binnenwirtschaftlichen Änderungen der Geldverfassung und der Währungsbeziehungen eines Landes zum Ausland) auch die flankierenden Schritte, wie z.B. fiskalische Reformen, die für den Erfolg des Reformprogramms notwendig oder förderlich sind (vgl. Christa Bähr, Ansätze zu einer Theorie der Währungsreform, 1994, S. 14/15).

Schattenbank
Kreditinstitut ohne Banklizenz und damit auch ohne Überwachung durch Kontrollorgane.

SEC
Securities and Exchange Commission, US-Regulierungsbehörde für das Wertpapiergeschäft.

Self-fulfilling prophecy
Selbsterfüllende Prophezeiung: Vorhersage, die sich deshalb erfüllt, weil sich der Vorhersagende, meist unbewusst, so verhält, dass sie sich erfüllen muss.

Shareholder Value Konzept
Vorrangige Ausrichtung der Unternehmenspolitik an den Interessen der Eigenkapitalgeber. Eine auf Shareholder Value angelegte Unternehmenspolitik wird versuchen, den Kurswert der Aktien zu erhöhen.

Stakeholder Konzept
Identifizierung und Berücksichtigung der Interessen der Anspruchsgruppen gegenüber dem Unternehmen durch den Vorstand.

Scuttlebutt
»Gerüchteküche« rund um das Unternehmen, die ein kritischer Analyst durch das Befragen von Kunden oder Zuliefern kennen sollte.

SBZ
Sowjetische Besatzungszone

SoFFin
Sonderfonds Finanzmarktstabilisierung

Spread
Preisdifferenz vergleichbarer Wirtschaftsgüter, hier bei Staatsanleihezinsen

SUV
Sport Utility Vehicle

SWP
Stabilitäts- und Wachstumspakt

TARGET2-Salden
Sie sind das Ergebnis der grenzüberschreitenden Verteilung von Zentralbankgeld innerhalb der dezentralen Struktur des Eurosystems. Einzelne Zentralbanken, nicht zuletzt die Deutsche Bundesbank, geben den Zentralbanken der GIPS-Länder über die EZB Kredite, um den nachlassenden privaten Kreditfluss auszugleichen (Hans-Werner Sinn: Tickende Zeitbombe, SZ online, 3.4.2011, S.3).

Trader
Wertpapierhändler, der kurzfristig kauft und verkauft

Trading
Kurzfristiges Kaufen und Verkaufen von Wertpapieren mit dem Ziel, kurzfristige Kursschwankungen auszunutzen.

VEB
Volkseigener Betrieb, in der früheren DDR

VDA
Verband der Automobilindustrie

WFE
World Federation of Exchanges

WKM
Wechselkursmechanismus

WWU
Wirtschafts- und Währungsunion

Stichwortverzeichnis